数字化图书馆
资源建设与服务管理

秦 珏　甘保军 ◎ 著

企业管理出版社
EMPH　ENTERPRISE MANAGEMENT PUBLISHING HOUSE

图书在版编目（CIP）数据

数字化图书馆资源建设与服务管理 / 秦珏，甘保军著. -- 北京：企业管理出版社，2024.12
ISBN 978-7-5164-3014-9

Ⅰ．①数… Ⅱ．①秦… ②甘… Ⅲ．①数字图书馆－文献资源建设－研究②数字图书馆－图书馆服务－研究 Ⅳ．①G250.76

中国国家版本馆CIP数据核字(2023)第244371号

书　　名：	数字化图书馆资源建设与服务管理
书　　号：	ISBN 978-7-5164-3014-9
作　　者：	秦　珏　甘保军
选题策划：	周灵均
责任编辑：	陈　戈　周灵均
出版发行：	企业管理出版社
经　　销：	新华书店
地　　址：	北京市海淀区紫竹院南路17号　　邮　　编：100048
网　　址：	http://www.emph.cn　　电子信箱：2508978735@qq.com
电　　话：	编辑部　（010）68701408　　发行部　（010）68417763
印　　刷：	北京厚诚则铭印刷科技有限公司
版　　次：	2024年12月第1版
印　　次：	2024年12月第1次印刷
开　　本：	710mm×1000mm　　1/16
印　　张：	20.5
字　　数：	260千字
定　　价：	89.00元

版权所有　翻印必究·印装有误　负责调换

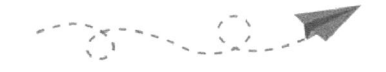

PREFACE 前言

  数字化图书馆资源的建设与开发是对文献内容特征进行全面、深层次的分析及综合加工，挖掘数字资源的潜在价值和显在价值，实现资源自身的经济价值以及增加社会总收益的过程，是对数字资源进行有效组织与管理的前提条件，也是实现数字资源建设客体价值的有效手段，因此数字文献资源建设的过程也是对数字文献资源进行揭示与开发的过程，应该把数字文献资源的揭示与开发纳入文献资源建设体系中来，共同构建图书馆完整的工作体系。

  数字化图书馆资源建设是图书馆和其他类型信息机构开展各项业务和服务的一项核心的、基础性的工作。随着信息技术的发展、网络环境的形成，数字资源建设的理论体系、采访工作、组织管理、开发利用、资源评价、保障体系和共建共享发生了根本性的变化，如何有效地构建新时代数字化

图书馆资源保障体系，最大限度地实现数字资源共建共享，一直是图书馆界积极研究的重要课题之一。

本书从数字资源建设的理论基础入手，对数字资源建设的方法、数字图书馆文献资源的检索与利用，以及数字图书馆资源共建共享进行了分析研究；对数字图书馆参考咨询服务及学科服务创新做了系统介绍；同时对数字图书馆管理体系构建与管理创新做了深入阐释。全书结构紧凑，内容翔实，对数字图书馆理论研究和实际工作都具有一定的参考价值，适合图书馆理论研究人员、管理人员及其他工作人员，以及相关专业的师生阅读参考。

本书分为八章，第一章、第二章、第三章、第七章和第八章由秦珏撰写，共十六万字；第四章、第五章和第六章由甘保军撰写，共十万字。

在本书的撰写过程中，参考了一些文献，在此向文献的作者表示衷心的感谢！由于专业所限，书中难免存在不足之处，敬请广大读者朋友批评指正。

秦 珏 甘保军

2024年9月

CONTENTS 目录

第一章 数字资源建设的理论基础 ···1

第一节 数字资源建设的理论支撑 ···3
第二节 数字资源建设的基本理念 ···20
第三节 数字资源建设的理论体系与流程 ···28

第二章 数字资源建设的方法 ···33

第一节 数字资源的采集 ···35
第二节 数字资源整体布局 ···51
第三节 数字资源整合 ···56

第三章 数字图书馆文献资源的检索与利用 ···67

第一节 数字图书馆文献资源检索概述 ···69

第二节　数字图书馆文献资源检索技术　　…75
　　第三节　数字图书馆文献资源管理与利用　　…98

第四章　数字图书馆资源共建共享　　…101
　　第一节　数字图书馆资源共建共享的基本认识　　…103
　　第二节　数字图书馆资源共建共享理论　　…119
　　第三节　数字图书馆资源共建共享的保障　　…135

第五章　数字图书馆参考咨询服务　　…141
　　第一节　图书馆参考咨询服务概述　　…143
　　第二节　图书馆参考咨询服务的内容　　…150
　　第三节　数字图书馆阅读推广服务　　…159
　　第四节　数字图书馆知识导航　　…169
　　第五节　数字图书馆的个性化服务　　…176

第六章　数字图书馆学科服务创新　　…185
　　第一节　学科及学科服务概述　　…187
　　第二节　数字图书馆学科服务平台构建　　…196

第三节　数字图书馆学科服务队伍与学科信息资源建设　　···205

　　第四节　数字图书馆学科服务评价　　···213

第七章　数字图书馆管理体系构建　　···221

　　第一节　数字图书馆的人力资源管理　　···223

　　第二节　数字图书馆的物力资源管理　　···237

　　第三节　数字图书馆的财力资源管理　　···253

　　第四节　数字图书馆的行政管理　　···265

第八章　数字图书馆管理创新　　···285

　　第一节　数字图书馆管理创新环境　　···287

　　第二节　管理创新与数字图书馆的可持续发展　　···292

　　第三节　基于分布式管理的数字图书馆管理创新　　···309

参考文献　　···317

第一章

数字资源建设的理论基础

第一节 数字资源建设的理论支撑

一、数字资源建设中传统基础理论的运用

图书馆资源建设的传统基础理论包括图书馆学、情报学、档案学等。

（一）图书馆学

图书馆学是一门研究图书馆的发生发展、组织管理以及图书馆工作规律的科学。其研究的内容包括图书采访、图书分类、目录学、读者服务、文献检索、参考咨询、图书馆系统，以及图书馆事业及宏观调控与管理等。信息资源建设主要探讨为完成图书馆任务、满足读者要求，系统地建立、发展、规划、组织馆藏体系以及信息保存、保护的理论与方法，进而研究系统、地区乃至全国信息资源的布局及信息资源的共享等内容。可以说，现代图书馆工作及一些理论已与现代信息资源建设工作连成一线，其部分工作内容就是信息资源建设活动的重要组成部分。

（二）情报学

情报学是以情报和整个情报交流活动为研究对象。具体地说，情报学主要研究情报的收集、组织、存储、检索，情报系统资源的布局、开发和利用，情报网络和情报系统的建设，以及国家情报管理体制、国家

情报政策与法规、情报产业与情报经济、情报教育，等等。现代信息资源建设活动是情报文献工作的延伸，因此现代信息资源建设的理论研究与情报理论紧密相连。

（三）档案学

档案学是研究档案的形成和特点、档案管理的原则和方法，以及档案工作发展规律的科学。具体地说，档案学主要研究档案和档案管理过程（包括收集、整理、鉴定、保管、统计、检索、开发利用等），档案系统及组织，国家档案事业的组织、管理和发展规律，等等。档案信息资源是现代信息资源建设的重要内容之一，与现代信息资源建设密切相关。

二、数字资源建设中现代基础理论的运用

（一）资源建设中信息科学理论的运用

科学理论以信息为基本研究对象，以信息资源的运动规律和应用方法为主要研究内容，以计算机技术为主要研究手段，以扩展信息功能为研究目标，是信息资源建设最直接和最重要的基础理论。

1. 信息论

信息论通常是指由美国著名数学家香农（C.E.Shannon）于20世纪40年代末提出的信息论。信息论是一种关于通信的数学理论，它通过数理统计方法研究信息的度量、传递和变换规律，是解决信息的获取、度量、变换、存储、传递等问题的基本理论。信息论有狭义信息论、一般信息论和广义信息论之分。狭义信息论即香农的信息论，主要研究信息的测度、容量和编码等问题；一般信息论即通信理论，主要研究信息传

输的一般理论，涉及信号与噪声理论、信号过滤与检测、调制与信息处理等问题；广义信息论即信息科学，研究涉及通信科学、心理学、语言学、语义学、遗传工程、决策科学等与信息有关的一切领域。信息的传递交流也是一种通信工程，除了通过人与人之间直接交谈进行信息交流之外，更多的是通过电话、电报、无线电、电视及各种出版物等方式，借助对各种符号和信号系统的传递、存储来交流信息；特别是用现代信息技术处理信息资源后，信息论与现代信息资源建设更是结下了不解之缘。

信息机构作为信息服务中心，以满足信息用户的需求为最终目的，为信息用户提供信息咨询、检索等服务。要做好这些工作，必然要求其子系统紧密配合，形成一个有机的整体，而这种配合就是一种信息交流的方式。信息机构资源运行系统的这种信息交流表现为外部的交流与内部的交流。外部的交流主要是指各信息机构之间的相互交流，以及信息机构与外部环境之间广泛的联系。为了满足整个社会的信息需求，信息机构之间必然要联合起来，互通有无，进行资源共建，实现资源共享。内部的交流主要是指内部子系统之间的相互作用、相互制约，表现在其接受服务对象的反馈上，信息用户对信息资源中心的整体运作提出意见，这些意见被信息资源中心汇总、分析、研究，从中发现工作中的不足，并加以改善。这种信息交流不仅能更好地为信息用户提供服务，也促进了信息资源中心自身的发展。

2. 系统论

系统论是一种研究系统的结构、特点、行为、动态、原则、规律以及系统间的联系，并对其功能进行数学描述的新兴学科。

（1）系统与系统的性质。

系统论的思想是20世纪30年代由美籍奥地利理论生物学家贝塔朗菲（L. von. Bertalanffy）提出来的。现代系统论认为，客观世界的一

切物质都存在于一定的系统之中。所谓系统，是"由相互作用、相互依赖的若干组成部分结合而成的具有特定功能的有机整体，而这个有机整体又是它所从属的更大系统的组成部分"。一个国家的信息资源也是这样一个系统，它具有普通系统所具有的基本性质。

第一，信息资源系统是由若干要素和子系统按一定方式组合而成的。各种信息生产部门、图书馆、情报机构、档案机构及其他信息机构的信息资源，都是构成这个系统的要素，各要素按一定的方式组成若干层次的子系统，然后由这些子系统组成全国信息资源整体系统，同时信息资源系统又是整个社会大系统的一个组成部分。

第二，信息资源系统内的各要素、各子系统间相互依存、相互制约，这种依存和制约关系是通过大系统这个整体相联系的。

第三，整体的信息资源系统具有一定的特性和功能，这些特性和功能并非各要素、各子系统特性和功能的简单叠加，合理建立起来的信息资源系统，其整体功能应该大于各子系统功能的算术和。

第四，信息资源系统存在于社会环境之中，并与环境进行物质、能量和信息交换。一方面，信息资源系统受到社会政治、经济、科学、文化、教育等各种因素的影响和制约；另一方面，它又向社会提供信息资源，以其特有的作用促进社会的发展。

信息资源系统的客观存在及其特征，正是运用系统理论解决信息资源建设问题的基础。

（2）运用系统理论和方法研究信息资源建设。

接下来，我们从系统的整体性原则、联系性原则、有序性原则、动态性原则与信息资源建设的关系来展开研究。

首先，系统的整体性原则是信息资源共建共享基本的方法论基础。

从系统理论观点来看，信息资源共建共享的目的就在于充分发挥信息资源系统功能的放大作用，使大系统的功能大于子系统功能之和，这是由系统的整体性原则决定的。系统的整体性原则为信息资源共建共享提供了以下启示。

①必须建立信息资源保障体系。

②信息资源保障体系必须有明确的系统目标,并能保证系统总体的最优化。

③信息资源保障体系的运行必须与社会环境相适应。

其次,系统的联系性原则为信息资源体系结构研究提供了理论依据。

系统的联系性原则是指系统要素之间、系统和环境之间存在相互联系、相互作用的关系。联系性原则和整体性原则密不可分,它要求我们在考察任何对象时都要从整体出发,把重点放在系统要素的各种联系上,从各种联系中综合考察事物,从而从整体上正确揭示事物的性质和发展规律。

系统的联系性原则要求提高信息资源系统的功能性,不仅要提高组成信息资源系统的各要素的素质,而且要改善信息资源系统的构成、组合状况。

再次,系统的有序性原则对信息资源组织具有理论指导意义。

系统的有序性原则是指组成系统的各要素之间相互联系和制约的关系是有规律、有秩序的。系统的有序性是系统有机联系的反映。系统中稳定的联系构成系统的结构。系统的有序性越高,系统结构越严密,系统的功能就越强;反之,系统的有序性越低,系统结构越松散,其功能也就越差。

系统的有序性原则要求图书馆依据一定的技术方法和规范对采集的信息资源进行加工、整序,经过程序化的处理过程,使之成为馆藏信息资源体系中组织化、序列化的组成部分。

系统的有序性原则还要求图书馆建立完善的信息检索系统,使图书馆以及整个信息资源保障体系所拥有的和可存取的信息资源的内容都能够通过这些检索工具和检索系统全面系统地得以体现,使信息用户能够多角度、多途径了解信息资源内容,从而有效地利用这些资源。

最后,系统的动态性原则要求信息资源系统建设必须同社会信息需求变化相适应。

系统是一个"活"的有机体。在各要素之间、要素与系统之间、系统与环境之间都存在物质、能量、信息的流动。因此,系统的平衡和稳定是一种动态的平衡和稳定。系统的变化根源于系统内部的矛盾运动,也就是根源于系统组成要素及其相互关系的变化;同时,周围环境对系统及其结构的影响也会使系统产生适应性变化。

在信息资源建设的过程中,根据系统的动态性原则,我们要研究信息资源系统在时间上发展变化的趋势和规律,自觉地调整信息资源系统的内部结构及其与外部环境的关系。信息资源系统发展变化的内因在于,日益广泛、复杂、多元化和个性化的社会信息需求必须与信息资源建设相适应。发展变化的外因则在于,信息资源的内容和载体会随着科学技术的发展而逐渐陈旧、老化,从而失去利用价值。因此,信息资源建设是一个不断淘汰老化、失效的资源,不断扩充、发展新的资源的动态过程。只有及时调整和更新信息资源结构,才能建立一个充满生机与活力的信息资源系统。

3. 控制论

控制论是由美国数学家维纳(N.Wiener)于20世纪40年代末提出的。控制论是研究控制系统的理论。所谓"控制",是指"事物之间的一种不对称的相互作用"。事物之间构成控制关系,其间必然存在一个或几个主动施加作用的事物,称为"主控事物"或"控制者";同时存在一个或多个被作用的事物,称为"被控事物"或"控制对象"。一般来说,控制者具有一定的控制目标,控制者正是通过不断地对控制对象施加作用和影响来逐步达到这一目标的。控制者对控制对象施加作用和影响的过程也是向控制对象反馈信息的过程。反馈是控制论的基本理论，正是因为有了反馈，控制行为才有了目的性。信息是控制的基础，控制则是要从有关的信息中寻找正确的方向和策略。

信息资源运行系统是一个复杂的动态系统，为保持整个系统的运行经常处于最佳状态，就要对它进行逐级分层控制。逐级分层控制是指在控制中存在一个集中的控制机构来控制各子系统的影响，同时各子系统又都有一个独立的控制机构来控制其构成要素的运行，依此逐级控制，环环相扣。当一个子系统或其构成要素出现控制失误时，不会影响到其他子系统的正常运行，对整个系统的运行也不会产生太大的影响，这有利于及早发现问题、解决问题。

（二）信息资源建设中信息整序理论的运用

信息的有序化是整个自然、社会有序化进程中的一部分，是加速自然、社会有序化进程的重要因素，耗散论、协同论和突变论从一般意义上解决了一个开放系统如何从无序状态走向有序状态的问题。因此，信息整序理论也就成为信息资源整序的基础理论。

1. 耗散论

耗散论，即耗散结构理论，是比利时布鲁塞尔自由大学教授伊利亚·普里高津（ILya Prigogine）提出来的。当一个远离平衡状态的开放系统，通过不断地与外界交换物质、能量，在外界条件的变化达到一定阈值时，它从原来的无序状态转变为在时间、空间或功能上的有序状态，这种远离平衡状态的情况下所形成的宏观有序结构，就称为"耗散结构"。耗散结构理论的基本思想包括以下几个方面的内容：一是系统必须远离平衡状态，只有系统远离平衡状态时才能形成有序结构；二是系统必须是一个开放系统，在外界的作用下才能形成新的有序结构；三是系统内部各要素只有相互协作，才能使系统从无序变为有序。信息

资源系统就是一种耗散结构系统，它是一个远离平衡状态的开放系统，具有输入、输出、多次循环及反馈等开放性的基本特征。由此，耗散结构理论成为信息资源整序的基础理论之一。

信息资源系统是一种耗散结构系统，它具备耗散结构的条件。信息资源系统原本无序，这种无序的存在及程度的增长给信息的交流与利用造成了极大的障碍，那么信息系统要自觉地形成一个有序的结构，并使其内部结构的障碍逐步减少，就必须与外界环境进行交流，不断改变系统输入、输出和转换的过程，从而推动信息系统形成非平衡态的有序结构。

2. 协同论

协同论是由德国斯图加特大学教授、理论物理学家赫尔曼·哈肯（Hermann Haken）于1976年提出的。协同论论述系统从无序到有序以及从有序到无序相互转变的条件和规律。协同论认为，千差万别的系统尽管其属性不同，但在整个环境中各个系统间存在相互影响而又相互合作的关系。其中也包括普遍的社会现象，如不同单位间的相互配合与协作，部门间关系的协调，企业间相互竞争的作用，以及系统中的相互干扰和制约，等等。协同论的协同机制、自组织原理和规律性等为建立信息有序化理论体系提供理论指导。

在信息资源建设中，信息的有序化是信息资源建设基础、核心的部分。从信息的生产、收集、组织到信息的交流和利用就是一个从无序到有序的过程，可以用协同论来指导，建立信息有序化理论体系。

3. 突变论

突变论是由法国数学家雷内·托姆（Rene Thom）于1972年提出的。突变论是现代数学的一门新兴学科，其基本理论是：解释事物从一种稳定状态跃迁到另一种稳定状态的现象与规律，并用形象而精确的数学模型来描述和预测事物的连续性中断的质变过程。突变论表明质变可以通过飞跃的方式实现，也可以通过渐变的方式实现。突变论为信息组织理论的发展与完善提供了理论基础。

在信息资源建设中，可以利用突变论来研究信息对社会的影响、对知识结构改变的影响，并应用突变论进行信息系统设计。

三、数字资源建设中经济学原理的运用

信息是一种重要的经济资源，所以信息资源建设必须遵循基本的经济学法则，即用有限的信息成本获取尽可能大的信息报酬。信息成本指的是用于信息资源建设的资金投入；而信息报酬指的是信息投资的产出或效益。近年来，我国用于信息资源建设的投入逐年增长，但无论如何也跟不上信息资源数量的迅猛增长以及价格的不断上涨。严格地说，信息资源投资的效益是指信息资源被利用后引起生产要素增值的部分；但由于这种增值是一个十分复杂的过程，会受到很多因素的影响，因此信息资源效益具有很大的模糊性和难计量性。一个直观的事实便是，信息资源的效益与其使用率成正比。从我国目前信息资源的利用情况来看，各种类型的信息资源利用率并不高，图书馆信息资源建设就是运用经济学的有关理论、原理来有效配置信息资源，使其尽可能地得以利用，从而最大限度地提高其效益。

（一）信息资源建设中的"二八法则"的运用

经济学中的"二八法则"指的是20%的事物被80%的人利用，而80%的事物只被20%的人利用，其中就存在成本效益比的问题。这一经济学法则启示我们，图书馆信息资源建设要集中财力搞好核心馆藏资源建设。图书馆中20%的信息资源被80%的读者（用户）利用，而这20%的信息资源就是图书馆的核心馆藏资源，图书馆对核心馆藏资源应采取

"拥有"的模式；而80%的信息资源只有20%的读者（用户）在利用，由于经费限制，图书馆需要采取"获取"的模式对其加以利用。在数字信息环境下，图书馆要广泛地通过馆际互借、文献传递等方式为读者（用户）获取那些利用率不高但有些读者又有需求的信息。

读者在利用文献时存在集中性和离散性特征。掌握这一规律对图书馆信息资源建设具有重大意义，尤其是在外文资源利用方面，一定要掌握用户对各类信息资源、各学科资源利用的集中性，以便准确地配置电子信息资源。信息资源建设中运用经济学中的"二八法则"主要是从读者、用户利用信息资源的角度来搞好信息资源建设。

（二）信息资源建设中"长尾理论"的运用

所谓"长尾"，实际上是统计学中幂律和帕累托分布特征的一个口语化表述。图书出版的"长尾现象"是指某类图书的出版高度集中在极少数的出版社，而极少数的图书广泛地分散于多数出版社。这种现象由来已久，是市场经济作用下出版业繁荣的一种表现。

在信息资源建设中运用经济学中的"长尾理论"主要是利用其原理，对图书文献中学术专著资源分布的"长尾现象"加以控制，从而全面扩大图书馆的馆藏量，并提高其质量。

四、数字资源建设中信息管理理论的运用

（一）文献老化理论与信息资源建设

文献老化是一种必然的、普遍的社会现象。研究文献的老化规律，探寻描述文献老化的正确方法和指标，具有重要的理论和现实意义。

所谓"文献老化"，是指随着文献"年龄"（出版距今的时间）的增长，其内容变得陈旧过时，逐渐减少或失去其作为情报源的价值，从

而越来越少地被读者或用户所利用。20世纪40年代许多科学家、图书馆学家就对此做了大量的研究。到目前为止，对文献老化速度的量度主要有两个，即文献半衰期和普赖斯指数。

1. 文献半衰期

为了衡量已经发表的文献的老化速度，科学家贝尔纳（Bernal）在其发表的《科技情报的传递：用户分析》一文中，借用放射性元素衰变过程中的"半衰期"这一术语来描述文献的老化率。1960年，美国图书馆馆员巴尔顿（R.E.Burton）和凯普勒（R.W.Kebler）合作，共同研究科技文献的半衰期。他们对文献半衰期下的定义是：现有活性文献中一半的出版时间。所谓"现有活性文献"，指的是某学科现时尚在被读者利用的文献，而"半衰期"就是指这些正在被利用的文献中一半是在多长时间段发表的。因为半衰期与某学科文献中的半数失效所经历的时间相当，所以可以通俗地理解为，文献半衰期就是各学科被利用的文献总量中，一半文献失去利用效率所经历的时间。

文献的老化是一个非常复杂的问题，它不仅取决于这些文献所属的学科性质，而且受到文献增长、时代特点、人类需要、社会环境和情报需求等许多因素，特别是文献的类型和性质的影响，比较成熟、稳定的学科的文献的半衰期要比在内容上或技术上正在经历重大变化的学科的文献的半衰期长；历史悠久的学科的文献的半衰期要比新兴学科的文献的半衰期长。某一学科不同类型的文献也有着不同的老化速度。科学专著的半衰期要比期刊论文、科技报告、会议文献等的半衰期长；经典论著的半衰期要比一般论著的半衰期长；理论性刊物的半衰期要比通信报道性刊物的半衰期长。

需要注意的是，文献的半衰期不是针对个别文献或某一组文献而言的，而是针对某一学科或专业领域的文献总和而言的。

2. 普赖斯指数

1971年，美国科学家普赖斯（D.Price）提出一个衡量各个知识领域文献老化速度和程度的指标，即"普赖斯指数"，就是在某一知识领域内，把出版年限不超过5年的被引用的文献数量与被引用的文献总量之比作为指数，用以量度文献老化的速度和程度。其计算公式为

P（普赖斯指数）=出版年限不超过5年的被引用的文献数量／被引用的文献总量

一般来讲，某一学科领域文献的普赖斯指数越大，其半衰期就越短，其文献老化的速度也就越快。

根据普赖斯指数，可将所有被利用的文献分成两大类：一类是档案性文献，是指出版年限超过5年而仍被引证的文献；另一类是有现时作用的文献，是指出版年限未超过5年的被引用文献。

普赖斯指数与文献半衰期是两个既有联系又有区别的衡量文献老化情况的指标。它们都是从文献被利用的角度出发，但是以不同的方式来反映文献老化的情况。文献半衰期只能笼统地衡量某一学科领域全部文献的老化情况；而普赖斯指数既可用于衡量某一学科领域全部文献的老化情况，也可用于衡量某种期刊、某一机构甚至某一作者的全部文献和某篇文献的老化情况。

已发表文献的老化速度不仅取决于文献所属的学科领域，还取决于其他一些因素。例如，文献的增长情况，某学科文献的增长速度越快，旧文献的利用就越少，文献的半衰期就越短；再如，文献的种类和性质，像专著、工具书、期刊论文、专利说明书或者某一学科领域的各种文献的老化速度都不同。

开展文献老化理论研究，探索和掌握文献老化规律，对于开展信息资源建设具有十分重要的意义和作用。首先，它为评价和选择文献信息资源提供了理论依据。图书馆要不断补充文献信息资源，建立符合用户需要的文献信息收藏体系，必须进行文献信息资源评价和选择。研究文献老化理论，有利于掌握文献信息特征、判断文献时效以及研究发掘文献价值，从而帮助图书馆评价和选择文献信息资源。其次，它为优化馆藏文献资源的结构提供了理论依据，它指导图书馆及时地复选剔除老化文献并调整馆藏资源布局，既有利于解决书库的空间危机，优化馆藏文献资源的布局，又有利于提高文献信息资源的利用率。再次，它为制定科学合理的文献工作原则提供了理论依据。对半衰期较短的文献，要抢时间和讲效率，加强文献信息资源的报道并开展定题服务，使之能够尽快地被读者所利用；对老化的文献则可实行缩微复制保存或移交贮存图书馆保存。此外，还可以根据文献老化的数据，确定文献资源开发利用的年限，合理控制各学科信息资源的流通时间，使有用的信息流及时、准确地流向读者。

（二）布拉德福定律与信息资源建设

现代科学不断分化、不断综合的结果，使各学科的严格界限渐渐消失，各学科之间的相互联系逐渐加强，因此造成文献的分布呈现出既集中又分散的不均匀现象：大量的专业论文集中地刊载在少量的专业期刊中，而少量的专业论文高度分散地刊载在大量非专业期刊中。早在20世纪30年代，国际文献学、情报学、图书馆学界就开始对其进行深入的研究。著名的布拉德福定律就揭示了科学论文在期刊中既集中又离散的分布规律。

英国化学家、文献学家布拉德福（S.C.Bradford）认为，按照科学统一性原则，科学技术的每一个学科都或多或少、或远或近地与其他某个学科相关联，因此才会产生某一学科的文献出现在另一学科期刊之中的现象。基于这一点，布拉德福经过长期对各学科文献进行大量的统计调查，发现了以下文献分布规律：全部有关电技术的文献约1/3登载

在本专业的少数几种期刊上,约1/3登载在数量约5倍的并不直接与电有关的力能学和交通运输等相关学科的期刊上,还有1/3的有关电技术的文献登载在25倍数量的相邻学科的期刊上。布拉德福在对书目、文摘等进行大量统计分析的基础上,采用等级排列技术揭示了文献离散定律。

布拉德福定律表明,每一学科或专业的文献在科技期刊群中的分布,总是集中在少数专业期刊中,同时又高度分散在数量庞大的相关专业与相邻专业的期刊中。专业核心区期刊,种数不多,但该学科文献载文率高,信息量大,与该学科关系密切,大多反映了该学科的前沿问题,学术价值高;相关区期刊,种数较多,该学科载文率中等,信息量次之,与该学科关系较密切,学术价值较高;非专业相邻区期刊,种数很多,该学科载文率低,信息量小,与该学科关系较疏远。总之,核心期刊载文率高,质量上乘,而且读者借阅率高,引用指数较高,是一个学科重要的学术信息源。

布拉德福定律产生至今一直受到图书情报界的高度重视,尤其是对图书馆的信息资源建设具有很强的指导作用。布拉德福定律描述的是科学论文在期刊中的分布规律,但该定律还具有普遍性。这不仅表现在科技期刊论文分布具有集中性和离散性,图书文献中学术专著的分布同样具有集中性和离散性,如通过分析各个出版社关于某一学科或专业的专著出版情况,不难看出学术著作的出版也存在既集中又分散的现象。因此,图书馆应积极运用布拉德福定律的原理及方法,测算出每个学科的核心期刊,以及每个学科的出版学术专著的核心出版社,掌握专著的基本分布规律,从而有的放矢地配置资源。在数字信息资源环境下,各类信息资源如潮水般涌现,且图书馆信息资源购置经费紧缺,精准确定核心期刊、核心出版社及核心作者对图书馆信息资源建设尤为重要,这对于准确收藏读者利用率最高的信息资源,指导读者重点阅读,制定信息资源建设政策及优化馆藏等工作都具有重大意义。

(三）零增长理论与信息资源建设

零增长理论又称为"稳定状态理论"，是指导图书馆信息资源建设的重要理论，也是一种控制图书馆藏书量增长的有效理论。零增长理论就是要求建立有限规模的图书馆，在图书馆达到一个可靠的目标（馆藏量、功能等指标）之后，剔除馆藏文献的速度应当等同于购进文献的速度，即图书馆新购入的文献资料只是对准备剔除的文献资料的相应补偿，馆藏的实际增长数量为零，从而使图书馆收藏的文献总量保持一种相对稳定的状态。

实际上，实施零增长理论并不成熟和完善，关于具体实施的办法和标准还存在不少困惑与疑难，但其对信息资源建设的借鉴指导作用不能忽视。零增长理论对信息资源建设的借鉴指导作用主要表现在以下几个方面。第一，零增长理论可以保证文献信息资源建设稳定、和谐地发展。根据当前图书馆藏书基础还比较薄弱、发展失控或数量盲目增长的实际情况，我们在借鉴零增长理论时，要正确处理藏书数量与质量之间的关系，在提高藏书质量的同时，实现藏书数量的低速或适度增长，保证文献资源建设稳定、和谐地发展。第二，零增长理论可用于指导图书馆藏书的初选工作。图书馆藏书的初选工作具有很强的知识性和学术性，它是对文献信息的知识内容与情报价值的鉴别和选择，选择的结果对图书馆藏书的质量起决定性作用。我们根据零增长理论的要求来加强藏书的初选工作，有针对性地搜集和选择文献信息，尽量避免不必要的文献信息被补充进馆藏中，真正把好图书馆藏书的入口关。第三，零增长理论可用于指导图书馆藏书的复选与剔除工作。依据零增长理论的要求，我们要经常性地对入藏的文献信息进行复选，及时剔除知识老化、陈旧破损、过时失效、复本过多、利用率低下的馆藏文献，使馆藏文献信息更加精练，内容质量、构成质量、利用质量都得以改善提高，始终保持馆

藏文献信息的生命力。第四，零增长理论可优化文献信息资源共享的质量。零增长理论实施的前提条件之一，就是要有合作利用馆藏、资源共享的机制。在读者文献信息需求日益多样化、复杂化的今天，单靠某个图书馆的文献信息资源建设与服务，是绝不可能做好服务工作的。因此，我们应把零增长理论应用于实践中，广泛开展信息资源建设的协调与合作，建立一定数量的中心图书馆和贮存图书馆，切实做到分工入藏、合作利用、资源共享，以充分满足读者的信息需求。

（四）信息资源建设中信息管理的相关基础理论的运用

信息资源建设中信息管理的相关基础理论包括信息自组织理论、元数据理论和知识组织理论。

1. 信息自组织理论

信息自组织理论是信息组织方法的拓展，是信息组织理论研究中的一个新课题。凡是能够不再借助于外部控制就能实现从无序到有序的转变，并维持稳定有序状态的系统，都称为"自组织系统"。任何自组织系统都是通过谐振、反馈和放大来完成信息增强并保持其有序效应的。信息自组织是指作为信息系统组成要素的信息，由于人与人之间、人与系统其他要素之间存在的相关性、协同性或默契性而形成特定结构与功能的过程，也就是信息系统无须外界指令干预而能自行组织信息，自我走向有序化和优化的过程。近几十年，由于信息总量的持续增长、信息技术的飞速发展，使信息系统显著地具备了自组织的条件，特别是网络信息已经具有自组织系统的开放性、远离平衡和非线性相干等特征，因此研究信息自组织理论对于信息资源的组织，尤其是网络信息的有序组织具有非常重要的理论与实践意义。

2. 元数据理论

"元数据"一词最早出自美国国家航空航天局（NASA）的《目录交

换格式》（*Directory Interchange Format*，DIF）的手册中。对于元数据，在不同领域有不同的理解。图书信息界对元数据的定义为"是关于信息资源或数据的一种结构化的数据，是对信息资源的结构化的描"；或定义为"是关于数据的数据或描述其他信息的信息"。"元数据"概念的提出，从某个程度上讲，是针对信息的组织而言的。例如，网络是一个巨大的信息处理中心，各个网站如同是不同种类的出版物，而一个网页就好比出版物中的一页，这样就可以用元数据理论来对网络信息资源进行组织和控制。

元数据的工作原理如下：描述信息资源，用于对数据单元进行详细全面的著录描述，数据元素包括内容、载体、位置和获取方式等相关元素，数据元素的数量往往比较多。目前流行的元数据格式主要有ROADS元数据（主题信息服务的资源组织和发现）、GILS元数据（政府信息定位服务）、MARC元数据（机读目录格式）等。因此，元数据理论也成为现代信息资源建设的基础理论之一。

3. 知识组织理论

知识组织理论产生于图书馆学、情报学的分类系统以及对叙词表的研究。不同于传统的文献整理以文献加工为本位，提示文献的知识内容，知识组织理论是以知识单元为加工本位，它不仅提示文献的学科、主题内容，而且注重提示文献的知识单元。这样，将信息中所包含的知识内容用语词和概念进行标引和组织，能更全面、有效地对现代信息资源进行组织和检索。

第二节　数字资源建设的基本理念

一定的思想、理念是人们进行社会实践活动的先导，数字资源建设作为一项具有很强的社会实践性的活动也应当在一定的思想、理念指导下进行。人们对信息资源建设的认识随着时代的发展而不断深化，从最初将它作为一项藏书采访的事务性工作，到逐渐将它视为图书馆文献资源体系的建设，再到自觉将信息资源作为一项战略资源来进行系统建设，这是一个信息资源建设理念不断深化的过程。在新的网络信息环境下，树立正确而又与时俱进的理念，对于图书馆信息资源建设有着重要的作用。

一、拥有与获取并重的理念

从传统文献信息资源建设到数字信息资源建设，再到数字化图书馆建设，图书馆信息资源建设呈现出多元化格局，维持这一格局的基本要素就是我们常说的"拥有"与"获取"。拥有与获取的关系，即在信息资源建设中如何处理拥有本馆信息资源和获取馆外信息资源之间的关系问题，是近年来国内外图书馆界的研究热点，实际上，它是一个信息资源建设的基本理念问题。

20世纪90年代以来，由于信息技术、信息网络、信息环境的极大改变，对一直以资源的实际拥有为目标的图书馆信息资源建设的基本模式产生了直接的影响,这种影响主要表现在以下两个方面:一是出版物的数量急剧增长以及价格不断上涨,与图书馆有限的收藏能力之间的矛盾越来越突出,图书馆依赖拥有的馆藏来提供服务变得日益困难;二是由于信息技术的迅速发展,尤其是网络环境的形成,使信息的传播突破了时空的局限,图书馆能够十分便捷地借助存取方式来获取本馆以外的信息资源,这种异地存取的资源使各个图书馆的馆藏无形中得以扩大,读者能够获取的信息资源也大大增加。事实证明,对利用率低的文献来说,通过存取获得在经济上更合算。这两种结果必然会带给人们对拥有与获取问题的思考。

拥有与获取是相辅相成、长期共存的关系,既要重视拥有,也要重视获取,这应该成为新的信息环境下信息资源建设的基本理念,主要原因有以下几点。

第一,这是由信息资源本身发展所决定的。当今的信息资源,一方面,数字化的信息资源正在以惊人的速度发展;另一方面,以物理形式存在的文献信息资源仍然在大量生产。对这两类信息资源,图书馆获取的方式是不一样的。对数字信息资源,在大多数情况下,通过购买只能获得它的使用权而不能获得其所有权,也就是说,在大多数情况下,图书馆必须以获取的方式进行数字信息资源建设;而对文献信息资源,通过购买,在获得它的使用权的同时也获得了它的所有权。信息资源发展的这一特点,决定了图书馆信息资源建设既要重视拥有,也要重视获取。

第二,这是由信息用户的需求决定的。信息资源建设的根本目的是满足读者的信息需求,提供优质信息服务。对大多数读者来讲,图书馆拥有的现实馆藏是满足他们信息需求最直接、最有效的方式,但面对读者日益复杂化、多样化的信息需求,仅靠本馆拥有的信息资源是无法满足的。因此,图书馆必须通过对馆外信息资源的获取来弥补现实馆藏的不足,从而提高其满足读者信息需求的能力;同时,由于数字信息资源

具有传统文献资源难以比拟的诸多优势,所以成为众多读者首选的重要资源。用户信息需求的这些特点,决定了图书馆信息资源建设既要重视拥有,也要重视获取。

第三,这是由图书馆提高经费使用效益决定的。对图书馆来说,要获取等量的信息资源,通过拥有的方式获得成本相对较高,而通过获取的方式获得成本相对较低。因此,图书馆对一部分不常用的,或者价格比较昂贵的,或者适合通过网络获取的信息资源,就以获取的方式来提供给读者利用,这样做可以合理使用经费,科学配置资源,使有限的经费最大限度地发挥其效益。

第四,这是由图书馆发展趋势决定的。数字化、网络化已经成为图书馆发展的必然趋势,任何图书馆如果固守传统的藏书发展模式,只拥有而不获取,就必然会走向衰亡;同时我们也应该看到,尽管获取有许多优势,但就信息资源现状而言,获取的方式在当前还有较大的局限性,如网络中以全文获取的信息资源数量有限,读者以异地存取方式获取文献费用过高,读者不习惯使用网络文献,网络信息资源的保存和积累比较困难,等等。因此,纸质信息资源与数字信息资源将长期并存;在相当长的一段时间内,图书馆信息资源建设模式是拥有与获取并重并存,缺一不可。

二、资源整合的理念

"整合"的英文为 integration,其动词形式 integrate 来源于拉丁文"inter made whole",可用于政治、经济、社会、数学、生理等各个领域。其字面意思是"整理、汇合、聚合、融合",一般理解为"将看似无关、实则有关的东西整理为一个有机整体的过程或结果,形成一个有效的系统"。整合的实质就是各个单独事物共同遵循统一的原则、标准、规定，打破原有的界限，形成有机的统一体。其内涵充分验证了部分之和大于整体的系统论观点。简言之，整合后发挥的是整体效率，体现的是整体效益。

"资源整合"由来已久，但较早出现于信息技术革命大背景之下的计算机科学界。随着 21 世纪网络信息化的发展，"资源整合"进一步发展到"信息资源整合"或演变为"信息整合"的理念。

资源整合是指信息资源优化组合的一种存在状态，是根据系统论的原则，依据一定的需要，对各个相对独立系统中的数据对象、功能结构及其互动关系进行融合、类聚和重组，使之结成一个新的有机整体，形成一个效能更好的、效率更高的新的信息资源体系，从而全方位地为科学研究、决策提供信息保障。这里的"信息资源"指的是经过一定程度的加工整序的，一个个相对独立的，不同类型、不同学科的数字资源系统，不包括网上无序的数字信息资源以及自身没有控制的数字信息资源。

图书馆资源整合是指遵循一定的原则、规范、标准，把图书馆范围内的资源，无论是网上虚拟资源还是馆藏书目资源，或是自建数据库等多种载体、多种形式、多种类型、分散异构的信息资源有机地结合在一起，实现图书馆所有资源分编分流工作的融合，使用户能够在统一的数据存取模式下，通过统一的用户界面完成对不同数据库和网络资源的检索利用。

就图书馆来说，资源整合涵盖以下内容：采购（内容包括传统文献信息资源、各种数据库、网络集成信息等商业化且具有学科针对性的馆外信息资源），馆际协调合作（共建共享），内部数据库在特定学科需求之下的合成与创新，利用馆内外能及的信息资源创制学科导航系统，教学参考资料的汇编及其数字化开发利用，地方特色文献资源的收集与利用，等等。

图书馆资源整合的目的就是通过整合实体馆藏和虚拟馆藏来提高

资源的整体利用效率和效益，以满足读者多元化、个性化的信息需求。

众所周知，资源整合一直是图书馆信息资源建设中一个重要环节。在传统领域，整合的对象便是传统文献信息资源。随着数字化、网络化时代的到来，整合技术的发展向数字信息资源的开发与利用上倾斜，使数字信息资源在信息资源建设中占据主流地位，成为发展趋势，但传统文献信息资源也不可能退出历史舞台。从宏观认识的角度出发，对资源整合理念的阐释大多倾向于数字信息资源的整合，很少或忽略了关于传统文献信息资源整合的论述。实际上，大多数国内高等院校图书馆依然无法摈弃传统文献信息资源建设，也无法撼动传统文献信息资源在图书馆整体馆藏建设中的重要地位。因此，对资源整合理念的认识应该趋向整合一体化的提升，要在全盘把握的高度上实现点面结合的整合的一体化，从而在理论结合实践过程中不断地加以规范和调整，避免产生偏颇，防范资源结构失衡的风险。

三、协调发展的理念

协调发展的理念直接影响信息资源建设的整体质量。没有协调发展的存在，信息资源建设的整体效果就永远无法达到圆满的境界。图书馆的信息资源建设离不开协调发展理念的支持。

图书馆是一个立体的、多元的学术文化服务机构，它以信息资源高度的集中性、广泛性、专业性、针对性和开放性等特点树立了自身在教育文化事业领域中的重要地位，尤其是网络化环境下服务功能的升级，彰显了其自身的时代性，而其与时俱进的发展态势亦让人无法忽视。在这一主体地位明显的客观条件下，信息资源建设成为图书馆整体建设发展的核心；而发展得如何，成效显著与否，都与协调发展工作密切相关。

从宏观上来看，协调发展就是要从整体上把握，不要顾此失彼，也不要不分轻重。图书馆的信息资源建设要全面权衡、满盘打算,做好整体规划,并突出重点;要根据本馆具体情况和特点采取可控、和谐一致的发展办法。在理念上,要充分认识到协调发展是全方位掌控态势,是常用的科学管理手段。

从微观上来看,协调发展具有以下重要意义。①传统文献信息资源建设需要与现代数字信息资源建设并重发展,不可偏废。实际上,这就是指纸质信息资源、电子信息资源、网络信息资源的协调发展,从而形成多元并举的发展局面。②促进软件与硬件的统一。图书馆的信息资源建设要与其硬件建设相匹配,即现代设备技术条件要到位。图书馆在信息资源建设上要合理配置虚拟馆藏和现实馆藏,加强数据库建设,实现馆藏资源特色化、数字化,以适应图书馆计算机化、自动化和网络化建设发展的要求。③促进数量与质量、规模与效益、速度与需求的统一。丰富的馆藏以馆藏数量为基础,以馆藏质量为必要条件,两者缺一不可;图书馆既不能单纯追求数量而忽略质量,也不能只注重质量而没有数量,两者必须协调发展。规模大小应遵循整体规划的要求;而效益必须讲究内在的资源整合开发及其优化服务,并取得良好的经济效益和社会效益,但以社会效益为主。至于速度,发展的快慢由领导决策层的重视程度以及经济投入的力度来决定;而发展要以用户需求达到满足为条件,切不可突击跨越发展而导致需求跟不上,从而浪费资源,也不能在服务需求方面出现断层或供不应求的情况。④促进馆际协调和共建共享。现代文明讲究团队精神,其实也是一种协调发展的具体运用。图书馆之间需要彼此相互合作,协调发展,取长补短,互通有无,并为资源共享建设做出应有的贡献。

总之,在当前多元化的新形势下,协调发展的理念尤为重要,大到馆舍建设的规划、信息资源的布局以及用户需求与服务提供的匹配,小到人力资源的配置以及采购信息资源的种类变更等,很多事项都应置于一个合乎本馆特色、合乎本馆乃至本校整体发展规划的统筹战略之中。毫无疑问，协调发展可以把杂乱无章变成专业化和有序化，并大力开展特色区域改造，凸显本馆最为闪亮的特色风格。

四、信息资源共建共享的理念

信息资源共建共享是指图书馆在自愿、平等、互惠的基础上，通过建立图书馆与图书馆之间以及图书馆与其他机构之间各种合作、协作及相互协调的关系，利用各种技术、方法和途径，开展共同揭示、建设和利用信息资源，以最大限度地满足用户信息资源需求的全部活动。

随着数字化、网络化时代的到来，图书馆实现信息资源共建共享是大势所趋。20世纪90年代，信息资源共建共享活动从系统内图书馆文献资源的协调建设与服务共享，逐步实现了建立跨系统、跨地区的服务组织，各种图书馆组织共同建设的庞大的文献资源系统，极大地增强了各级各系统图书馆的读者（用户）服务能力。进入21世纪以来，一些系统或地区的图书馆网络开始与经济、科技、教育等网络连通，试图在更大范围内进行文献、信息资源的整合，探索图书馆与各种专业性信息服务机构建立共同的社会服务平台的途径。信息资源共建共享取得的这些进展，是实实在在地存在于现实之中的。

关于信息资源共建共享的研究，在宏观上从时代背景出发，结合现实意义，凸显经济背景的时代因素，解构信息资源共建共享的理念，具有极强的代表性。在强化"信息是一种能够创造财富的资源"的理念下，"信息资源共建共享"首先是一个经济学概念，经济因素对信息资源共建共享有着直接的影响，并从信息经济的兴起和发展、经济全球化的趋势，以及科技、文化和政治背景等方面全面阐述信息资源共建共享发展的必然性。毫无疑问，这一宏观上的分析研究让我们对信息资源共建共享理念的把握更具理性，即其发展的外部因素并不被个人意志所影响，而是时代演绎的必然趋势，无法阻挡，并且成为一种符合大多数人的信息需求的时代文明要求。

从微观角度出发，信息资源共建共享有助于解决当前图书馆存在的问题。信息资源共建共享的合理性表现在以下几个方面：①文献信息数量的急剧增长与图书馆有限收藏能力之间的矛盾加剧——信息资源共建共享可以缓解这种矛盾；②信息需求的广泛性和复杂性与图书馆满足读者需求的能力形成强烈反差——共知的必要性凸显，共建成为缩短提供服务与受众需求之间距离的有效途径，共享成为大家的愿望；③网络环境使信息资源建设的整体协调变得更为必要与迫切——环境变化促使信息资源共建共享被提上日程，与时俱进本身就是事物发展的内在精神，也是与时代环境相适应的必然进程；④信息技术的发展为合作藏书与资源共享提供重要的技术支撑——信息资源共建共享需要技术条件的支撑，而信息技术的成熟推进把这种支撑转化成现实可行的信息资源共建共享实践。

在信息资源共建共享理念的把握上，最朴实的理解莫过于协调分工合作、资源共享的简单论述；但有一点是肯定的，那就是任何图书馆都不可能也没必要穷尽所有的文献信息资源，而是要根据自身的特色以及整体规划的要求进行整体信息资源的建设。在网络化环境下，各种信息需求日益增加与图书馆服务能力的局限性形成了基本的供需矛盾，依靠网络技术缓和并改善这种矛盾关系，成为大势所趋。图书馆在自身发展过程中出现的"瓶颈"也各不相同，信息资源共建共享也就按各自所需的模式进行；但有一点是相同的，那就是自我保障模式。这就需要馆际联合、区域合作，建设系统或全国性的文献保障体系，走"整体规划、合理布局、优化结构、相对集中、互补共享"之路。

第三节 数字资源建设的理论体系与流程

数字资源是以数字形式记录并通过多媒体载体形式表达的信息资源，是信息资源的一种形式，数字资源建设可以说是信息资源建设的一个分支。

如何设计数字资源建设这一学科分支的理论体系，成为当前图书馆学研究的重点；如何使图书馆适应快速变化的信息环境，以网络为依托进行馆藏资源的自我调整和集成，以求得自身的生存与发展，也成为当前的研究热点。面对不同于以往的全新的信息技术环境，图书馆信息资源建设的内容与重点、建设模式与结构体系、建设过程与功能等都需要重新进行审视和定位，这涉及整个信息资源建设思维方式的转变、业务流程的再设计以及对目标远景的再思考。

一、数字资源建设的理论体系

从学科体系的角度来讲，数字资源建设属于应用图书馆学的一个分支学科。作为一门学科，它应该具备相应的理论体系。

2010年，毕强在《数字资源建设与管理》中全面、系统地论述了数字资源与数字资源管理、数字资源生命周期、数字资源采集、数字资源创建、数字资源组织、数字资源整合、数字资源检索、数字资源存储管理、数字资源的个性化服务、数字资源质量管理评价及数字资源服务绩效管理等内容。

2016年，刘磊等人将社会网络理论和数字信息资源建设理论相结合，根据用户需求以及图书馆馆员、专家的调查数据，探讨了社会网络环境下用户需求与其参与图书馆数字资源建设的模式之间的内在联系，构建了社会网络环境下用户参与图书馆数字资源建设的系列模式，并加以验证。

2017年，韩新月等编著《图书馆馆藏数字资源开发与管理》一书，运用理论与实践相结合的研究方法，在梳理馆藏数字资源开发与管理的范围和环境的基础上，以工作流程为主线，突出开发规划、数字资源加工、组织与整合等重点环节，界定了馆藏数字资源的范围、数字资源开发与管理的内容，总结了数字资源的开发方式与一般开发流程，研究馆藏数字资源的开发环境，探讨馆藏数字资源开发与管理规划、加工技术、标准规范以及长期保存的理论与实践问题，梳理适用于馆藏数字资源开发的资源组织方法、资源整合思路与整合方式，等等。

二、数字资源建设流程

图书馆数字资源建设主要涵盖两个方面的内容：一是文献信息资源建设，系指微观的图书馆藏书建设，即实体馆藏建设；二是数字资源建设，包括数据库建设和网络信息资源建设两大部分，即虚拟馆藏建设。网络环境下图书馆的信息服务正是通过这两个方面的建设实现的。

数字资源建设的实质，是信息资源数量不断增加和质量不断提高的过程，所涉及的建设要素也就是围绕"数量增加"和"质量提高"而展开的工作环节。其中，文献信息资源建设应包括馆藏文献信息资源的系统规划、文献的选择与采集、文献信息资源结构（包括学科结构、等级结构、文献类型结构、时间结构、文种结构）、文献信息资源管理水平

（包括文献序化与加工、馆藏布局与排架、文献复选与剔除）、文献信息资源利用与评价等要素。

数字资源建设可细分为数据库建设、网络信息资源建设两个方面。其中，数据库建设包括数据库的引进、数据库自建与开发等要素；网络信息资源建设包括网络信息资源的采集与选择、网络信息资源的加工与组织、网络信息资源与非网络信息资源的比较研究、网络信息资源的类型化和体系化建设、网络信息用户的需求分析等要素。在信息资源整体建设的基础上开展信息资源建设整合、利用与评价，实现信息资源共建共享。随着信息化的不断发展，数字化、网络化资源在信息服务中将发挥越来越重要的作用，并在馆藏资源建设中逐渐占据主导地位。

三、数字资源建设的链状循环过程

数字资源建设是一个循环往复、周而复始的过程。馆藏资源一方面为文献型资源和数字型资源提供一体化存取利用，另一方面仍以传统文献借阅的方式提供利用。信息资源体系在被用户不断利用的过程中逐步得到完善。

数字资源建设过程与传统文献信息资源建设过程的不同之处在于，它不再仅是单一目标和单一图书馆学范畴的发展过程，而是一个多学科、多技术相互融合，多渠道、多媒体信息集成化程度不断提高的持续过程；从收集信息到使用信息，其中间过程是一个完整的工作循环，或称一个完整的生命周期。只有完成一个完整的工作循环，信息资源的自身价值以及信息资源与用户需求的匹配程度才能得到完全体现。高质量的信息资源体系既需要各个环节高质量地工作，也需要各环节之间相互关联、相互支撑，形成环环相扣的链状循环以及总体螺旋式推进的过程。缺少其中任何一环或者任何一个环节的缺陷，都会影响数字资源建设的总体效果。在信息被利用的过程中，分析馆藏利用效果以及了解用户新的信息需求方向，然后据此进行数字资源建设策略的再调整并进行新的信息采集，从而展开新一轮工作循环，数字资源建设也就进入了新的生命周期。

根据图书馆数字资源建设的链状循环过程，我们很容易联想到美国哈佛大学商学院教授迈克尔·波特（Michael E.Porter）提出的价值链理论。该理论把企业的所有活动均视为企业创造价值的活动，并将其比喻成一个彼此相连、环环紧扣的链条。图书馆数字资源建设的链状循环过程，也完全符合价值链理论；但是，数字资源建设的链状循环中的各个活动环节产生的并不是显性价值，而是隐性价值，这主要是因为信息资源的价值在绝大多数情况下是一种需求价值，而非供给价值，是在信息与需求相互融合的基础上所产生的后生价值，也就是人们常说的"利用信息资源后所形成的社会效益和经济效益"。

随着社会信息结构体系的复杂化，数字资源建设的链状循环中各项活动的范围和深度都在不断扩展，各环节与多维相关要素之间的交接变得更加广泛，整个链状循环与用户需求和知识型服务的结合面也会不断扩大，有时会暂时达到相互融合的状态，从而为社会产生更多的后生价值。图书馆为实现馆藏资源价值最大化，必须考虑提高数字资源建设的链状循环中各个工作环节的质量，更多的知识挖掘和知识型服务将被整合到价值链中，使整个数字资源建设过程趋于合理化，且更加完善。

2

第二章

数字资源建设的方法

第一节 数字资源的采集

一、数字资源采集的原则

数字资源采集是指根据信息用户的需求,寻找、选择相关信息并加以聚合和集中的过程。不同用户对信息的需求是有差别的,因此在进行数字资源采集时会有很多不同之处。尽管如此,在数字资源采集过程中还是需要遵循以下共同原则。

(一)目的性原则

目的性原则又可称为"针对性原则"。信息数据量大,内容繁杂,但用户的需求又是一定的,因此要求数字资源采集必须具有明确的目的性。在数字资源采集过程中,针对信息服务机构本身的特征、服务对象及数字资源采集的范围,有目的、有重点、有选择地组织利用价值大、适合主要用户群的信息,并有计划、有步骤地采集相关信息,做到有的放矢,以最小的代价最大限度地满足用户的信息需求。

(二)主动性原则

信息的时效性特点决定了要采集到能够及时反映事物的最新状态的信息,需要数字资源采集人员在充分了解用户的实际信息需求的基础上,熟悉数字资源采集渠道和途径,利用先进的数字资源采集技术和方

法，建立系统完善的数字资源采集网络，依据不同的服务对象和条件，针对用户信息需求，积极主动地发现和获取最新信息。

（三）连续性原则

从数字资源采集的初始阶段开始，就需要不断补充新的信息，这种补充不仅要采集过去的信息，还要采集现在的信息，并尽可能地采集反映未来趋势的信息，以保持信息资源的连贯性。同时，信息资源尤其是网络信息资源更新快、时效性强的特点，也决定了在信息的传递、增值过程中，可能呈现新的态势，这就需要不断剔除旧的或老化的信息，甚至重新采集信息。因此，可以说，数字资源采集是一项连续性的工作。

（四）经济性原则

数字资源采集是一项耗费人力、物力和财力的工作，为了提高数字资源采集效率，必然要注意经济性原则，同样的信息如果有多种不同的载体形式，应该注意优先选择较经济的载体。在实施经济性原则时，有以下两个问题需要特别注意。

（1）避免信息资源的交叉重复采集，尤其是考虑到大量电子信息资源内容相同，只是载体、形式有所不同的情况，必须选择合适的信息源以及数字资源采集方法与技术。

（2）充分考虑信息服务机构的实际经济水平，量力而行，避免盲目采集造成资源与资金上的浪费。在保证信息真实性的基础上，处理好社会效益与经济效益、整体效益与局部效益的关系。

（五）计划性原则

在进行数字资源采集时，既要满足当前需要，也要兼顾未来的发展；既要广辟信息来源，也要做到持之以恒。要根据信息采集机构的任务、经费的情况制订比较周密、详细的采集计划和规章制度，详细列明信息采集的目的、范围、方式，以及人员配置、时间限定、经费数额与来源等情况。

（六）科学性原则

在数字资源采集过程中，需要经常采用科学方法研究信息资源的分布规律，以选择和确定信息密度大、信息含量多的信息源。例如，图书馆在学术网站的选择上就可以利用布拉德福定律等文献计量学方法，确定一定数量的有学术价值的网站作为信息源，进行数字资源采集工作。

（七）可靠性原则

可靠性原则是指数字资源采集人员进行数字资源采集时，要根据用户的需求，以采集真实、可靠的信息为准则。数字资源采集必须坚持调查研究，通过比较、鉴别，采集真实、可靠、准确的信息，在这个过程中，不能将个别当作普通，将局部视为全局，要实事求是，善于去粗取精、去伪存真、由表及里，深入细致地了解各种信息资源的信息含量、实用价值及可靠程度。

（八）系统性原则

系统性是指时间上的连续性以及空间上的广泛性，系统性原则是指数字资源采集人员应尽可能全面地采集符合本单位需要的信息，注意重点需求信息的连续性和完整性。用户需求的系统性决定了数字资源采集的系统性。信息资源使用对象是由不同年龄结构、文化结构、知识结构的用户组成的用户群系统，他们对信息资源的需求和使用，在类别和类型、时间和水平、范围和深度上都有一定的专指性和系统性。要满足各种用户的系统需求，就要在数字资源采集过程中多方位、全面采集信息

并始终保持各类信息的合理比例，做好总体规划。

二、数字资源采集方法

数字资源采集方法是指根据信息采集计划，广泛开辟信息来源，及时将信息采集到手的基本方法。数字资源采集方法有很多，通常可以按以下标准来进一步细分。

（一）按信息载体形式划分

按信息载体形式不同，可以将数字资源采集方法细分为以下几类。

1. 文件研究法

文件研究法是指从各种文件中寻找所需信息资源的一种方法。

2. 报刊摘录法

报刊摘录法是指通过对报刊进行摘录来获取所需信息资源的一种方法。

3. 广播收听法

广播收听法是指通过收听广播来获得所需信息资源的一种方法。

4. 电视收看法

电视收看法是指通过收看电视来获取所需信息资源的一种方法。

5. 电信接收法

电信接收法是指通过电话和电报来获取所需信息资源的一种方法。

6. 电脑显示法

电脑显示法是指通过电脑来获取所需信息资源的一种方法。

7. 直接交谈法

直接交谈法是指通过两个或者两个以上人员面对面地交谈来获取所需信息资源的一种方法。

8. 信件询问法

信件询问法是指通过信件来获取所需信息资源的一种方法。

（二）按信息采集方式划分

按信息采集方式不同，可以将数字资源采集方法细分为以下几类。

1. 定向采集法

在采集计划范围内，对某一学科、某一国别、某一特定信息尽可能全面、系统地进行采集的方法称为"定向采集法"，如很多国家设置监视电视信号、监听电台信号，这些都属于定向采集法。

2. 定题采集法

根据用户指定的范围或需求有针对性地采集信息的方法就是定题采集法。这种方法能使用户及时掌握有关信息，针对性强，但较为被动，而且由于题目具体，涉及面既深又专，信息采集难度较大，所以一般应用于科研活动中。

3. 现场采集法

参加展览会、展销会、订货会、科技成果展示会、交易会、现场会、参观访问等都属于现场采集，能够接触到一些实际的东西，而且往往能够获得详细的介绍或资料，所以现场采集法是一种采集信息的好方法。

4. 社交采集法

社交采集的形式多种多样，如参加各种会议、旅游、舞会、聚会、走亲访友、娱乐、网络交流等。通过社交活动获取的信息一般都是最新信息，是通过其他途径得不到的。

5. 间谍采集法

间谍采集法是指利用间谍窃取所需信息资源的一种方法。目前，该方法被广泛应用于采集政治、经济、军事等方面的信息资源。

6. 主动采集法

主动采集法是指针对特定需求或是根据采集人员的预测，发挥主观能动性，在用户提出要求之前即着手进行信息采集工作。

7. 定点采集法

定点采集法是指聘请专门的信息采集人员定点采集相关信息资源。此方法具有节省费用、采集全面等优点。

8. 委托采集法

委托采集法是指由于时间、精力有限，或是不熟悉信息源，可以委托某一信息采集机构或信息采集人员进行信息采集，并且根据采集信息的质量支付一定的费用。这种方法花费较多。

9. 跟踪采集法

跟踪采集法是指根据需要在一段时间内对有关信息资源（某一课题、某一产品或某一机构的有关信息）进行动态监视和跟踪，发现新情况，及时采集出现的一切新信息。用这种方法采集的信息连续且及时，有利于掌握事件发生及发展的过程，及时了解关心的问题。这对于深入研究跟踪对象很有用处。

10. 积累采集法

平时读书看报时，应随时做卡片、剪报、藏书等信息积累，这些零星的片段信息，时间长了就会成为系统的信息财富，这就是积累采集法。

（三）按信息采集渠道划分

按信息采集渠道不同，可以将数字资源采集方法细分为以下两种。

1. 单向采集法

单向采集法是指针对特定用户需求，只通过一条渠道来采集相关信息资源，这种采集方法针对性较强。

2. 多向采集法

多向采集法是指针对特殊用户的特殊要求，多渠道采集相关信息资源。这种采集方法的成功率极高，但是内容容易交叉重复。

三、数字资源采集的程序

图书馆数字资源采集包括信息需求分析、信息源评价与选择、数字资源采集策略确定、数字资源采集活动实施与监控、采集效果评价与解释 5 个基本程序。

（一）信息需求分析

信息需求是数字资源采集的动力，在数字资源采集过程中，明确信息需求就是要清楚目标用户为了何种目的，需要什么样的信息。信息需求分析包括以下 5 个方面的内容。

1. 确定目标用户

不同用户、不同目标，采集内容存在一定差别，在实施数字资源采集活动之前必须明确目标用户以及他们使用信息的目的。

2. 确定采集信息的内容

了解采集目标和需求后，还应该进一步明确采集信息的内容。这是通过与数字资源采集目标和需求具有一定相关性的信息特征来确定的。

3. 确定采集范围

这里的采集范围包括采集信息的时间范围和空间范围两个方面。其

中，时间范围体现了信息的时效性，是指信息发生的时间与数字资源采集目标和需求所要求的时间的相关性，它决定了所需采集的信息的时间跨度。空间范围体现了信息的空间分布特性，是指信息发生的地点与数字资源采集目标和需求所要求的空间的相关性，它决定了所需采集的信息的空间范围。

4. 确定数字资源采集量

采集工作的人力、时间和费用等都是由所采集信息的数量决定的，因此在这个阶段需要有明确的数字资源采集量。

5. 其他因素

除上述因素外，在信息需求分析阶段还需根据需要确定其他一些因素，如信息环境、信息的可获取性、信息表达的易理解性等。

（二）信息源评价与选择

信息源是指获取信息的来源，根据不同的划分标准可以得到不同种类的信息源。例如，图书信息源、期刊信息源、特种文献信息源和非文献信息源等是根据出版形式进行划分的，印刷型信息源、缩微型信息源、机读型信息源和视听信息源等是按照载体形式进行划分的，一次信息源、二次信息源、三次信息源是根据信息源的加工级次与加工方法进行划分的，正式信息源与非正式信息源是根据信息源的组织形式进行划分的，内部信息源和外部信息源是根据信息源的范围进行划分的，公开信息源和秘密信息源是根据信息源的保密性进行划分的。此外，还有其他一些划分标准，如根据信息源的形态、用途以及信息源与时间的关系等进行划分。

为了有效地选择和利用信息源，必须对各种信息源的性能、质量进行评价。信息源评价主要从信息源本身所能提供的信息价值以及信息收集的角度两个方面进行。信息源评价的具体指标有以下8个。

1. 信息量

信息量包含两个方面的内容：一是信息源所含的信息量，如信息源容量大小、信息记录的条数等；二是相对其他信息源，该信息源提供的对用户有用的信息的数量。

2. 可靠性

信息源的可靠性是评价信息源的首要标准。信息源的可靠性考察的不仅是信息源本身，还有所提供的信息内容，判断指标主要包括信息源的公开性和合法性，信息源及其信息内容责任者的权威性，信息源的关联性（被推荐、被引用等），信息内容的真实可靠性，信息内容是否能真实有效地传递，等等。

3. 新颖性

信息源的新颖性是指信息源中是否包含新观点、新理论、新技术、新假设、新设计和新工艺等新的内容。此外，信息源能够经常更新也是保证其新颖性的主要措施。对用户来说，没有更新的信息源在一定时间后会失去其新颖性。

4. 及时性

信息必须在尽可能短的时间内被发布报道和传递，即根据从信息产生、传播到信息被接收的时差来衡量信息是否及时。

5. 系统性

信息源的系统性是指信息源中收集的信息是否系统完整，是否连续出版，能否通过信息的累积反映一定时期内事物的变化。

6. 全面性

信息源的全面性是指信息源所含信息的广度和深度，包括信息源所收录信息的主题范围是否集中在更宽的领域，是否包括相关主题，是否包括多语种、多版本信息，信息的加工程度，等等。

7. 易获取性

信息源的易获取性是指信息源中提供的信息是否能够被用户获取，以何种方式和途径获取，有无技术要求，是否有阅读设备要求，是否有获取权限要求，能否稳定获取，等等。

8. 经济性

信息源的经济性主要是指从信息源中发现信息、提取信息，直至传递和使用信息过程中的经济耗费。信息源的经济性主要是以其最低消耗、最小损失最快地获取信息，以及获得的信息是否符合用户需求，即查准率、查全率、用户满意度指标来衡量。

（三）数字资源采集策略确定

不同的数字资源采集需求和信息源需要采用不同的数字资源采集策略，具体而言就是确定数字资源采集途径、数字资源采集方法和数字资源采集技术，并制订采集计划。根据数字资源采集者与信息源的相互关系，可以将数字资源采集途径分为直接采集和间接采集两大类。其中，直接采集是指采集者对信息源中信息的直接获取；间接采集是指借用采集工具间接获取信息，如搜索引擎技术的使用。

数字资源采集计划主要包括数字资源采集人员分工、采集费用、考核条例、时间安排、采集工具选择、采集方式、采集频率等内容。数字资源采集计划要留有余地，保持灵活性，以便进行数字资源采集策略调整，从而适应不断变化的采集结果，提高采集效率。

（四）数字资源采集活动实施与监控

数字资源采集计划制订完成后，就要围绕该计划，在一定的范围内，按照既定的内容，采用科学的方法广泛地搜集信息。当采集过程中遇到计划以外的新情况和新问题时，要分析原因，追踪搜集过程，及时调整计划，以便获得新的、有价值的信息。

（五）采集效果评价与解释

完成数字资源采集活动后，还要对采集到的信息集合进行及时评价与解释。若用户对数字资源采集效果不满意，则依据相关反馈意见进行调整。调整范围可能涉及数字资源采集过程的各个环节。

四、数字资源采集技术

数字资源采集技术是指从一定的信息源中检索出含有所需信息的内容，供人们利用。它可以是人工采集，也可以通过联机方式形成自动化数据采集系统。

（一）信息资源获取技术

信息不仅仅是单纯的数值、文字、符号、声音、图形和图像等，还是各种形式的信息媒体。这里根据媒体种类，分别从文本生成、图形与图像、动画和视频、音频的角度进行说明。

1. 文本生成

文本是最简单的数据类型，由于它要求的存储空间相对其他元素来说最少，因此成为人和计算机交互作用的主要形式之一。

将文本信息输入计算机一般有人工输入和自动输入两种方法。自动输入时主要采用光学字符识别技术（OCR），即采用光电转换装置将汉字或字符转换成电信号，并传送入计算机，由计算机自动辨认和阅读。

2. 图形与图像

图形通常指的是矢量图，如直线、曲线、圆或曲面等几何图形。图

形文件保存的不是像素的值,而是一组描述点、线、面等几何图形的大小、形状、位置、级数及其他属性的指令集合。图形文件的常用格式有DXF、PIF、SLD、DRW等。

图像是人对视觉感知的物质再现,可以由光学设备获取,也可以人为创作。图像可以记录、保存在纸质媒介、胶片等对光信号敏感的介质上。目前,比较流行的图像格式包括光栅图像格式BMP、GIF、JPEG、PNG等,以及矢量图像格式WMF、SVG等。多媒体计算机通过彩色扫描仪能够把各种印刷图像及彩色照片数字化后传送到计算机存储器中。

3. 动画和视频

动画是指将多帧静止的画面以一定的速度(如每秒16张)连续播放,使肉眼因视觉残像产生错觉形成画面活动的作品。

视频泛指将一系列静态影像以电信号的方式加以捕捉、记录、处理、存储、传送和重现的各种技术。数字视频的获取需要三个部分的配合:首先是提供模拟视频输出的设备;其次是对模拟视频信号进行采集、量化和编码的设备,这一般由专门的视频采集卡来完成;最后由多媒体计算机接收和记录编码后的数字视频数据。

4. 音频

音频实际上是连续信号,用计算机处理这些信号时,必须对连续信号进行采样和量化。

语音识别技术是让机器通过识别和理解过程,把语音信号转变为相应的文本或命令的一种技术。一个完整的语音识别系统可大致分为以下三个部分。

(1)语音特征提取。

语音特征提取的目的是从语音波形中提取出随时间变化的语音特征序列。

(2)声学模型与模式匹配(识别算法)。

声学模型是利用获取的语音特征，再通过学习算法而形成的。识别时将输入的语音特征与声学模型（模式）进行匹配和比较，以得到最佳的识别结果。

（3）语言模型与语言处理。

语言模型包括由识别语音命令构成的语法网络或由统计方法构成的语言模型，语言处理可以进行语法、语义分析。

（二）文本挖掘技术

随着互联网的发展，可获取的大部分信息都是以文本形式存储的，要想从中找到需要的信息，就需要使用文本挖掘技术。

文本挖掘技术是数据挖掘领域的一个分支，它涵盖了文本分析、模式识别、统计学、数据可视化、数据库技术、机器学习、自然语言处理和人工智能等多领域技术。由于文档本身是半结构化或非结构化的，无确定形式并且缺乏机器可理解的语义，所以，数据挖掘的对象以数据库中的结构化数据为主，并利用关系表等存储结构来发现知识。

1. 确定文本数据源

确定文本挖掘的目标、应用范围及领域背景知识等相关数据。

2. 对收集到的文本数据源进行预处理

从确定的文本集中选取待处理、分析的文本，利用文本结构分析技术等抽取出代表文本特征的元数据，如文本的名称、日期、大小、类型、作者、机构、标题和内容等，并存放在文本特征库中。

3. 选择适当的挖掘分析算法

常用的文本挖掘技术有文本结构分析、文本摘要、文本分类、文本聚类、文本关联分析、分布分析和趋势预测六种。文本结构分析主要用于建立文本的逻辑结构；文本摘要用于抽取文本的关键信息，对文本进

行概括和综合；文本分类可以将要分类文本的特征项与已有类别的文本特征项进行比较，使其能映射到一个具体类别中；文本聚类是指根据文本集合中特征项的相似度将其分成若干类，并将相似度高的文本尽可能归为一类；文本关联分析是指从文本集合中找出不同特征项之间的关系；分布分析和趋势预测是指通过对文本数据源的分析，得到特定数据在某个历史时刻的情况或将来的取值趋势。

4. 利用可视化技术将结果呈现给用户

利用已经定义好的评估指标对获取的知识或模式进行评估，然后根据需要返回前面的步骤进行优化，直到满足要求为止。

（三）自动分类技术

自 20 世纪 80 年代中期起，中国的一些大学、图书馆和文献工作单位开始开展档案、文献、图书的辅助或自动分类研究，并陆续研发出一批计算机辅助分类系统和自动分类系统，这些系统主要集中在中文处理领域。自动分类建立在语同共现原理的基础上，通过抽取信息的内容特征进行统计分析，判别出能代表其信息内容的语同，然后与分类体系的语同类集进行相似性分析，确定其属于哪一类或哪几类，并赋予其一定的知识分类标识的过程。

自动分类按实现途径可以分为自动聚类和自动归类两种方法。

1. 自动聚类

自动聚类是指利用计算机系统从待分类对象中提取特征，再对这些提取出来的特征进行比较，并根据一定的规则将具有相同或相近特征的对象定义为一类。

2. 自动归类

自动归类是指利用计算机系统提取待分类对象的内容特征，通过与事先定义好的各种类别具有的共同特征进行分析比较，将分类对象划归为特征最接近的一类并赋予其相应的分类标识。

（四）自动文摘技术

自动文摘也称"自动摘要"，指的是利用计算机自动地从原始文献中提取文摘。自动文摘按内容压缩程度不同，可以分为报道性文摘、指示性文摘、报道指示性文摘、评论性文摘和组合式文摘五种。报道性文摘适用于那些描述实验性研究的报告以及单主题的文献，能够提供原始文献中的重要信息，包括研究方法、使用设备、论据、数值数据和结论等；指示性文摘也称"描述性文摘"，由于所含信息量较少，所以一般不提供具体内容；报道指示性文摘又称"混合性文摘"，兼具报道和指示功能，其将原始文献中价值高的作为报道性文摘，将其他的作为指示性文摘；评论性文摘也称"评论"，其价值往往取决于文摘员的专业水平；组合式文摘是文摘员写出一组文摘，二次服务机构可以根据需要选取。按照面向的用户需求不同，可以将文摘分为一般性文摘和偏重文摘。一般性文摘是指对所有用户提供一般性的摘要；偏重文摘也称为"用户聚焦文摘""主题聚焦文摘"或"查询聚焦文摘"，可以依据特定用户的需求（如询问用户感兴趣的主题）有重点地产生专属摘要。按文摘处理的对象集合个数，可以将文摘分为单文档文摘和多文档文摘。单文档文摘处理的对象是单篇文摘，多文档文摘处理的文本对象是由多篇文档组成的文档集。按文摘处理对象的载体不同，可以将文摘分为文本自动文摘和多媒体自动文摘。除了以上分类标准以外，还可以按文摘处理语言的数量，将其分为单语言和多语言两种类型；按文摘长度是否可调节，将其分为用户可调文摘长度和固定文摘长度两种类型；等等。

按照生成文摘的句子来源，自动文摘方法可以分成两类：一类是完全使用原义中的句子来生成文摘，另一类是可以自动生成句子来表达文

档的内容。按具体技术可以有以下四种常用方法。

1. 基于统计的方法

基于统计的方法即基于抽取的方法或自动摘录，它只是利用了文档的外显特征、是否有线索词（短语、字串、字串链）及其统计数量等来生成文摘，并不对文档内容做深层次理解。

基于统计方法实现容易，速度快，摘要长度可以调节，但以句子（或段落）为基本抽取单元的抽取方法没有考虑句子间的关系，致使生成的文档不连贯，甚至前后矛盾，可读性差。

2. 基于理解的方法

基于理解的方法运用自然语言处理机制，分析过程中的常识、领域知识和领域本体等，对句子和篇章结构进行分析和理解，进而生成文摘。具体的实施步骤如下。

（1）语法分析。

借助语言学知识对原文中的句子进行语法分析，获得语法结构树。

（2）语义分析。

运用知识库中的语义知识将语法结构描述转换成以逻辑和意义为基础的语义。

（3）语用分析和信息提取。

根据知识库中预先存放的领域知识在上下文中进行推理，并将提取出来的关键内容存入一张信息表。

（4）文本生成。

将信息表中的内容转换为一段完整连贯的文字输出。

基于理解的方法产生的摘要质量较好，具有简洁精练、全面准确、可读性强等优点；但是，受知识不足限制，这种文摘技术只能应用于某个狭窄的领域，如用于处理有关地震情况的新闻等。

3. 基于信息抽取的自动文摘

基于信息抽取的自动文摘也称为"模板填写式自动文摘"。这种文摘的产生首先要对文本进行主题识别，再选择已编好的该领域的文摘框架，对文中的有用片段进行有限深度的分析，提取相关短语或句子填充文摘框架，再利用文摘模板将文摘框架中的内容转换为文摘输出。

4. 基于结构的自动文摘

基于结构的自动文摘将文本信息视为句子的关联网络，选择与很多句子都有联系的中心句，将其确认为文摘句。由于语言学对于篇章结构的研究还不够深入，可用的形式规则很少，使得基于结构的自动文摘到目前为止还没有一套成熟的方法，且不同学者用来识别篇章结构的手段有很大差别。

第二节 数字资源整体布局

一、数字资源整体布局的基本原则

同其他资源一样，图书馆信息资源也有一个合理配置、合理布局的问题。信息资源的布局是指信息资源在时间、空间和数量三个方面的有效配置。时间上的配置是指信息资源在过去、现在和将来三种时态上的配置。信息资源的价值具有很强的实效性。信息资源的空间配置是指其在不同部门和不同地区之间的分布，即在不同使用方向上的分配。信息资源数量上的配置包括存量配置和增量配置，即对已有信息资源的配置

以及不断产生的信息资源的分布。

数字资源整体布局要遵循以下基本原则。

（一）适应国情原则

数字资源整体布局必须与我国的国情相适应，这是一条基本原则。只有立足于国情，数字资源整体布局才有坚实可靠的基础，才具有科学性和可行性。

（1）我国数字资源整体布局要紧密与科学、教育、文化事业及国民经济发展水平保持同步发展，并且要有一定的超前性，即必须走在教育、科学、文化事业的前面，当然也不能远远超越经济发展所允许的速度和规模，盲目追求高速度、大规模。

（2）长期以来，我国信息基础设施处于一个相对落后的状态，成为制约数字资源整体布局的因素之一。从这一国情出发，我们应该强调以区域发展为核心，建立地区性的信息资源保障体系。各个专业与系统的数字资源布局应融于全国或地区的数字资源布局之中，强化地区的信息资源合作。

（3）我国各地区经济、科学、教育、文化发展不平衡，在进行数字资源整体布局时，应该根据地区差异，按照地区文献需求梯度理论，让一些先进的、信息吸收能力强的地区和部门较多地获得最新的信息资料，通过它们的吸收和转化，逐步将先进的科学技术向欠发达的地区转移。只有从实际需要出发，才能促进信息资源建设的总体发展。

（二）协调共享原则

信息资源保障体系是一个相互联系的整体，具有一定的层次性。由于组成信息资源保障体系的各图书馆的类型、性质和任务不同，其信息资源的收集水平与服务内容亦有所不同，任何一个图书馆、信息机构的信息资源都是有限的，不可能满足社会所有的信息需求，因此必须加强联合，协调发展。

我国在数字资源整体布局中采取了地区协调和系统协调的方式。地区协调是指在一定区域范围内，由各系统、各类型图书馆和信息机构参加的横向协调活动。地区协调一般由地区综合性协调组织领导，根据本地区发展的实际需要统筹规划、合理布局，建立区域信息资源保障体系。系统协调是指在同一系统内进行图书馆和信息机构之间的信息资源协调建设。在系统内部建立起自上而下的组织协调与业务协调关系，统一部署，统一布局，根据学科和专业发展的实际需要，构建协调补充、互为利用的信息资源保障体系。地区协调和系统协调是我国数字资源整体布局的两种基本形式，在实践中应根据发展需要将两者结合起来，以取得数字资源整体布局的良好效果。

（三）需求导向性原则

数字资源整体布局的最终目标是达到信息资源的共享，最大限度地满足社会成员对信息资源的需求。因此，以需求为导向是数字资源整体布局所要遵循的重要原则。

数字资源整体布局必须抓住当前信息资源需求最为迫切、落实最有成效的领域，一切以需求为导向，有条不紊地进行。就我国当前形势而言，仍然存在一定的地区差异，地区发展不平衡，因此我们不能简单地以信息资源数量的平衡来衡量地区发展的水平，而是要根据不同地区、不同系统、不同层次的发展需求，从最为迫切的信息需求和最有可能取得实际效果的信息服务内容入手，统一规划，协调发展，并充分运用新技术的发展培育新的需求。

此外，数字资源整体布局还要与社会的信息需求规律相符，针对信息需求的规律，用不同的文献保障层次来满足不同的信息需求。

（四）效益原则

效益原则要求在进行数字资源整体布局时，充分考虑到经济效益和社会效益。

经济效益主要体现在文献资源收藏的完备性、信息资源的利用率以及单元信息利用的消耗等方面，在投入相对稳定的条件下，尽可能地提高文献资源收藏的完备程度，并最大限度地利用这些资源，满足用户的信息需求。通过合理的规划与协调，减少重复建设，满足地理分布的合理性，方便对文献的利用。社会效益主要体现在数字资源整体布局优化，实现了信息资源的共享，并能充分利用信息资源对社会的发展和进步产生的影响。社会效益难以用具体的、准确的数据来衡量，但它的影响不容忽视。

总之，经济效益和社会效益并重，是数字资源整体布局优化的一个重要原则。

二、数字资源整体布局的作用

数字资源整体布局是信息资源共享的重要前提，也是提高信息资源保障能力的有效措施。信息资源作为社会资源体系的重要组成部分，其建设与分布状况直接关系到国家信息化发展的程度，此时实施数字资源整体布局是非常必要的。

数字资源整体布局的作用主要体现在以下几个方面。

（1）充分有效地利用与协调各地区的信息资源，使之更好地为我国现代化信息建设服务。

（2）促进信息资源的共建与共享。

（3）加强各个信息机构、图书情报系统之间的联系与合作，形成多层次、多功能的信息资源体系。

（4）减少重复建设，提高信息资源建设的经济效益。

（5）缩小地区信息"贫富"差距，促进欠发达地区的发展。

总而言之，数字资源整体布局的理论研究与实践对我国的信息化建设具有深远的战略意义和现实意义。

三、我国数字资源整体布局的模式

经过许多学者的探讨，人们将数字资源整体布局的模式总结为集中控制型、分散控制型和等级控制型三种理论模式。

（一）集中控制型模式

集中控制型模式是建立一个具有绝对权威的信息资源管理与控制机构，对各类型图书馆和信息机构进行统一指挥、集中调度。这种模式的关键在于建立集中决策机制，充分发挥整体的系统功能。

（二）分散控制型模式

分散控制型模式由若干分散的图书馆和信息服务机构共同承担信息资源建设任务。这种模式的核心是充分调动各图书馆和信息机构的积极性，从整体的利益出发，正确处理局部利益与整体利益之间的关系。

（三）等级控制型模式

等级控制型模式是逐级建立信息资源保障系统，并通过系统间的协调与合作优化信息资源结构，形成相互依存、共同发展的信息资源共享体系。这种模式的重点是建立系统间的互动与联动机制，注重图书馆和信息机构之间的分工与协调，以保障信息资源的整体功能得到充

分的发挥。

等级控制型模式能够建立系统间的隶属关系，既便于信息资源建设的协调和控制，又拓展了信息资源利用的范围，是我国数字资源整体布局的最佳选择。目前，我国在等级控制型模式理论的基础上又提出了数字资源整体布局的三级保障体制：第一级是建立国家信息资源保障体系，承担全国信息资源的协调与控制、制定国家信息资源发展政策和规划等任务；第二级是建立地区信息资源保障体系，承担区域信息资源的协调与合作任务，积极调动本地图书馆和信息机构的信息资源，来满足大部分本地用户的信息需求；第三级是建立省（市）、自治区各种类型图书馆与信息机构的信息资源保障体系，通过信息资源的组织与布局最大限度地满足用户的信息需求。

第三节　数字资源整合

一、数字资源整合概述

数字资源整合属于宏观意义上的信息组织。"整合"这一术语，最初在数学和物理学中表达部分与整体的关系。20世纪80年代后，在文学、社会学、心理学、生物学、哲学等学科中也出现了"整合"的概念。在不同的学科中，"整合"的含义是不同的。"资源整合"中的"整合"包括"综合、融合、集成、整体化、一体化"等含义。社会步入信息化、网络化、数字化时代，信息资源大量涌现，各种数据库大量产生，各种类型的网络资源检索工具层出不穷,数字图书馆日益增多,由此促进了数字资源整合。

(一) 数字资源整合的含义

数字资源整合是信息资源优化组合的一种存在状态,它是在符合一定条件的前提下,根据一定的需要,对各个相对独立的已经实现了一定程度的有序化的信息系统进行融合、类聚、重组,构成一个新的效能更好、效率更高的信息资源体系的发展过程和结果。

经过数字资源整合形成的信息资源体系,既可以是逻辑的,也可以是物理的。物理的信息资源体系是指除了各成员信息系统拥有自己的数据库系统以外,整个信息资源体系还拥有一个中央数据库,为各个信息系统所共享;逻辑的信息资源体系中不存在中央数据库,它只是各个信息系统整合以后的逻辑意义上的统一表达。

数字资源整合活动一般是在信息资源组织发展到一定程度后才能够进行的。数字资源整合是宏观意义上的、横向的信息资源组织,它所强调的是单个信息系统之间的横向联系、信息资源之间的融合重组,以及整体的资源共享。

(二) 数字资源整合的必要性

长期以来对于信息资源的开发和利用都有独立的信息资源组织方法、检索系统和发布系统,它们彼此独立、各自为政,缺乏交流,造成信息资源环境整体分散无序的状态,但用户的信息需求又呈现出多样性、复杂性的特点,这就给用户检索和利用信息资源带来极大的不便,具体表现在以下两个方面。

1. 缺乏交流

各信息系统收录的信息系统资源存在交叉重复,影响了用户对信息

资源的选择与获取。

2. 标准不同

信息资源组织标准不同导致检索途径和方法的差异，再加上不同的检索软件、风格迥异的检索界面，用户面临较重的学习负担，造成精力与时间的极大浪费。

上述两个方面表明，如果不对信息资源进行合理有效的整合，必然会使用户陷入不得门径而入的困惑境地，这与以用户为中心的信息服务原则背道而驰，也严重影响了信息资源的有效利用。所以，深入研究与解决数字资源整合问题是十分必要的。

此外，我们还可以从资源整合的作用方面来进一步说明数字资源整合的必要性。数字资源整合实现了不同信息系统之间的沟通，揭示了相关资源之间的关联，为用户获得高质量的资源提供了便利；整合后的信息资源体系囊括了各个独立信息系统中的信息资源，并且拥有风格一致的用户检索界面，用户无须在不同的信息系统之间来回切换，节约了时间，减轻了学习负担，也一定程度上提高了信息资源的利用率和检索效率；数字资源整合促进了信息资源组织过程中整合意识的形成，推动了信息资源组织标准化的进程。

（三）数字资源整合的目的

数字资源整合的目的是推动信息环境自局部有序化向整体有序化转变，具体包括以下内容。

1. 减轻信息资源的混乱程度

各个独立的信息系统之间存在内容交叉重复或拖沓冗长、关联程度低等问题，这就在某种程度上造成了信息资源混乱。通过数字资源整合可以在原有信息系统的基础上进行信息资源的融合、重组，形成一个新的、有序化的信息资源体系，减轻信息资源的混乱程度。

2. 加强信息系统与用户间的联系，提高信息资源利用率

原有的各个独立的信息系统之间的差异造成用户信息检索不便，增加了用户的学习负担，造成时间的浪费，因此要求在原有信息组织的基础上，根据用户的需要以及信息系统之间的差异，疏通信息渠道，提高各个独立信息系统与用户的接触率，进而提高信息资源的利用率。

3. 节约社会信息活动的总成本

数字资源整合节省了广大用户穿梭于不同的信息系统之间所造成的时间和精力的耗费，提高了整个社会信息活动的效率。

当然，数字资源整合可能会限制各个独立信息系统发挥强大的个性化检索功能，但这绝不是数字资源整合的目的，随着数字资源整合理论与实践的深入发展，这些局限性会逐渐被克服。

（四）图书馆数字资源整合的背景

随着数字图书馆的出现，人们预测未来的图书馆发展方向将是复合图书馆，即"实物馆藏+虚拟馆藏"形式，且两者构成相互联系的有机整体，不能割裂开来。

长期以来实物馆藏是图书馆信息资源的主要形式，其组织、技术与方法都趋于成熟。在计算机技术与自动化技术的推动下，图书馆对信息资源的组织由手工阶段向自动化、现代化阶段转变；但是，由于受到图书馆性质、任务和经费等条件的限制，馆藏信息资源还需要以馆际合作、资源共享的模式来扩大信息资源的来源，以更好地满足用户的信息需求。实际上，各个图书馆在信息资源的组织过程中各自为政，彼此之间的编目条例、著录格式存在一定差异，因而产生的书目数据只能局限在本系统内使用。在这种情况下，对不同图书馆之间的书目信息资源进行整合就提上了日程。

除实物馆藏外，虚拟馆藏也是图书馆信息资源的重要组成部分，这

些虚拟资源数量大且内容丰富。它们以数字化的形式记录、存储在网络、计算机、磁盘、光介质以及各类通信介质上,用户必须通过计算机网络通信方式进行访问。图书馆的这类信息资源主要包括数据库、电子期刊、电子图书三种。其中,数据库是图书馆信息资源的主体部分,既有联机数据库,也有网络数据库,从数据库的内容来看,全文数据库是数据库发展的方向,目前这类数据库已逐步在概念上脱离源数据库,日益成为一种独立的电子资源类型。电子期刊有两种类型:一种是印刷型期刊的电子版,以印刷型期刊为底版,内容大致相同;另一种是严格意义上的电子期刊,即期刊从投稿、编辑、出版发行到订购、阅览都是通过网络实现的。在图书馆的书目数据库中,每种印刷型期刊的书目信息构成一条记录,只能实现到刊名信息的检索;而在电子期刊中,每篇期刊论文都是一条记录,可以实现到篇名信息的检索。电子图书大多是对已出版图书进行电子化。电子图书没有统一的格式,阅览不同格式的电子图书需要下载安装相应的专业阅读浏览器,且这些电子图书馆的阅读浏览器是互不兼容的。关于电子图书的检索,目前市场上普遍实现的是到书名的查询。同电子期刊一样,图书馆对电子图书的收藏也主要是通过购买一定期限的使用权来实现的。

二、数字资源整合的基本原则

数字资源整合的原则应是对全局和整个整合过程都起指导作用的准则。数字资源整合应遵循以下五个主要原则。

(一)前瞻性原则

数字资源整合的前瞻性原则就是要求立足现在,放眼未来,即在进行数字资源整合的过程中,不仅要从信息机构未来的发展需要出发,用前瞻性的眼光，采取各种方式方法调整现有的信息资源结构，使其更加科学合理，还要最大限度地开发现有的信息资源，使其得到充分利用。

需要特别注意的是，坚持前瞻性原则也需要根据国家、地区、系统及本单位资源的实际情况，对资源进行整合重组，以提高信息资源的利用率，促进信息资源的开发，满足社会复杂的多样化需求。

（二）特色化原则

受到地缘、业缘等关系的影响，信息机构所收集到的信息资源大都是经过长期积累并具有自身特色的信息资源。因此，在进行信息资源整合的过程中，一定要注意优先开发本单位的特色信息资源，如地方特色、专业特色、类型特色、文种特色等，充分重视这些资源优势和特色；在数字资源整合项目的选择上要分清主次，突出自己的重点和特色，在数字资源整合的方式、方法、技术手段上要鼓励创新，形成自己独特的方法、技术。

（三）效益性原则

数字资源整合必须讲求经济效益和社会效益，数字资源整合追求以最少的投入得到最多的产出。数字资源整合过程也是信息资源再次增值的过程，因此能带来一定的经济效益。此外，数字资源整合还需要创造良好的社会效益，促进整合意识的形成，提高人们的信息意识和信息素养。

（四）需求导向原则

数字资源整合并不是盲目的，而是有针对性、有目的的，它从用户信息资源需求的角度出发，以适应新形势对信息机构的新要求。数字资源整合应该遵循用户导向和需求导向原则，开展用户信息需求调查和分

析,并把它作为开展一切工作的出发点。如果整合后的信息资源体系给用户有效利用资源带来障碍,那么数字资源整合就失去了意义。当然,需求导向并不意味着被动迎合用户的需求,还应积极主动地去培育用户的新需求,使信息资源得到更充分的利用。

(五) 安全性原则

信息机构在进行数字资源整合过程中,所需要遵循的安全性原则如下。

(1) 注意对信息资源载体的保护。

(2) 树立产权意识,在开发信息资源时不损害所有者的知识产权。

(3) 树立保密意识,在数字资源整合中不泄露国家或单位的有关机密。

(4) 要注意对用户乃至公众精神的保护,开发健康、有益的信息产品与服务,避免给用户和公众带来信息污染和消极影响。

三、数字资源整合的层次与方式

在具体的数字资源整合实践中,并非所有的数字资源整合都在同一水平上进行,而是呈现出多层次性。根据不同的划分标准,数字资源整合具有不同的层次结构。这里所涉及的数字资源整合层次划分是按照数字资源整合对象的加工深度进行的,并采纳了龚亦农先生的用于三个层次的称谓。

(一) 表现层的数字资源整合

信息资源在表现层的整合主要是针对信息源进行的。它在一定标准的前提下,为分布式存在的信息系统的信息源提供了逻辑组织和导引。

由于信息源（信息的来源）通常是以链接的形式表现的，因此表现层的数字资源整合就表现为按照一定的逻辑主线对各种不同的信息系统的链接进行排列组合，从而构成"信息地图"。这里的逻辑主线也就是信息系统地址排列组合的标准，可以采用的逻辑导引的标准有资源类型、学科主题、字母顺序等。用户在一定的标准指引下，能够方便地从汇聚了多样化信息的信息资源体系中快速定位到目标信息系统，从而发挥信息资源体系的指南或导航作用。

这种整合方式多用在具有指南或导航性质的网站或网页中，其类型比较丰富，有综合性质的信息系统指南或导航，也有专业性质的、地区性质的信息系统指南或导航。实现信息资源表现层的整合，其技术和方法比较简单，只要在同一个网站或网页中创建所有信息系统的地址链接，并根据一定的标准将这些链接进行有序化排列，便可勾勒出一幅资源地图来。当然，为了方便用户使用，创建人性化的用户界面、加入信息系统的内容介绍以及引导用户的详细说明也是非常必要的。为了确保信息资源的时效性，链接地址还需要及时更新和维护。

元搜索引擎被称为"搜索引擎之上的搜索引擎"，其所采用的也是信息资源表现层的整合方式，它将多个搜索引擎集成在一起，提供统一的检索界面。此外，指引数据库（Referral Database）也属于信息资源在表现层的整合，它首先对数据库等信息系统进行集中、分类、整理，然后以主题树的形式指引用户利用。

从上面几种信息资源表现层的整合方式来看，信息资源表现层的整合只是数字资源整合的初级形态，它整合的对象还停留在信息资源的层面，确切地说是各独立的信息系统的地址等信息，而没有触及信息系统的内容和检索层面；然而，存在即合理，表现层的数字资源整合之所以深受特定用户群的欢迎，与它汇聚了经过人工选择的多种信息系统，不仅种类齐全，而且形成了逻辑体系，能起到良好的导引作用，极大地方

便了用户在大量相关的信息系统中发现和选择符合自己信息需求的目标信息系统是分不开的。当然，这种表现层的数字资源整合对信息资源的加工深度是有限的，因而提供给用户的导引作用也是有限的。

（二）应用层的数字资源整合

信息资源在应用层的整合主要是针对信息系统的内容及其易用性进行的。为了从互异的各个信息系统中获取能够满足用户需求的信息资源的元数据和数字对象本身，首先需要构建中间访问层。应用需求不同，中间访问层的构建方式也存在差异，但其大体上的构建原理大同小异。

1. Agent 机制

Agent 是一种具有局部决策能力的技术，可以实现与终端用户、资源及其他 Agent 的交互。基于 Agent 的方法通常使用三种类型的 Agent，即用户 Agent、中介 Agent 和资源 Agent。其中，用户 Agent 向用户提供一致的接口，接受用户输入的检索请求并将其转换成内部使用的语言，交给合适的中介 Agent；中介 Agent 负责与用户 Agent、信息 Agent 及其他 Agent 的交互，根据用户所提交的请求的形式和内容选择合适的资源 Agent，并将请求转发给资源 Agent；资源 Agent 负责对异构的信息系统进行检索，并对检索结果的数据进行包装，以隐藏各个信息系统之间的异构性。

2. 中介方法

中介方法是指利用一个称为"中介层"的构件为各个信息系统提供一种通用的数据模型和检索界面，并使用包装层隐藏各个信息系统之间的异构性。

元搜索引擎作为一种应用层的数字资源整合方式，也是通过中间访问层来实现对各个成员搜索引擎的调用的。其基本原理是：当一个检索请求到来时，元搜索引擎按照各个成员搜索引擎的检索格式做相应的转换之后，再将其分发给各个成员搜索引擎，各个成员搜索引擎返回结果后，元搜索引擎对检索结果进行归并、选择、排序等处理，最终通过统一界面输出给用户。

一个真正的元搜索引擎是由检索请求提交机制、检索接口代理机制和检索结果显示机制三个部分组成的。其中，检索接口代理机制是实现成员搜索引擎调用的关键，作为一种代理机制，它必须具有较强的字符转换功能，使用户的检索请求能够为具有不同语法特点的成员搜索引擎所认知和接受。

通过应用层的数字资源整合，用户可以实现在统一化的界面中对各个异构的信息系统的内容进行"一站式"的检索与利用，从而提高信息资源的利用率。需要注意的是，在新的信息资源体系中，各个信息系统之间只是一种松散的整合关系；同时，整合后的信息资源体系并不拥有各个信息系统，而只是"调用"各个信息系统的内部资源，各个信息系统在某种程度上制约着整个信息资源体系。

（三）元数据层的数字资源整合

元数据层的数字资源整合是从资源组织的源头对信息资源进行比较彻底的整合，是整合程度最高的，事实上趋于一致或者相互之间通过元数据互操作能够相互转换，进而实现各个信息系统之间事实上趋于一致或者形式下的同构。这样，再将它们整合到同一个资源体系中就变得相对容易了。

这里，各个信息系统之间事实上的同构，指的是整个信息资源体系采用统一的元数据格式，一般是事先基于共同遵循的标准构建各个信息系统及其内部资源，并采用统一的元数据格式描述信息资源；而各个信息系统之间形式上的同构则主要指各个信息系统之间能够实现互操作，并允许存在异构性的各个信息系统之间通过某种转换机制获得形式上

的一致性。

实现各个信息系统之间事实上或者形式上的同构是目前元数据层的数字资源整合的两种表现方式。这种方式大大减小了各个信息系统间的异构性所带来的负面影响,基本实现了统一化、无缝化的高度整合。就目前而言,元数据层的数字资源整合也存在一定的问题。第一种整合方式在为各个成员提供全面的互操作性时,要求每个成员也必须为此付出代价,而由于成员之间趋同程度较高,也就相应地减弱了它们的个性化发挥的余地,因此其对商业化经营运作的吸引力不大。第二种整合方式,进行无数据互操作实现不同元数据格式之间的相互转换的过程中,也会对整个信息资源体系的数据存储造成一定的压力,同时大大增加了其维护成本。

3

第三章

数字图书馆文献资源的检索与利用

第一节　数字图书馆文献资源检索概述

一、文献资源检索的含义

文献资源检索是指将文献信息按一定的方式组织起来，并根据文献信息用户的需求找出有关文献信息的过程和技术。

文献资源检索包括三个方面的含义。第一，文献信息标引与编目，产生文献信息数据记录及检索标识。第二，文献信息组织，是指将编目过的文献信息数据记录按一定的方式组合并储存起来，是对一定范围内的文献信息进行筛选，描述其特征，加工使之有序化，形成文献信息集合，即建立数据库，这是文献资源检索的基础。第三，文献信息检索，是指采用一定的方法、策略和技术从数据库中查找出所需文献信息，这是文献资源检索的目的，是存储的反过程。

文献信息的组织与检索是一个相辅相成的过程，为了迅速、准确地检索，就必须了解存储的原理，通常人们所说的文献资源检索主要是指后一过程，也就是狭义的文献信息检索。网络文献信息检索，是指互联网用户在网络终端，通过特定的网络搜索工具或通过浏览的方式，查找并获取文献信息的行为。

文献资源检索的实质是将用户的检索标识与文献信息集合中存储的文献信息标识进行比较与选择（或称为"匹配"），当用户的检索标识与文献信息存储标识匹配时，文献信息就会被查找出来，否则就查不

出来。匹配有多种形式，既可以是完全匹配，也可以是部分匹配，这主要取决于用户的需求。

文献资源检索作为人类社会活动不可分割的组成部分有着悠久的历史。从历史来看，文献资源检索经历了从手工检索、计算机检索到目前的网络化、智能化检索等多个发展阶段。在需求的驱动下，文献资源检索正处在不断演化之中。

二、文献资源检索的重要意义

21世纪是知识经济占主导地位的时代。知识经济时代的核心是知识的生产、传播和利用。随着科学技术的不断发展和进步，社会的文献量也随之快速增长，尤其是随着互联网的出现，网络文献信息更是如汹涌的潮水，势不可当。如何从浩如烟海的文献信息的海洋中迅速获取自己所需的文献信息，关键就是必须掌握文献资源检索能力。知识经济社会要求人们普遍具备获取文献信息以及利用文献信息的能力。文献资源检索具有以下几个方面的意义。

（1）打开知识宝库的"金钥匙"。

人们不论是进行科学研究，还是发展市场经济；不论是教书育人，还是探索新的事物领域，首先都要掌握足够的知识信息，成功者的智慧正是在于能最敏捷、最有效地掌握信息。谁先掌握了有价值的信息，谁就能率先把握住事物的主动权，因为创造和成功多数情况下是取决于对信息的综合与利用。文献资源检索对于任何一个现代人来说都是至关重要的，因为文献资源检索是打开知识宝库的"金钥匙"。只有掌握了获取文献信息的科学检索方法，才能从浩如烟海的信息海洋中迅速而准确地捕捉到对自己有价值的文献信息，从而有所发明，有所创造。

（2）启迪创造性思维。

文献信息的知识内容既是对过去经验的总结，又是未来的向导，无论人多么高明，多么具有研究和开发能力，都不可能孤立地存在、孤立地研究，都必须在前人研究的基础上继承和借鉴。全世界一切有成就、有贡献的科学家都是通过广泛吸收他人的知识得到启迪而取得成功的。

（3）避免重复研究。

科学技术的发展具有连续性和继承性，闭门造车只会重复别人的劳动或者走弯路。

（4）节省科研时间，加快科研步伐。

科学技术的迅猛发展加速了信息的增长，加重了信息用户搜集信息的负担。掌握文献资源检索方法，可以节省研究人员查阅文献的时间。

三、文献资源检索系统技术

文献资源检索系统是对文献信息资源进行收集、编辑、管理和检索的系统。现代文献资源检索系统是由电子计算机、通信网络和终端设备等组成的自动化系统，可进行文献资源的收集、标引、分析、组织、存储、检索和传播等工作。计算机文献资源检索可以分为数据检索、文献检索、图谱检索、事件检索等类型。计算机文献资源检索的服务方式可以分为定题检索、回溯检索、联机检索三类。早期的文献资源检索系统采用纯手工方式，使用卡片、索引和目录。联机文献资源检索系统由带有文献数据库的电子计算机、通信网络与终端组成。用户能使用终端直接与他希望查询的文献数据库交换信息。终端一般配备了电话、键盘、显示器和打印机等设备。终端与计算机之间传递信息可以通过普通通信线路或通信卫星来进行。利用通信卫星可以把不同地区和国家的文献数据库连接起来，实现文献信息资源的共享。

联机文献资源检索的关键技术包括以下四个方面。

（一）文献数据库

现代联机文献资源检索系统已发展到拥有数百个文献数据库，每库收录文献数目从数千篇到数百万篇不等，收录范围包括自然科学、社会科学和人文科学，并有建立跨学科文献数据库和私人文献数据库的倾向。

（二）文献检索软件

联机文献资源检索软件是通用性很强的模块结构软件，它还具有检查程序，能自动检查和排除故障。

（三）文献传输技术

在联机文献资源检索系统中，终端用户借助于公用数据网络与系统连接。

（四）文献输入输出设备

光学字符识别器和数字扫描器是重要的输入设备。高速智能传真复印机也可用作输入设备。文献输出设备可采用高速打印机、绘图机和各种智能终端。

四、文献资源检索的主要类型

文献资源检索根据检索的目的和对象不同，可以划分为以下几种类型。

（一）按文献资源检索内容划分

1. 文献检索

文献检索以文献（题录、文摘和全文）为检索对象，即利用相应的方式和手段，在文献数据库中查询用户在特定时间和条件下所需文献的过程。文献检索是信息检索的核心部分，它较之数据检索和事实检索内容更为丰富，方法更为多样。文献检索根据检索内容不同又可以划分为书目检索和全文检索。

（1）书目检索。

书目检索是以文献线索为检索对象的文献检索，即以标题、著者、摘要、专利号、来源出处等为检索目的和对象，检索系统存储的是"二次文献"。它们是文献的外表特征与内容特征的描述，是文献的"浓缩体"。信息用户通过检索获得的是与检索课题相关的一系列文献的书目信息线索，不是用户提出的课题的直接解答，而是提供与之相关的线索以供参考，用户通过阅读决定取舍。书目检索是一种相关性检索，产生较早，发展也较完善。

（2）全文检索。

全文检索是以文献所含的全部信息作为检索内容，检索的结果是检索到系统存储的与检索课题相关的整篇文献或整部图书的全部内容。因此，全文检索也是一种相关性检索，它是书目检索基础上的更深层次的内容检索，较适用于某些参考价值较大的经典性文献，如各类典籍、名著等。全文检索是当前计算机文献资源检索的发展方向之一。

2. 数据检索

数据检索是以数据、参数、图表、公式、分子式等为检索对象，利用参考工具书和数据库进行检索的信息检索，又称"数值检索"。其检索结果是数据信息，既包括物质的各种参数、电话号码、银行账号、观

测数据、统计数字等数字数据，也包括图表、图谱、市场行情、化学分子式、物质的各种特性等非数字数据，并提供一定的运算推导能力。数据信息检索是一种确定性检索，信息用户检索到的各种信息是经过专家测试、评价、筛选的，可直接用来进行定量分析。数据检索与文献检索有许多共同之处，文献检索的许多方法也适用于数据检索。数据检索主要借助各种数值数据库和统计数据库来完成。

3. 事实检索

事实检索是以文献中抽取的事项作为检索内容的信息检索，又称"事项检索"。其检索对象既包括事实、概念、思想、知识等非数值信息，也包括一些数据信息，但要针对查询要求，由检索系统进行分析、推理后再输出最终结果。事实检索是信息检索中最复杂的一种，要求检索系统必须有一定的逻辑推理能力和自然语言理解功能。目前许多事实检索课题仍需靠人工完成，但已有一些试验性的计算机事实检索系统。事实检索也是一种确定性检索，用户获得的是有关某一事物的具体答案。事实检索主要借助于各种指南数据库和全文数据库来完成。

（二）按文献资源检索方式划分

1. 手工检索

手工检索是一种传统的检索方法，即以手工翻检的方式，利用工具书（如图书、期刊、目录卡片等）来检索信息的一种检索手段。手工检索不需要特殊的设备，用户根据检索对象，利用相关的检索工具就可以进行。手工检索方法比较简单、灵活，容易掌握、判别直观，可随时修改检索策略，查准率较高；但是，手工检索费时、费力，特别是进行专题检索和回溯性检索时，需要翻检大量的检索工具反复查询，耗费大量的人力和时间，而且很容易造成误检和漏检，不便于进行复杂概念课题的检索。

2. 计算机检索

计算机检索是利用计算机系统有效存储和快速查找的能力发展起来的一种计算机应用技术，它与信息的构造、分析、组织、存储和传播有关。计算机信息检索系统是信息检索所用的硬件资源、系统软件和检索软件的总和，它能存储大量的信息，并对信息条目（有特定逻辑含义的基本信息单位）进行分类、编目或编制索引；它可以根据用户要求从已存储的信息集合中抽取出特定的信息，并提供插入、修改和删除某些信息的功能。计算机检索的优点是速度快、效率高、查全率高；不足之处是成本高、费用高，查准率通常不尽如人意。目前广泛使用的计算机信息检索系统包括光盘检索、联机检索系统和网络检索系统。计算机信息检索系统可分为一次性信息检索系统和二次性信息检索系统。前者适用于单个条目，即信息量不大且需要经常修改的情况。后者适用于信息条目本身信息量较大且不需要经常修改的情况，如文献资源检索系统。

第二节 数字图书馆文献资源检索技术

一、图书馆文献资源检索的方式

（一）手工检索

手工检索，就是直接利用印刷型文献的检索工具（目录、索引和文摘等）或卡片式文献目录等检索工具直接查找有关文献。手工检索包括六个方面的内容：①文献筛选，即根据一定的标准，选择摘储的文献；

②词表管理，即编制、维护、修订分类表和主题词表；③文献标引，即根据词表将文献的主题内容经概念分析而转换成检索语言；④检索策略，即把情报用户的需求转换成检索策略；⑤用户交流，即通过与情报用户商谈，收集反馈，具体确定检索目标；⑥实施检索，即将检索策略同文献索引中的有关标引记录进行比较，实施检索作业。手工检索具有操作简单、费用低廉、查准率高等优点，但耗时较长，效率较低。

（二）计算机检索

计算机检索是指利用电子计算机检索出存储在光盘、磁盘、磁带等电子数据库中的有关文献信息，以满足检索要求。

（三）联网联机检索

联网联机检索是指利用终端设备（终端机、调制解调器和打印机），通过相应的通信线路或通信网络直接与设在任何地方的检索中心的机读数据系统连接，通过输入提问、进行人机对话和修正检索策略，快速高效地检索出所需要的文献信息。

二、图书馆文献资源检索的途径

（一）分类途径

分类途径是指按学科分类体系查找文献信息的一种检索途径，主要有分类目录和分类索引两类。它以学科概念的上、下、左、右关系来反映事物的派生、隶属、平行、交叉关系，能够较好地满足检索要求。在检索文献资源时，当课题所需文献信息范围较广时，应选用分类途径，这样可以比较准确地检索到课题相关领域的资料。

（二）主题途径

主题途径是指利用文献的主题内容进行文献资源检索的一种检索途径，即利用从自然语言中抽象出来的或经过人工规范化的、能够代表文献内容的标引词来检索文献资源。它冲破了按学科分类的束缚，使分散在各个学科领域里的有关同一课题的文献集中于同一主题，使用时就如同查字典一样方便快捷。其最大的优点是把同性质的事物集中于一处，使用户在检索时便于选取，而且将同类事物集中在一起的方法符合人们的工作和生活习惯，直接而准确。当课题所需的文献范围窄而具体时，适合选用特性检索功能较强的主题途径进行检索。

（三）题名途径

题名途径是指根据已知的书名、刊名或篇名查找文献信息的一种检索途径。其主要形式有书名目录、篇名索引、刊名索引等。按题名排列文献信息是我国书目索引的传统特色，既简单易行，又符合一般用户检索文献信息的习惯；但有的题名冗长，有的题名相似，容易造成误检。文摘、题录等检索工具一般不提供题名检索功能。

（四）著者途径

著者途径是指根据已知著者（个人及团体著者）的姓名字母排列顺序查找文献信息的一种检索途径，通过它可以检索到某一著者被某个检索工具报道的所有文献，如著者索引、著者目录等。国内的检索工具有的无著者索引，即使有也常常是辅助检索途径。国外的检索工具对著者的信息报道非常重视，许多文摘和题录都把著者索引作为基本索引之一。著者途径的特点是：某些领域的知名学者或专家的文章一般代表了该领域的最新水平和动向，通过著者线索，可以查询某著者的最新论著，

从而掌握他们的研究进展情况。著者途径的检索既快速又方便,但查得的文献缺乏系统性和完整性。

(五) 文献代码途径

文献代码途径是指通过已知文献信息的专用代码查找文献的一种检索途径。文献代码主要有国际标准书号(ISBN)、国际标准期刊号(ISSN)、专利号、文摘号、合同号、标准号、入藏号等,它们是一些文献类型的特有标识。使用这种途径多见于查找专利文献、科技报告、标准等文献。

(六) 引文途径

引文途径是指从被引文献去检索查找引用文献的一种检索途径。在出版或发表的文献中一般都附有参考文献或引用文献,这是文献出版、发表的重要特征之一。利用引文编制的索引系统,称为"引文索引系统"。

三、图书馆文献资源检索的步骤

(一) 分析研究文献资源检索课题

分析研究文献资源检索课题是确定信息检索策略的根本出发点,也是决定文献资源检索效率高低和成败的关键因素,文献资源检索者首先要对文献资源检索课题进行综合分析,通过分析明确要求,制定相应的检索策略。其内容主要包括以下几点:第一,明确文献资源检索课题所涉及的学科范围;第二,明确所需文献信息的内容及其内容特征;第三,明确所需文献信息的类型,包括文献媒体、出版类型、所需文献量、年代范围、涉及的语种、有关著者、机构等;第四,明确文献资源检索课题对查新、查准和查全的指标要求。

（二）选择检索方式

图书馆文献资源检索方式有手工检索、计算机检索、联网联机检索三种。不同的检索方式有各自的特点，在实施检索时，应根据检索方式的可能性以及课题的时间要求和经费条件等因素综合考虑，选择合适的检索方式。

（三）选择文献资源检索工具或检索系统

文献资源检索工具或检索系统是人们为了充分、准确、有效地利用已有的文献资源而编制的用来报道、揭示、存储和查找文献信息资源的特定出版物。文献资源检索工具或检索系统种类繁多，不可能去利用所有的检索工具或检索系统，因此应根据检索课题的多方面要求，在了解相关的检索工具和检索系统及其数据库的性质、内容和特点后，选择与主题相关的、符合时间要求的、高质量的文献资源检索工具或检索系统。一般来说，可以先利用本单位已有的检索工具，再选择单位以外的检索工具，在与文献资源检索主题内容对口的检索工具中选择高质量的检索工具。

（四）选择文献资源检索途径

文献资源检索途径是检索的入口，主要有两类：一是反映文献内容特征（主题、分类）的检索途径；二是反映文献外部特征（著者、题名、文献代码等）的检索途径。

（五）确定文献资源检索方法

完成任何一种特定任务的方法都是十分重要的，信息检索也不例外。方法正确，会收到事半功倍的效果；方法不对或不够科学，不仅会延误检索时间，还会造成人力、财力、物力的浪费。常用的信息检索方

法有顺查法、倒查法、抽查法、追溯法等。每一种信息检索方法都有自己的特点,在实际检索中可以根据信息检索要求,选择使用或配合使用,以快速、准确地完成信息检索任务,实现预期目标。

(六) 确定检索标识

文献资源检索标识有两种。第一,采用主题词作为检索标识时,应考虑该词的同义词、近义词。如"互联网"这个主题词,其同义词有"互联网""因特网""万维网",近义词有"计算机网络"等,以免漏检。第二,根据检索课题的要求选取恰当的检索标识。例如,将检索概念"放大",即使用上位类或上位概念作为检索词,可以提高查全率,但会降低查准率;再如,把检索概念"缩小",即使用下位类或下位概念作为检索词,检索效果与前者相反。

(七) 获取原始文献

获取原始文献是文献资源检索的最后一步,也是最重要的一步。要完成文献资源检索最终目标需要注意以下四点:第一,判断文献的出版类型。根据文献出处中的已有信息,判断其是图书、期刊论文还是专利文献等;第二,整理文献出处。将文献出处中有缩写语、有音译刊名的还原成全称或原刊名;第三,根据出版类型在图书馆或情报机构查找馆藏目录或联合目录确定馆藏,原则上应该按由近及远的顺序逐步扩大文献馆藏的查找范围,如本单位、本市、本地区、全国、国外这样的先后次序;第四,尽可能多渠道地获取原始文献,如与国外图书馆进行馆际互借,与大型国际联机文献资源检索系统进行联机订购,互联网上的电子邮件和下载服务,与出版商直接联系,等等。

四、图书馆文献资源检索方法

文献资源检索方法是为实现检索方案中的检索目标所采用的具体操作方法和手段的总称。文献资源检索方法有很多,在检索过程中应根据检索系统的功能以及检索者的实际需求,灵活运用各种检索方法,以达到预期的检索效果。

(一)图书馆文献资源手工检索

1. 顺查法

顺查法是以文献资源检索课题起始年代为起点,按从远到近的时间顺序查找文献信息的方法。在查找之前首先要摸清课题提出的背景及其简略的历史情况,了解和熟悉问题概况,然后选用适宜的检索工具,从课题发生的年代开始查起,一直查到满足课题要求为止。此法的优点是查全率高,缺点是费时费力。顺查法一般用于重大课题、各学科发展史及新兴学科等方面的研究课题的全面检索。

2. 倒查法

倒查法是一种按逆时针顺序由近及远回溯性查找文献的方法,目的是获取近期发表的最新文献信息。倒查法是一般科研人员常用的检索方法。在确认某项成果是否为创新成果时,也适合用倒查法。一旦掌握了所需的文献信息即可终止检索。此法的优点是可以节约时间,缺点是漏检率较高。

3. 抽查法

抽查法是针对某一学科内的课题,重点对某一时间段的学科文献进行检索的一种方法。抽查法能以较少的检索时间获取较多的文献信息。使用此法必须以熟悉学科发展特点为前提,否则难以取得预期的效果。

这种检索方法多用于写专题调查报告。

4. 追溯法

追溯法是利用已掌握文献后面的参考文献或引用文献追踪查找相关文献的一种检索方法，也叫"追踪法"或"引文追溯法"，具体检查法有两种：一种是利用原始文献所附的参考文献进行追溯检索；另一种是利用专门编制的引文索引进行追溯查找。此法直观、方便，不断追溯可查到某一专题的大量参考文献。在不具备检索工具的情况下，追溯法是一种扩大信息源的好方法；但缺点是检索效率低，查全率低，漏检率高。

5. 分段法

分段法是先利用检索工具查出一批有用文献，再利用这些文献末尾所附参考文献的线索进行追溯查找。此法的优点在于，检索工具缺年、卷时也能连续获得所需的文献信息，也称"交替法"。

6. 浏览法

浏览法是对印刷型文献、电子文献的目次内容及网络文献进行浏览查看的一种方法。

（二）图书馆文献资源计算机检索

1. 光盘检索分析

光盘检索又称"光盘数据库检索"，即采用计算机作为手段、以光盘作为信息存储载体和检索对象进行的文献信息检索，是目前应用较为广泛的一种计算机检索方法。光盘是集激光技术、计算机技术及数字通信技术于一体的一种新兴的综合技术。光盘具有储存能力强、介质成本低、数据可靠性强、便于携带等优点，是最新颖、有效的现代化信息储存和传播工具；特别是它与计算机相结合，给人们提供了一种新的检索环境和系统模式,对计算机信息检索和文献信息服务业产生了重要的影响,使得光盘迅速发展起来,成为现在文献资源计算机检索的重要组成部分。

(1) 光盘检索的特点。

光盘检索的主要特点有以下几个:①使用光盘检索系统,可免除联机检索系统所必须使用的电信设备,节省了电信费和联机系统使用费,还可免除由通信线路传输所造成的失误;②光盘系统向用户随盘提供相当于联机检索系统功能的软件;③光盘存储容量大,耐用,复制费用低;④可以把文本、图形、图像、声音及动态形象结合在一起;⑤如果光盘数据库量不够多,则资源就显得有限,购买大量光盘数据库,又要受到经费限制;⑥在文献信息需求的适时性上,光盘检索不如联机检索系统,因为光盘只能定期提供;⑦数据库费用大。

(2) 光盘检索技术。

光盘文献资源检索系统由微机、驱动器及连接设备、CD-ROM 数据库(光盘)及其检索软件构成。CD-ROM 光盘需要在计算机上装配 CD-ROM 驱动器,驱动器可以安装在诸如 IBM PC、XT、AT、Pentium 以及绝大多数 IBM 兼容机上。驱动器是读取光盘数据的专用设备,在微机扩展槽上插入 CD-ROM 驱动器的接口卡就可以将微机与驱动器连成一体。CD-ROM 驱动器有内置式和外置式两种:前者装在微机机箱内,可节省台面空间,价格较便宜;后者可方便地移动到不同的计算机上。选择驱动器时主要考虑以下性能:一是速度,一般为 185ms~500ms;二是查找速度,一般在 250ms~400ms;三是数据缓冲区越大,可直接从存储器存取的数据就越多,能够节省查询时间;四是数据传送速度,有单速、双倍速乃至 40 倍速以上的驱动器。

(3) 光盘检索方法。

光盘检索系统的功能与指令与联机检索系统区别不大,但更方便。

检索信息时可用单元词、多元词（短语）、数字、布尔运算符和位置运算符把几个检索术语组配成一个提问逻辑式。在编制提问式时，可以用有关功能键弹出索引菜单，通过浏览各种索引获取数据库记录中的关键词、词组及系统提供的主题词表，以便选择拼法、可能的截断术语和查找范围。当系统将检索中的记录以标题的形式显示出来时，用户可以用方向键在屏幕上移动至所需题名，然后以全记录形式显示或打印它。系统保留着用户的一切提问和每一个结果，因此用户可以在任意时刻回顾其查询历史，重新使用或修改以前的任何提问；也可以在另一数据库中选择回顾历史并执行同样的检索策略，而不必重复键入或重新处理检索术语。帮助菜单的内容一般是针对正在检索中的某一个步骤，其内容有了解系统功能，提问句法，检索策略，记录字段的描述，限制符、禁用词和标点，索引的使用主题查找，从记录中抽词，截断和排列，如何显示记录，改变显示格式，打印记录，保留记录，结束查找，获得文献，以及各种功能键的使用法。

2. 联机检索分析

联机检索就是用户借助通信线路，通过终端设备同检索系统联机所进行的文献与数据检索。这种计算机系统一般设有较多的数据库，而一个数据库可以包括几十万条甚至几百万条文献的书目款目或科技数据。每检索一个课题只需数十秒钟，检索到的题录、文摘或数据可以立即在终端上显示并打印出来。联机检索的实现，对于文献的收集、查找与提供方式来说是一次革命。

联机检索起源于20世纪60年代的美国。目前，联机检索已形成了覆盖全球的文献资源检索系统，如DLALOG、OCLC等。我国从20世纪80年代开始国际联机检索，经过几十年的发展也已建立起了自己的联机检索系统，如ISTIC、CALIS等。

（1）联机检索的优缺点。

联机检索具有以下优缺点：①检索速度快，与手工检索相比，能大大提高检索效率，节省时间和人工成本；②检索范围广，计算机能提供远程检索，所以检索数据库的范围可以是联机系统中的所有数据库；③检索途径多、质量高，计算机检索系统对数据库记录的许多字段都做了标引，有的系统甚至对每个字都做了标引，所以可以作为检索入口的途径非常多；④检索内容新、实时性强，联机检索系统的数据库定期更新数据，且更新周期特别短，有的每月更新，有的每周更新，有的甚至每天更新；⑤检索辅助功能完善、使用方便，检索结果输出方式灵活、实用，因此联机检索目前仍是计算机文献资源检索的重要方式之一；⑥主机负担重，一旦出现故障，则整个网络都将瘫痪；⑦信息组织方式以线性为主，不够灵活。

（2）联机检索系统的结构。

联机检索系统由三部分构成。①检索服务机构，由中央主机、数据库及其他外部设备组成。中央主机是检索系统的主体部分，其主要功能是进行信息的储存、处理、检索以及整个系统的运行和管理。一般联机系统拥有多台中央主机，可以随时切换，以保证检索的正常进行。数据库是储存在磁带或磁盘上的文献或数据记录的集合，是联机检索的对象，相当于手工检索的检索工具书，其实有些数据库就是手工检索工具的机读版。因此，掌握各种数据库的性能是联机检索的前提。其他外部设备主要有主机操作台、高速打印机等设备，以解答用户在检索过程中提出的各种问题，处理用户的脱机打印要求。②国际通信网络，由通信线路、调制解调器、自动呼叫应答器、多路复用器、通信控制器组成。③终端。目前采用 IBM PC 系列或兼容机作为终端，可利用计算机的键盘输入检索指令，也可预先存入计算机，待接入联机系统后由计算机直接发送，系统对检索指令的响应会显示到计算机的显示器上。

（3）联机检索技术。

联机检索系统是一个典型的计算机系统，能完成数据收集、分析、加工处理、存储，传递通信和文献检索的全过程。在文献信息存储的过程中，该系统按一定的规律对文献信息进行加工处理，并赋予其特征标识。在检索过程中，系统接收到正确的指令后，自动将相关文献信息集合的特征标识与用户提交的检索特征进行匹配。这种匹配完全是一种字符串的类比运算匹配，系统自动给出存储信息的特征与检索提问的特征相符的记录篇数，即检中数量。用户通过显示检索中记录的内容，判断检索是否成功，这就是联机检索技术的基本原理。

（4）联机检索的服务方式。

联机检索的服务方式主要有以下几种。①定题信息提供。这种服务方式是由检索系统工作人员将用户文献需求转换成一定的检索提问式，并将此提问式存入计算机中，检索系统定期从新的文献信息中为用户检索，并按用户指定的格式对检索结果加以编排和打印。利用定题信息提供，用户可定期获得所需要的最新文献，及时掌握同类专题的动态和进展。②专题回溯检索。这是用户对检索系统中积累多年文献资料的数据库进行检索，查找一定时间范围内或特定时间以前的文献时采用的一种联机检索方式。检索结果一般要求切题，但又无大的遗漏，应尽可能做到省机时、省费用。进行专题查询或情报调研时，可全面系统地了解有关文献的线索。③联机订购原文。联机检索的结果通常是一些文摘或题录形式的二次文献。用户通过阅读这些二次文献了解大致的内容，然后根据这些文献线索查找全文。④电子邮件。联机系统开展此项业务，以满足用户与系统之间、用户与各机构之间、用户与用户之间发送、接收、存储各种文献信息的需要。

3. 网络信息检索分析

自20世纪90年代以来，互联网已成为世界上最大的信息资源宝库。网络信息的查找和检索已远远超过传统信息检索领域，基于互联网的信息检索系统成为网络信息检索阶段的代表。网络信息检索的特点是信息检索范围广，用户操作方便，但信息检索准确率不高。

（1）网络信息组织方式。

从网上有效检索所需信息，首先要了解网上信息是如何组织的。从目前的技术发展来看，单一的网络信息资源的组织方式主要有以下三种。

①数据库检索方式。

数据库检索方式即以数据库方式组织信息资源，并通过对数据库的操作实现使用和更新。以这种方式组织的信息提供的一般是基于命令方式的网络文献检索系统。这种网络信息资源组织方式提高了用户查询信息的效率，使信息的管理和更新更方便、有效，但在使用时需要用户掌握相关命令，在使用方面对用户要求较高，使其服务的易得性受到一定影响。

②等级菜单（目录）引导方式。

等级菜单（目录）引导方式采用菜单式界面向用户提供浏览检索服务，服务器中的所有信息都以目录或文件的形式表达，即通过多级菜单分类细化，最终找到所需信息。目前许多高等院校的各种网站论坛（BBS）基本上都是采用这种组织方式。这种组织方式使用户检索和使用信息变得非常简单、方便，但其检索效率较低，而且对信息的分类和组织的依赖性较强。

③超文本链接方式。

超文本链接方式使用超文本传输协议将互联网上的资源集成为一体，形成信息的网状结构，以适应人类思维的非线性特点，方便人们查找。最典型的就是目前最常用的应用超链接的信息检索方式。这种方式使用户在查到一篇文献后可以根据链接关系查到许多相关文献，而且可以非线性跳转，但其检索效率较低，用户容易在查找信息的过程中"迷航"。

鉴于这三种组织方式优缺点都十分明显,所以目前网上一般都是综合使用上述网络信息资源组织方式,以实现优势互补。

(2)网络信息检索工具。

在进行网络信息检索时,主要使用的信息检索工具包括以下几种。

①Gopher。

Gopher 是由美国明尼苏达大学为发布校园信息系统而研制并最先使用的,是深受图书馆馆员喜爱的一种信息检索工具。Gopher 是互联网上一个非常有名的信息查找系统,它将互联网上的文件组织成某种索引,能很方便地将用户从互联网的一处带到另一处;允许用户使用层叠结构的菜单与文件,以发现和检索信息,它拥有世界上最大、最神奇的编目。

Gopher 客户程序和 Gopher 服务器相连接,并能使用菜单结构显示其他的菜单、文档或文件,并索引;同时,可以通过 Telnet(远程登录服务的标准协议和主要方式)远程访问其他应用程序。Gopher 协议使得互联网上的所有 Gopher 客户程序都能够与互联网上的已注册的 Gopher 服务进行对话。

Gopher 是菜单驱动的,当用户建立一个与 Gopher 的连接后,它可以显示一个供用户选择的菜单,其中的菜单项先期通常由一些简洁的、自解释的英语短评所构成。Gopher 菜单中的每个菜单项都表明了一个信息文件或一个针对别的菜单的参照。用户浏览这些菜单项并挑选其中之一,若选定的菜单项对应一个信息文件,则 Gopher 软件将检索该文件并显示其内容。反之,如果选定的菜单项对应的是另一个菜单,那么 Gopher 系统将检索这个新菜单,从而使用户能够从中挑选一个条目。

Gopher 是互联网工具中最激动人心的发展之一,它使新用户不必成为技术专家就能够迅速找到互联网爱好者为之欢呼的许多优秀资源。

②WAIS。

WAIS（Wide Area Information Service）的全称是"广域信息服务"，是多个公司努力的结果，目前由一个独立的公司（WAIS公司）来开发和经营。

WAIS是一个互联网系统，在这个系统中，需要在多个服务器上创建专用主题数据库，该系统可以通过服务器目录对各个服务器进行跟踪，并且允许用户通过WAIS客户端程序对信息进行查找。WAIS用户可以获得一系列的分布式数据库，当用户输入对某个数据库进行查询的信息时，客户端就会访问所有与该数据库相关的服务器。访问的结果提供给用户的是满足其要求的所有文本的描述，此时用户就可以根据这些信息得到整个文本文件了。WAIS使用的是自己的互联网，这个协议是Z39.50标准（国际标准化组织制定的标准）的扩展。Web（全球广域网）用户可以下载WAIS客户机程序和一个网关到Web浏览器，或者通过远程登录连接到一个公共的WAIS客户机，这样就可以使用WAIS了。由于丰富的服务器文件及搜索引擎现已存在，所以大多数的Web用户会觉得WAIS是多余的；但是，对于图书管理员、医学研究员还有其他一些人来说，通过WAIS可以得到一些在现有Web上没有的专业信息。

WAIS是基于关键词的互联网检索工具。其特色在于检索的是文档的内容。在用户选定文档集合并输入主题后，WAIS会在选定的文档集合中检索所有含该主题内容的文档并显示之。当用户选择其中一个样例文档后，WAIS还可以按照样例文档自动检索出同类文档，这一步可以反复执行，直至用户得到满意的检索结果。

③Web。

Gopher和WAIS等网络信息检索工具的出现使得互联网用户使用界面的友好性和易用性有了很大改进，检索网络信息比以前更容易了，但它们仍属于基于文本信息的检索系统，所提供信息资源的范围有限。

在这种情况下，Web 诞生了。Web 使人们获得信息的手段有了本质上的发展，它通过互联网将全世界不同地区的相关信息资源有机地组织在一起。

目前，"Web"这一词汇又被引申为"环球网"，而且在不同的领域有不同的含义。以"环球网"的释义为例，对于普通的用户来说，Web 仅只是一种环境——互联网的使用环境、氛围、内容等；而对于网站制作、设计者来说，它是一系列技术的总称（网站的前台布局、后台程序、美工、数据库领域等的技术的概括性总称）。

互联网采用超文本和超媒体的信息组织方式，将信息的链接扩展到整个互联网上。Web 是一种超文本信息系统，Web 的一个主要的概念就是超文本链接，Web 以超级文本（Hypertext）方式提供世界范围的多媒体信息服务。它使得文本不再像一本书一样是固定线性的，而是可以从一个位置跳转到另一个位置。只要操纵计算机的鼠标器，就可以通过互联网从全世界任何地方调来所希望得到的文本、图像、影视和声音等信息。有了 Web，不懂计算机网络的人也可以很快地成为通过互联网检索信息的专家。正是由于这种多连接性才把它称为"Web"。

（3）搜索引擎。

搜索引擎是检索互联网上的信息资源的技术关键，因为在 Web 上有很多有价值的信息，即使一个引擎包含广泛的内容也是毫无意义的，使用最好的检索工具是成功的关键。

①Infoseek。

Infoseek 于 1995 年 2 月由 Infoseek 公司推出，是 Web 中的第一家收费查询系统。Infoseek 具有以下特点：第一，它能从 10000 万个页面中删除重复的链接和死链接，提供 2400 万个页面的搜索索引，因而所提供的信息在质量上有一定的保证；第二，Quickseek（快析舆情资料库）工具将搜索表格嵌入 Netscape Navigator（网景浏览器）以及 Microsoft（微软）的互联网浏览器工具条，以方便快速搜索，这是其在响应速度方面所采取的措施；第三，Infoseek 支持自然语言查询，而且支持对括在双引号内的专有名称和短语进行搜索，提高了构造提问式的易用度；第四，Infoseek 在页面的左侧附加参考；第五，在检索结果的处理方面，Infoseek 可以采用调频统计来确认其主要性与相关性；另外，它还具有查重功能，而其输出格式包括题目、简短说明语、URL 三部分；第六，Infoseek 的 Ultra Smart 是一个以分类列表为主并配以主题提问的指南型查询工具；UltraSEEK 则完成查询功能，它支持名称自动识别、短语检索、语句提问检索、词语变形检索、大小写有别检索、任意词检索以及字段限制检索，满足了分类族性检索与主题特性检索的需求。

②EXCITE。

EXCITE 是一款基于三维模型的产品可视化和交互式体验软件，使用的是基于关键词或概念的正文和主题搜索。EXCITE 具有以下特点。第一，它提供多达 6000 万个索引好的页面。信息频道包括新闻、黄页、白皮书、股价和航空订票服务。第二，EXCITE 支持布尔搜索，并具有有限的高级搜索的能力。第三，它支持自然语言查询。第四，EXCITE 的输出结果都跟有一个 Morelike 按钮，如果发现某个结果比较符合期望，那么单击这个结果后的 Morelike 按钮就可以得到与这个结果非常相近的一个组结果。第五，可使用 Channel（频道）功能快速缩小搜索范围。

（4）网络信息检索模式。

网络信息检索模式有两层含义。广义理解为如何对网络上的海量多态信息进行组织；如何为这些信息建立索引，如何动态地维护索引，即对索引进行及时更新；如何设计检索算法以使检索提问在查全、查准、响应时间、检索结果控制与显示方面表现良好；如何为用户设计一个简

单易用的友好界面；等等。狭义的网络信息检索模式则只是以网络（如互联网）为媒介，利用网络中已提供的一些信息检索工具，探索该如何使用这些工具以及如何综合使用各工具，使它们扬长避短，从而最快地实现对信息提问的检索查询的一种方法与技术。

广义的网络信息检索模式是从根本上解决网络信息资源有效利用问题的关键，没有结构合理的索引以及高效的检索算法，就无法实现完美的信息查询；没有对索引的动态维护以及及时的信息更新，就有可能检索到信息垃圾，从而误导信息用户；没有友好的用户界面，用户在选择与利用信息检索工具时，就可能错过该工具，即使选择了它，也可能会因其易用性差而无法获得良好的查询结果。

狭义的网络信息检索模式是在现实世界中有效利用网络资源的核心。互联网上目前已有大量的信息查询工具为用户服务。这些工具不但是利用网络信息资源的重要工具，其本身也是网络信息资源的重要内容之一。更为重要的是，在对这些工具的多次利用、比较、分析、研究过程中，可以得出网络信息检索模式的广义内涵，可以为开发新型的网络信息检索工具提供重要的参考依据。

（三）信息检索的方法与步骤

1. 分析课题

对一个信息检索用户来说，对检索课题进行分析，是制定检索策略的前提和基础。其目的是让用户搞清楚自己的需求，即要解决哪些问题。分析课题应包括以下几个方面的内容。

（1）明确检索目的。

用户的信息需求和检索目的一般包括三类。第一，需要关于某一个课题的系统详尽的信息，包括掌握其历史、现状和发展，如撰写硕士、博士学位论文，申请研究课题，进行科技成果查新，鉴定专利，编写教材，等等。这类需求要求检索必须全面、彻底，检索的资源多，覆盖的时间年限长。为满足这类需求，要尽可能使用光盘数据库和网络数据库，以降低检索成本。第二，需要关于某个课题的最新信息，有这类需求的用户通常一直对某个课题进行跟踪研究，或从事管理决策、工程工艺的最新设计等工作。面对这样的检索目的，需要检索的资源必须是更新速度较快的，如联机数据库、网络数据库、搜索引擎等，覆盖的年限也比较短。第三，了解一些片段信息，解决一些具体问题。带有这类需求目的的用户通常比较多。例如：写一般论文时，针对某个问题查找一些相关参考资料；进行工程设计施工时需要一些具体数字、图表、事实数据；查找某个人的传记、介绍，某个政府机关或商业公司的网页，某个术语的解释；等等。这类需求不需要查找大量资源，但必须有很强的针对性，结果必须准确，查询速度要快。要满足这类需求，除数据库外，网络搜索引擎、专题 BBS（网络论坛）都是可供选择的资源。

（2）明确课题的主题或主要内容。

要形成若干个既能代表信息需求又具有检索意义的主题概念，包括所需的主题概念有几个，概念的专指度是否合适，哪些是主要的、哪些是次要的，概念之间的关系如何，等等。

（3）课题涉及的学科领域。

搞清楚课题所涉及的学科领域，是否为跨学科研究，以便按学科选择信息资源，如有可能，还可以给出相应的分类号。

2. 选择检索工具

检索工具种类繁多，其文献类型、学科和专业的收录范围各有侧重，所以根据课题的检索要求，认真选准、选全检索工具十分重要。在选择检索工具时主要确定以下几个方面。

第一，是否所有与检索课题相关的资源都要进行检索，如果是，则不但要考虑检索一次文献和二次文献的数据库，对于网络中的其他资

源，如搜索引擎、分类检索指南、学科导航、专题 BBS 等也要进行查询。

第二，选择哪些学科的信息资源。例如，查找生物学方面的信息，则可能会涉及医学方面的信息资源，因此要特别注意跨学科查询的问题。

第三，选择哪些语种的信息资源，是中文还是西文，或是二者兼顾。

第四，信息资源覆盖的年限是否符合需求。大多数数字信息资源覆盖的都是近年的内容，因此如果需要年限更早的资料，就要考虑手工检索的问题；还有些数据库由于更新速度的原因（如光盘数据库，或数据库加工速度不够快），无法提供最新的信息，也是需要考虑的因素，这时更多的是使用其他相关数据库（如同一数据库的网络版）或网络资源来进行补充。

第五，信息资源的特点及其针对性如何。要了解已选择的信息资源的查询特点，是否与自己的信息需求相吻合。例如：查询某个机构或公司的网页，使用搜索引擎是最好的，即使是搜索引擎，各自的特点不同，涵盖的内容也有所侧重和不同；查询新闻时事，则可以登录一些新闻网站；查找学位论文，一定要使用学位论文数据库，或直接到大学或学院的网站上查询，因为有些学校的学位论文在网络中是提供二次文献服务的。

3. 构造检索式

检索式是检索策略的逻辑表达式，是用来表达用户检索提问的，由基于检索概念产生的检索词以及各种组配运算符构成。检索式的好坏决定着检索质量。

检索词既可以是一个单元词，表达一个单一概念；也可以是一个或多个词组，表达多个概念。检索词既可以由检索用户提出，也可以在数据库中的受控词表（主题词表、分类表等）中选择。在人工检索语言和自然检索语言并用的数据库中，最好先浏览一下主题词表、叙词表和分类表，二者并用，以保证查全率、查准率。

4.确定检索途径

信息检索主要有以下几种检索途径。

(1)题名途径。

题名途径即利用图书、期刊、论文名称查找文献,是查找文献最方便的途径。

(2)著者途径。

著者途径是按文献著者或团体的名称、译者和编者的姓名编制的索引进行查找的一种方法。个人著者姓在前,名在后,姓用全称,名用缩写,姓名之间用逗号或空格隔开,分别按姓名的字母顺序排列。团体著者按原名字母顺序排列,加国别来进行区别。

(3)机构途径。

机构途径即利用作者的单位信息,包括邮政编码等信息查找文献的一种方法。

(4)序号途径。

利用文献的各种代码、数字编制的索引查找文献称"序号途径",如专利号、化学物质登记号、科技报告的报告号、技术标准的标准号等。

(5)分类途径。

分类途径的主要优点是根据学科分类的逻辑规律并结合图书、论文类别的特点进行分类,由上级到下级,分类途径简明易记,层次分明,同类书、刊、论文集中,检索容易;但当涉及相互交叉的学科或分化较快的学科时,此法专指性不强。

(6)主题途径。

主题途径便于查找具有与主题词相关内容的文献。其特点是适应性、直观性及通用性强,表达概念准确灵活,不如分类途径那样系统、稳定,但能适应学科相互交叉、相互渗透的课题的检索要求。主题词表是标引和检索人员的共同依据,不同检索工具有各自的主题词表,并通

过参照关系进行规范化处理，使同义词、近义词、同族词、相关词、主题词与非主题词在主题词表中都一目了然；也可以通过参照关系指引读者查找可作为主题词的词以及与主题有关的主题词，以扩大检索范围。

（7）关键词途径。

关键词是直接从文献中抽取出来的具有实际意义的词，其主要特征是未经规范化处理，也不受主题词表控制，又称"自由词"。作为自然语言检索，关键词途径实际属于主题法系统，无须查主题词表，因未做规范化处理不能进行选择和控制，故索引质量粗糙。关键词途径的缺点是自由选词，而对同一事物的概念不同，作者选词也不尽相同，由于存在同义词、多义词、复合词以及名词单、复数等差别，文献会分散在不同的关键词中，不能集中于一处，同一概念，内容可能完全不同，因此必然会影响查准率、查全率。

（8）其他检索途径。

其他检索途径如化学物质的分子式途径、地名途径、属种途径等。在选择检索途径时应注意以下几点。第一，根据待查课题的已知条件选择，如已知文献的著者、文献代码、分子式和地名等，可利用相应检索点迅速有效地查获所需文献；同时可以通过上述途径间接确定分类号或主题词。第二，根据检索工具的具体情况选择检索途径，即所使用的检索工具本身可能提供几种检索途径。一般来说，为了进行深入全面的检索，往往是以主题途径或者分类途径作为主要检索途径。若课题检索的泛指性较高，即所需文献范围较广，则选用分类途径较好；反之，若课题检索的专指性较强，即所需文献比较专深，或涉及跨学科的课题，则选主题途径为宜。第三，查找文献时可以综合利用各种途径，以便取长补短。

5. 选定检索方法

检索方法，简单来说就是查找文献资料的方法。选择检索方法的目的在于寻求一种费时少、检索效果好的有效方法。检索方法有很多，归纳起来主要有以下几种类型。

（1）浏览法。

浏览法是科技人员平时获取信息的重要方法，是科技人员对本专业或本学科新到的核心期刊进行浏览阅读时经常采用的一种方法。该方法的优点是：能快速获取最新信息，能直接阅读原文内容，能大体获知本学科发展的动态和水平。此方法的缺点是：科技人员必须事先了解本学科的核心期刊；检索的范围不够广泛，因而漏检率较高。

（2）追溯法。

一篇文献后面往往附有数篇参考文献，这些参考文献在某些方面与这篇文献的内容有关，如果追查这些相关的参考文献，会发现每篇参考文献后面又附有与之相关的若干篇参考文献，按照这种方法追查扩检下去，可以获得大批相关文献，此即为追溯法。追溯法的优点是不需要利用检索工具，查找方法简单；缺点是漏检率较大。

（3）常用法（工具法）。

常用法（工具法）可归纳为以下几种方法。第一，顺查法。顺查法是以课题研究的起始年代为起点，由远及近，利用检索工具逐年查找，一直查到最近的研究结果为止。顺查法一般适用于主题较复杂、研究范围较广、研究时间较久的科研课题的检索。第二，倒查法。倒查法是从最近期的研究结果向早期回溯，由近及远逐年查找的一种方法，直到查到所需资料够用为止。倒查法一般适用于新兴学科的检查课题或检索某课题的最新进展情况。第三，抽查法。抽查法是针对学科发展特点，抓住该学科文献发表较集中的年代，抽出其中一段时间（几年或十几年）进行检索的一种方法。这种方法的特点是付出的检索时间少，查获的文献多，效率高，但必须在熟悉学科发展的情况下才能使用。

（4）综合法。

综合法又称为"循环法""分段法""交替法",是常用法和追溯法两种方法的综合,既利用检索工具又利用文献后所附的参考文献进行追溯,两种方法交替使用,直到满足读者需要为止。

6.整理检索结果

根据检索线索获得的检索结果可以采取复印、复制、打印、下载、电子邮件等多种方式进行认真整理,说明检索结果并按要求给予答复,或提供原始文献。

第三节 数字图书馆文献资源管理与利用

一、图书馆文献资源建设进入新时代

社会发展进入新时代,图书馆文献资源建设需要顺应时代发展的需求。新时代背景下,图书馆面临着发展的新机遇,但是不同的图书馆面临的发展机遇不同。

二、提升图书馆文献资源管理利用水平

(一)优化充实资源结构

新时代图书馆能够开拓部分资源结构,除去传统方式的学习资源,比如,购买电子期刊、学位论文、专题文库,也应该注重网络资源的采

集和融合。

网络上存在大量的开放信息资源，一方面有着开放的期刊，另一方面有储存大量信息的平台。由此，在机构和平台之中需要认识到只有沟通才能够实现共享。所以，特色的馆藏资源需要成为促进馆藏发展的重要因素。

为了实现学校图书馆文献资源建设，以及多层级的资源融合与归档，应该重点加强馆藏资源和其他多种资源的良好融合。

（二）强化采购工作

及时掌控优秀的文献资源，并优化资源结构，发展需要重点发展的主题。可以针对重点学科，适当加大文献采购力度，对于一些非重要的学科，可以减少文献资源建设，使馆藏资源能够更好地服务于科研和教学。

（三）优化数据，促进资源共享

积极借鉴国际先进的文献资源构建标准，规范文献资源的分类以及文献的更新，制定统一的目录格式。通过实施统一标准的资源共享计划，实现目标的细化和再细化。改变传统观念，积极开展学校之间的合作与交流活动，加大资金投入力度，提升文献资源的使用率。

（四）加强专业人员的培养

图书馆的工作人员是文献资源的操作者，为了适应信息技术迅猛发展的新形势，图书馆工作人员需要实现自身工作模式的转变。由此，在图书馆文献资源建设过程中，需要加强图书馆工作人员专业素质的培养，提高其操作能力和理论水平。

（五）强化文献资源宣传工作

图书馆应该利用讲座、宣传栏以及多种形式的读书日活动，最大限度的地利用图书馆资源，科学规划资源的使用。

4

第四章

数字图书馆资源共建共享

第一节 数字图书馆资源共建共享的基本认识

在新的时代背景下，图书馆特别是公共图书馆的内涵发生了巨大的变化。传统公共图书馆的界定标准侧重于公共图书馆的投资主体及其服务方式，将公共图书馆的概念范畴局限于那些由国家或政府投资，免费提供文献信息服务的公益机构。这种概念界定将兴办主体多元化和经营模式多样化的民办图书馆排除在公共图书馆体系之外，从而与公共图书馆由关注"机构"的制度向关注"服务"的公共文化信息服务制度转变这一转型方向有所冲突。因此，在制度转型背景下，对公共图书馆的概念进行重新定位，进一步完善我国公共图书馆制度，为人们提供更广泛的文献信息服务，具有非常重要的现实意义。

一、传统图书馆概念解析

公共图书馆的出现源于近代人类社会文明和图书馆事业的发展。公共图书馆是依据国家法律建立的，受地方税收支持，属于公共信息管理范畴，每一位公民都有平等地享有公共图书馆文献资源流通服务的权利。在我国，公共图书馆是指国家举办的、面向社会公开开放的图书馆。它是社会主义教育、科学、文化事业的重要组成部分。根据上述关于公共图书馆概念的论述，可以将公共图书馆的概念内涵划分为以下几个部

分：一是公共图书馆的承办主体是国家或地方政府；二是其经费来源是国家或政府；三是其服务对象为社会公众；四是其服务方式为主要向广大人民群众免费提供服务。其概念内涵揭示出，公共图书馆的本质为由国家或政府投资举办的、向公众提供免费文献信息服务的社会公益机构。外延是对事物范围的反映，公共图书馆概念的外延可以总结为，由国家投资兴办的、面向社会和公众开放的公益信息服务机构，主要包括国家图书馆，省（自治区、直辖市）图书馆，地区、市等行政区图书馆，县图书馆，乡镇图书馆，街道、社区图书馆等。

（一）图书馆概念内涵的重新界定

虽然公共图书馆的概念有多种解读，但这些概念共同强调了公共图书馆是一个公益性机构，而一个具有公益服务性质的机构常常涉及投资主体、服务的有偿与否等比较实际的问题。

首先，根据传统的公共图书馆的概念，政府是公共图书馆发展投资的主体，这种单一性的供给关系使得非公社会资本的配置缺乏足够的激励，并在一定程度上限制了公共图书馆投资主体的范围。多元化投资主体的民办图书馆的出现给公共图书馆事业的发展带来了活力，丰富了公共图书馆为大众提供的服务内容；但是由于公共图书馆原有体制的限制，使之无法真正归入公共图书馆的体系当中，原本缺乏活力的公共图书馆体系始终得不到"新鲜血液"的注入，极大地限制了我国公共图书馆事业的发展。因此，需要重新界定公共图书馆的概念，融入多种图书馆投资主体，以适应新的发展，保证有限的社会资源得到优化配置，为公共图书馆构建投资主体多元化的新的投资体系。

其次，原有的公共图书馆概念明确指出公共图书馆的公益性质以及提供信息服务的职能。目前，公共图书馆的服务体系并不健全，一些公共图书馆受公益性质及经费等原因的限制，缺乏主动性以及多样化的信息服务，这在一定程度上制约了公共图书馆服务的发展。

公共图书馆作为一个公益性的服务机构，其服务是否应有偿一直是业界人士探讨的课题。我们认为，公共图书馆是否产业化的问题暂且不必深究，既然公共图书馆是文献信息交流的中介，对公共图书馆概念的界定就不应该把重点放在其性质是否为公益的问题上，而应该从其是否能提供满足广大公众的信息服务要求这一职能入手，只要是面向社会提供图书馆服务的机构，都应当被认定为公共图书馆的一部分。

最后，计算机网络环境的不断发展，也使公共图书馆的内涵随之发生改变。网络搜索引擎对信息资源的处理以及公共图书馆服务水平的不断提高，给人们带来了便利的信息服务。谷歌和百度等主要搜索引擎甚至开始逐步对多个图书馆的馆藏文献进行数字化，并通过网络为广大读者提供各种图书信息服务，在形态上具备了一定的公共图书馆的功能。公共图书馆体系不应该只包括为公众提供服务的图书馆实体，也不应该将那些为公众提供文献信息服务的搜索引擎等虚拟网络工具排除在外。所以，原有公共图书馆概念内涵中对实体机构的侧重必然会被逐渐平衡，我们可以将公共图书馆的概念内涵改为"收藏、保存丰富的文献信息资源，并公开向公众提供信息和知识服务的社会机制"。

总之，将国家投资承办的公益性信息服务机构作为公共图书馆的内涵，已不能很好地促进公共图书馆体系的发展与完善，无法促使公共图书馆建立更为优良的读者服务系统。公共图书馆应突破机构的限制，专注于公众的文献信息需求，将自身的内涵重新定位成为公众提供信息服务的机制，这必将使公共图书馆体系不再局限于投资主体以及其服务的有偿性等问题，从而为公共图书馆发掘更为广阔的发展空间，使其专心地向公众提供多样化的信息服务。

（二）公共图书馆概念外延的拓展

外延是对事物范围的反映，概念的内涵规定了概念的外延。在公共图书馆制度转型背景下，对公共图书馆的概念内涵进行了重新调整，即将"国家投资承办的公益性机构"的概念内涵定位调整为"向公众提供信息服务的机制"。现阶段公共图书馆体系需要有所变化，应该将更多符合公共图书馆概念内涵的服务机制纳入公共图书馆的范畴，使公共图书馆事业走上繁荣发展之路。

政府投资举办的公共图书馆是社会图书馆服务的主体，由民间社会力量出资举办的民办图书馆是开放地向社会公众提供信息资源的图书馆服务机构，是公共图书馆服务的补充形式；同时，为公众公开提供信息服务的网络搜索引擎，是公共图书馆发展的新形式。因此，为社会公众提供服务的民办图书馆及网络搜索引擎，作为公共图书馆服务的补充形式，也应归入公共图书馆体系框架之中。

在公共图书馆多元化制度转型趋势下，对公共图书馆的概念进行重新定位之后，民办图书馆得以融入公共图书馆体系，从而构建了公共图书馆的多元服务体系。

公共图书馆是现代图书馆的代表，它彰显了图书馆追求文化权利与精神权利以及开放、自由、平等的精神内涵，公共图书馆内涵的变化无疑会对其他类型的图书馆产生深远的影响，特别是在信息资源共建共享的历史背景下，图书馆和科研系统图书馆也逐渐向社会开放，图书馆类型之分逐渐淡化。因此，信息资源共建共享的主体不仅是图书馆，而且是包括公共图书馆、高等院校图书馆、科研系统图书馆在内的各种类型的图书馆，以及各种"收藏、保存丰富的文献信息资源，并公开向公众提供信息和知识服务的社会机制"。

二、信息资源共建共享的客体

（一）传统资源共建共享的客体

1. 图书

这里的"图书"是指狭义的图书，包括印本书和写本书两种基本形态，是目前最主要的信息资源。图书的内容特征是主题突出，知识系统全面，是人们学习各学科基础知识以及查找事实、数据、资料的主要源泉。

2. 连续出版物

连续出版物是一种具有统一名称、固定版式、统一开本、连续编号，汇集多位著者的多篇著述，定期或者不定期编辑发行的出版物。通常，连续出版物又可以划分为期刊、报纸、年度出版物、报告丛刊、会议录丛刊等类型，其中以期刊和报纸流行最广，影响力最大。

3. 特种文献

特种文献主要是指出版形式比较特殊的科技文献资料。特种文献通常介于图书与期刊之间，内容广泛新颖，类型复杂多样，出版发行无统一规律，但具有重要的科技价值。特种文献主要包括科技报告、专利文献、标准文献、会议文献、学位论文、政府出版物、产品资料等。

4. 非书资料

非书资料也称"非印刷型资料"，是指不按照传统的印刷方式而利用现代技术方法，将信息记录并储存在除纸张之外的其他物质载体上的一切文献。非书资料包括录音资料、图像资料、缩微资料、机读资料等。

（二）网络环境下信息资源共建共享的客体

随着现代科学技术的发展，新型的信息资源载体出现并迅速占据了信息资源的舞台，那就是网络。由此，以数字化形式存在的网络信息资源成为信息资源共建共享的客体。网络信息资源是指以电子数据的形式将文字、图像、声音、动画等多种形式的信息存储在光、磁等非纸质载体中，并通过网络和计算机等方式再现出来的信息资源。

网络信息资源内容丰富、种类繁多、包罗万象，覆盖了不同学科、不同领域、不同语言，既有学术方面的重要信息，也有商业、娱乐信息，同时还有大量的广告信息，这些特点给图书馆信息资源共建共享带来了新的机遇和挑战，如今任何形式的图书馆都不能忽视网络信息资源的采集与利用。

三、信息资源共建共享过程

由于不同主体在信息资源共建共享过程中会采取不同的机制、模式和技术方法，因此信息资源共建共享的程序不尽相同；但从逻辑上讲，任何主体的信息资源共建共享过程都会遵循一个大致的脉络，即资源的共同选择——资源的共同建设（补充）——资源的共同组织（揭示、保存等）——资源的共同利用（服务，包括代查代借、馆际传递、网络资源传输等）。

四、信息共享价值观

"价值观"是一个使用广泛的概念，哲学、社会学、政治学、经济学、教育学、美学、心理学等领域都有相关理论、经验或实证的研究。

人们普遍认为，价值观是有关价值和价值关系的观念系统，是实践主体以自身的需要为尺度，对客体的重要性的认识。价值观直接影响人们的行为，最重要的表现是影响人们的行为目标的设定，因此要讨论信息资源共建共享的目标，必须理解信息资源共建共享这一人类行为在哲学层次的精神诉求，即价值观问题。

在知识经济条件下，生产力的形成和发展呈现出知识——技术——生产这样的内在逻辑，在经济增长中，科技进步的贡献率上升到首位，知识和信息成为促进生产力提升和社会发展的重要因素，在这样的背景下，信息共享的理念逐渐深入人心，信息资源共建共享的实践也逐渐走向深入。"两个人交换各自手中的苹果，结果还是每人一个苹果；两个人交换各自的思想，结果每人拥有了两种思想。"爱尔兰剧作家乔治·伯纳德·萧（George Bernard Shaw，又译萧伯纳）在半个世纪前用朴素又深刻的语言描述了他的信息共享价值观；然而，这仅是萧伯纳个人的信息共享价值观。信息共享价值观的形成既取决于实践主体的知识价值观，也取决于实践主体对于信息共享过程的重要性的理解和把握。信息是什么？信息在共享的过程中是增值了还是贬值了？从不同的角度考虑萧伯纳的"思想交换"，我们不禁要问：两个人交换各自的思想，真的就变成两种思想了吗？交换后的思想价值是否还能保持？在交换中，我们共享的到底是思想本身还是交换的过程？对这些问题的不同解答蕴含着不同的信息共享价值观。

（一）信息共享是信息的增值

萧伯纳的思想交换是信息共享价值观的典型体现，共享的结果是享有者与分享者都拥有了价值如初的信息，信息的价值总是随着共享主体的增加而成倍地增加。这种与工业经济相对应的"工具论"信息共享价值观认为，信息本身并不具备价值，只是用来获取价值的工具，信息共

享也被认为是获取信息这种"工具"的手段。弗朗西斯·培根（Francis Bacon）应该是这种价值观的代表人物，他的名言"知识就是力量"确切地表达了这种价值观的思想精髓，即以功利为主导。

这种信息共享价值观一方面受"工具论"价值观的影响，另一方面源于对信息特征的认识。信息不会随着消费过程的进行而减少或消失。由于消费含义的广泛性，我们可以将这一命题理解为：信息不会随着交换、转移或共享过程的进行而减少或消失。这一理解在图书情报领域被概括为"知识（或信息）的可共享性与可再生性"。知识具有互补性，因而能够带来收益递增。知识的互补性是指相对于单独运用来说，不同知识的联合使用会带来更高的经济收益，即"1+1＞2"。这种互补性体现在两个方面：一是沿时间的互补性，即就同一主体来说，尚未获得的信息与已经获得的信息之间具有互补关系；二是沿空间的互补性，即就不同主体而言，它们各自所积累起来的信息可以相互交流，从而形成互补关系。这种互补性不但会降低知识（信息）本身的学习成本，对于经济活动来说，随着产品总量的增加，信息运用的互补性还会降低产品的平均成本，从而实现收益递增。

在信息经济中，以人与自然之间、人与人之间的和谐为价值目的的发展观（通常所称的"可持续发展观"）成为主导的价值观，"共享"从某种意义上暗合了"和谐"的价值要求，同时，共享能够带来"1+1＞2"的效益，对最大效益的追求使共享成为信息经济学中诠释信息价值的最佳方式。因此，"信息共享是信息的增值"这一价值观成为信息共享价值观的主流。在图书情报事业中，强调信息资源共建共享，强调信息资源配置，追求信息资源共建单位之间那种"1+1＞2"的联合收益，这些建设实践成为"信息共享就是信息的增值"这一价值观的最好体现。

（二）信息共享是资本的置换

尽管已成为信息共享价值观的主流，但"信息共享就是信息的增值"这一命题受到了两方面逻辑的拷问，其中蕴含着一种更深层次的信息共享价值观。

第一，信息的增值真的是由信息共享带来的吗？

自然界所遵循的"物质-能量"守恒定律，其实在社会科学领域也是一条铁律。面对信息共享过程中似乎是"平白无故"而来的价值增长，我们必须深究价值增长背后的根源。以图书情报领域为例，传统的信息共享以馆际互借为主要方式，一个信息单元在被共享的过程中要负担复制、传递所产生的新增成本，信息共享所带来的收益与这些新增成本不能维持平衡，甚至可能会入不敷出，这也是在传统条件下图书情报领域的信息共享不能落到实处的根本原因。由此可见，所谓信息增值实际上是成本增加的结果。在新技术条件下亦是如此，当我们沉浸于网络环境下的信息共享带来的价值增值的喜悦之中时，我们是否计算过为这所谓的"信息增值"投入了多大的信息技术和信息设备成本？狂热之后，越来越多的研究者开始研究IT（信息技术）投资的效益评估问题，而研究结论往往是IT投资不足以带来预期的效益。那么，基于IT投资的信息共享也必然无法带来预期的信息增值。

更重要的是，在信息共享过程中，除了增加上述"硬成本"之外，还必须增加另一种投入，即劳动力成本。无论是共享的组织管理，还是共享过程的具体实施，都需要一定的劳动力资本投入。在评估共享效益时，这是不得不考虑的因素之一。如果在计算新增"硬成本"之后，共享后的信息仍表现出一定的价值增值，那么就不能无视劳动力成本的投入了。在价值理论中，要素价值论认为各生产要素都是价值的源泉，因此合理的分配原则应该是按生产要素进行分配。与之相比，马克思主义

政治经济学中的劳动价值论显然更符合逻辑。劳动价值论认为，劳动是一切商品价值的唯一来源，当然也是信息产品价值的唯一来源。劳动价值论对要素价值论的重要论据——"科学技术是第一生产力"也有着重要解释："随着大工业的发展，现实财富的创造较少地取决于劳动时间和已耗费的劳动量，较多地取决于在劳动时间内所运用的动因力量，这种动因自身又和生产它们所花费的直接劳动时间不成比例，相反地却取决于一般的科学水平和技术进步，或者说取决于科学在生产上的运用。"这一论述对价值与劳动时间不成比例的问题做了分析，是对知识经济条件下的劳动价值论的科学阐释。因此，即使在共享过程中信息真的实现了增值，那么增值的源泉也不是共享过程本身，而是共享过程中新增的资金、设备以及巨大的劳动力成本，也就是说，信息共享所表现出来的信息增值实质上是知识（信息）资本的一种转移或置换。

第二，信息共享真的能带来信息的增值吗？

"信息共享能够带来信息的增值"这一命题的逻辑基础是上述的"信息不会随着交换、转移或共享过程的进行而减少或消失"。既然信息在共享过程中不会减少，那么信息主体的增加就意味着信息总量的增加。在实践中，有时通过简单的复制或转换就实现了信息的共享，这似乎也说明信息增值并非都与共享过程中的新增成本有关。此时，第二个问题就摆在我们的面前：信息总量的增加等于信息价值的增加吗？

根据香农定理，信息降低随机不定性的程度越高，信息量就越大。换言之，一条信息传播得越广泛，其单位价值就越小。所以，信息被越多的人掌握，那么每个人所拥有的信息的价值就越小。为此，信息的拥有者总是尽量维护自己对信息权利的垄断，以保证自身信息价值的最大化，知识产权保护制度也正是适应这样一种需要而产生的。当然，在市场不饱和的情况下，对信息这种生产要素的适度共享可能带来联合收益的增加，而一旦市场占有率达到一定的规模，信息共享就不可能带来新增价值。如果把信息视为一种生产要素，并试图利用它在市场经营中获利，那么就必须尽量独占这种生产要素以保持它的最大价值，而这显然是和信息共享的理念相违背的。

综合对上述两个问题的回答，资本置换论的共享价值观认为，信息共享只会带来信息总量的增加，却不会带来信息价值的增加，如果在信息共享过程中产生了新增价值，其根源也在于共享过程中增加了新的成本，特别是增加了能够带来剩余价值的劳动力成本。从这个意义上讲，信息共享本身不能使信息增值，只是支付／投资的一种特殊形式，信息共享的本质是信息资本的一种转移与置换。

五、信息共享是价值的共享

既然信息共享不会使信息增值，那么为什么还要大力倡导信息共享呢？信息共享追求的目标是什么呢？

其实，无论是信息增值论的共享价值观，还是资本置换论的共享价值观，其哲学基础都是工具信息观，都是将信息视为创造价值的工具，而不是价值本身。持这种价值观的人习惯思考"信息能为我带来什么？""信息共享能为我带来什么？"等诸如此类的问题，换句话说，如果信息和信息共享不能创造价值和财富，那么工具信息观持有者会毫不犹豫地放弃对信息的追求。

与工具信息观相对，纯粹信息观是一种古典的、理想主义的知识观。在这种观点看来，知识（信息）仅仅同发现真理有关，知识（信息）本身就是目的。其发现真理和观照真理的行动指南蕴含的是人文精神关怀。一方面，追求纯粹的知识（信息）源于人的理智本性；另一方面，知识（信息）的发现以及对知识（信息）的观照会调动我们原本压抑的美好情操，使人格得到净化，境界得到提升。因此，这种信息价值观所

倡导的是精神意义上的价值，关心的是心灵的安顿，而不考虑任何实用目的。纯粹信息观一般不把信息概括为"力量""生产力"等其他的概念，而强调信息就是知识，或信息就是价值本身。纯粹信息观持有者并非追求"书中自有黄金屋，书中自有颜如玉"，而是追求"朝闻道，夕死可矣"。

中国传统哲学中也蕴含了这种纯粹信息观。中国传统哲学源远流长，以儒家为主流，汇入道、释、法、墨等各家之长，形成了独特的以寻求人际关系稳定为目的的有序、和谐的社会哲学——人文哲学，也形成了对待信息的两种价值倾向：其一是限知倾向，即把信息的价值仅仅局限于人与人以及个人与社会关系的范围内，强调人的道德修养以及人格的完善，注重为人治国的道理；其二是抑知倾向，即在人与自然的关系上强调顺从自然，认为能使天人关系达到和谐的信息是有价值的。在特定的历史条件下，传统信息价值观对于中国社会的发展产生了积极的影响，传统信息价值观对于民众道德风俗的淳朴化、古朴化、敦厚化起了重要作用，熔铸了中华民族团结互助、协调发展的精神，从而确保了社会的稳定、统一、有序。虽然信息共享的价值观似乎与信息经济的时代背景格格不入，但如果对我国传统的信息观有所理解就会发现，这种价值观其实恰好适应构建社会主义和谐社会的要求，单纯强调共享信息就是共享价值，就是共享快乐。

无论是哲学基础还是价值取向，三种信息共享价值观完全不同；但三种价值观作用于行为主体映射出同一行为指向，即对信息共享是推崇而不是抑制。信息增值论的共享价值观对信息共享实践的强烈要求是毋庸置疑的，通过信息共享获得更大的信息价值，不仅是信息增值论价值观的强烈诉求，也符合信息经济的生产力和生产关系特征。令人费解的是，资本置换论的信息共享价值观为什么也提倡信息共享呢？按照一般的逻辑，既然信息共享只是信息资本的置换或转移而并不能带来信息的增值，那信息共享的动力就不存在了；但问题的关键在于，在信息共享过程中，信息资本的置换并不仅仅表现在信息共享系统的内部，虽然系统内部的信息价值并不增长，但信息共享系统通过共享达到对信息这种生产要素的合理配置，从而取得对信息共享系统外部的竞争优势。至于价值共享论的信息共享价值观对信息共享实践的追求，虽然非常容易理解但目前很难在现实中得到应有的尊重。在信息经济的背景下，任何组织和个人的行为实践如果不能和经济效益挂钩，似乎都太过"清高"，但如果我们能很好地检视信息共享事业的实践——从充满无限热情到逐渐变得理智和冷静，再到焕发出新的热情，三种信息共享价值观在其中所起的作用便会一目了然。虽然价值共享论在目前看来还显得"特立独行"，如果能还原人类对信息最朴素的追求，能够更多地从人文关怀的视角去理解和把握信息共享实践，"信息共享就是价值共享"这一信息共享价值观就会逐渐深入人心。

到目前为止，信息增值论仍然是信息共享价值观的主流，也仍然是确立图书馆信息资源共建共享的价值论基础。图书馆信息资源共建共享的方向，在很长一段时期内都会是追求最大的经济效益和社会效益。

六、图书馆信息资源共建共享的目标

在改造自然和社会的过程中，人类设定了许多目标，其中最长远的目标就是人类的理想，人类社会的历史伴随着无数社会理想的实现，实现信息资源共建共享也是人类最伟大的社会理想之一。理想，作为人类特有的一种精神现象，一直受到古今中外思想家的热情关注，他们从不同的角度对理想的概念做出界定。综合起来，我们可以大致归纳出理想的含义：理想具有超前性、建构性、期待性和规范性；理想不是空想和幻想，它是对现实的扬弃，是以概括现实生活中一切有生命和发展前途

的东西为基础的，通过实践能够实现；理想作为一种指向远景的想象，属于理性认识的范畴，它反映的内容是客观事物的发展趋势和最终归宿；而目标，是实现理想道路上的一个又一个坐标。

如今，信息资源共建共享的观念逐渐深入人心，对信息资源共建共享的研究逐步深化，以计算机和网络为代表的现代信息技术为共享实践提供了强有力的技术支持，信息资源共建共享的事业也开展得如火如荼，这一切都昭示着我们离信息资源共建共享的理想越来越近。面对似乎触手可及的信息资源共建共享目标，也许我们更需要对信息资源共建共享实践进行审视与自省。对社会现实进行理论批判，是理想建构和目标确立的必要准备。从现实情况来看，信息资源共建共享理论尚不成熟，资源共享机制尚未完善，信息资源共建共享的实践在观念、管理、技术、权利等方面存在的诸多问题尚未解决。理想来源于社会实践，又反过来推动着社会实践向前发展。信息资源共建共享的目标是什么？离我们到底有多远？只有勾勒和描绘出信息资源共建共享的理想蓝图，信息资源共建共享事业的实践才能遵循一个明确的行动路线展开。

（一）5A 目标及肖氏目标

信息资源共建共享的目标可以概括为，任何用户（Any user）在任何时候（Any time）、任何地点（Any where），均可以获得任何图书馆（Any library）拥有的任何信息资源（Any information resource），此即 5A 目标或 5A 理论。

5A 目标的最终实现还很遥远，这种观念构思却能够鼓舞人们朝这个方向努力前行。因此，5A 目标更像是信息资源共建共享的理想。5A 目标是一种理想的境界，是一个崇高的目标。从图书馆的现实来看，图书馆用户的信息资源需求是无限的，而图书馆的信息资源始终是有限的，用有限的资源去满足无限的需求是不可能的，但是用有限的资源去最大限度地满足无限的需求是完全可能的。因此，在理论上，信息资源共建共享又是一种梦寐以求的理想。

5A 目标是关于图书馆信息资源共建共享的最早的明确表述，可以将图书馆信息资源共建共享的目标概括为，依托计算机网络和其他先进信息技术，建立一个集信息资源共建、共知和共享于一体的文献信息服务体系，从而最大限度地满足读者与用户对文献信息的需求。这一目标所包含的具体内容是，建设相对完备的文献信息资源保障体系，形成覆盖面广、利用便捷的书目信息网络，建立迅速高效的文献传递系统。

（二）完整的学科拼图

5A 不符合信息资源共建共享理想的主体特征。所谓信息资源共建共享，是指图书馆在自愿、平等、互惠的基础上，通过建立图书馆与图书馆之间以及图书馆与其他相关机构之间的各种合作、协作、协调关系，利用各种技术、方法和途径，开展共同揭示、建设和利用信息资源，以最大限度地满足用户信息资源需求的全部活动。由此可见，信息资源共建共享的主体应该是"图书馆"与"其他相关机构"，那么，信息资源共建共享的理想自然也应该围绕这些信息资源建设机构进行构建，而不是单纯描述图书馆能为用户提供什么样的服务。在实践过程中，许多资源建设单位把信息资源共建共享理解成信息使用方和信息提供方之间的信息资源共享，混淆了"信息资源共建共享"与"信息资源服务"的概念，错误地把信息资源共建共享等同于通过网络向用户提供信息资源服务。因此，从这个意义上来讲，5A 目标更应该被当成图书馆用户服务的理想。

虽然 5A 目标从逻辑上不能作为信息资源共建共享的理想，但我们可以从 5A 目标中透视信息资源共建共享的理想。既然"任何用户在任何时候、任何地点，均可以获得任何图书馆拥有的任何信息资源"，那

么对于信息资源建设单位而言，首先要求的就是要"拥有"。这里的"拥有"不是指个体建设单位的拥有，而是信息资源共享系统的拥有，建设并拥有用户所需的任何资源（理论上是一切资源）应该是信息资源共建共享理想的核心内容；但是，信息增值论的信息共享价值观告诉我们，信息共享要追求信息价值的最大化，具体来说，不仅要追求最大收益，而且要追求最小成本。这就要求信息资源共享系统对信息资源的拥有应该是单一的，即任何一种信息资源在系统内都是独一无二的，因为只要信息资源共享系统拥有这种资源，不论它存在于哪家建设单位，用户都可以自由获得，这恰好可以体现信息资源的特征和价值，而重复建设是毫无效率的。

避免重复建设不但是信息资源共建共享的重要原则，而且应该成为信息资源共建共享目标的又一重要内涵。如果失去了这一内涵，信息资源共建共享的目标就会违背信息资源共建共享的初衷，因而也就失去了信息资源共建共享的意义。对信息资源共建共享的目标，我们可以做出简单的蓝图描绘，即信息资源共享系统拥有一切信息资源，而且任何信息资源的存在都是唯一的，所有的资源建设单位都可以自由使用信息资源并服务信息用户。对这一理想蓝图的确切表述是，信息资源共享系统合力建设并自由共享完整而不重复的信息资源体系。"不重复建设"这一内涵要求信息资源共享系统实行科学的学科布局，以此作为实现信息资源共建共享目标的条件，因此这一目标被概括为"完整的学科拼图"。

需要特别说明以下几点：第一，图书馆建设目标由许多方面构成，信息资源共建共享目标只是图书馆发展的目标之一，"完整的学科拼图"这一目标只是信息资源共建共享在系统中要实现的信息资源状态，并不排斥图书馆在其他方面的发展目标；第二，"完整的学科拼图"是信息资源共建共享的一种理想状态，这个目标的实现受到各方面因素的制约，需要一个长期的过程甚至永远不能实现，但并不妨碍其成为信息资源共建共享的努力方向；第三，"完整的学科拼图"是信息资源共建共享系统的建设目标，不妨碍各个图书馆在此之外设定独立馆等其他目标。

第二节 数字图书馆资源共建共享理论

信息资源共建共享是一项跨学科综合交叉的科学研究，除了需要信息资源建设理论等作为必备的理论支撑以外，还需要各种相关理论为信息资源共建共享提供支持，并提供各方面的参考和指导。

一、相关理论概述

经过调查，与信息资源共建共享相关的理论包括图书馆学五定律、传统文献信息资源建设理论、存取与拥有理论、资源配置理论、系统论等。其中，图书馆学五定律和传统文献信息资源建设理论虽然提出年代相对比较久远，但是对于现代信息资源建设仍有一定的积极意义和指导作用。存取与拥有理论、资源配置理论、系统论则为信息资源共建共享机制的构建提供了新的思路和指导策略，促进了信息资源共建共享的有效实施。

上述相关理论是各相关领域学科的学术积淀和理论升华，对这些理论的解读可以帮助我们更好地理解相关理论与信息资源共建共享理论体系特别是与信息资源共建共享目标的关系。

（一）图书馆学五定律

印度图书馆学家阮冈纳赞（Ranganathan）于 1931 年撰写的《图书馆学五定律》是一本享誉世界的图书馆学名著，其中提出的图书馆学五定律被国际图书馆界誉为"我们职业最简明的表述"。

第一定律：书是为了用的。阮冈纳赞认为，图书馆的主要职能不只是收藏和保存图书，更是为了图书得到充分利用。该定律明确了图书馆的性质和任务，指明了图书馆工作的出发点和目的。

第二定律：每个读者有其书。该定律要求图书馆的大门应向一切人敞开，而不应该被少数人所垄断，要让每个人都享有利用图书馆的平等权利，真正做到书为每个人服务，每个人都有其书。

第三定律：每本书有其读者。该定律要求为每本书找到其合适的读者。

第四定律：节省读者的时间。节省读者的时间就等于节省了社会的金钱，也就是增加了社会的财富。图书馆应该利用多种途径来节省读者的时间。

第五定律：图书馆是一个生长着的有机体。作为一种具有公益性质的机构，图书馆就是由藏书、读者和馆员三个生长着的有机部分构成并发展而成的结合体。

（二）传统文献资源建设理论

传统文献资源建设理论经历了从藏书建设、文献资源建设到信息资源建设的概念嬗变过程。传统文献资源建设理论主要包括中国经典藏书理论、贮存图书馆理论、文献老化理论、零增长理论等。

（1）中国经典藏书理论。

我国宋代以后开始形成比较系统的藏书建设理论与方法，尤其以明清时期的私人藏书家的著述影响最大。由于私人藏书家有关藏书建设的理论与方法为其毕生经验之总结，有些也颇有真知灼见，因而备受后世藏书家的尊崇和仿效，甚至被奉为经典，如郑樵的《求书之道有八论》和孙庆增的《藏书纪要》等。

（2）贮存图书馆理论。

所谓"贮存图书馆"，是指为了解决图书馆收藏空间紧张的问题，削减管理成本，增加图书馆的可利用空间以及馆藏文献资源的利用率而设立的专门收藏利用率相对较低的文献资源的图书馆。

（3）文献老化理论。

文献老化是指文献在产生或者出版后，随着"年龄"的增长，由于各种主客观因素的影响，其内容的价值会逐渐降低，导致利用率越来越低的现象。进一步研究文献老化的各项数据，对指导剔旧和优化馆藏有非常重要的现实意义。

（4）零增长理论。

零增长理论要求建立一种有限规模的图书馆，即在图书馆达到一个既定的目标（馆藏量、功能等指标）之后，剔除馆藏文献的速度应当等同于购进文献的速度，使得馆藏的最终实际增长速度为零，图书馆收藏的文献总量达到一种相对稳定的状态。

（三）存取与拥有理论

存取与拥有理论是图书馆信息资源建设与服务中处理拥有馆藏信息资源和存取馆外信息资源之间关系的一种理论。综观近年来关于存取与拥有理论的研究，国内外的专家学者众说纷纭，莫衷一是。一种观点认为存取比拥有更重要，主张应该多一些存取，而少一些拥有，有的甚至认为存取完全可以取代拥有；另一种观点认为拥有与存取同等重要，没有拥有就没有存取，二者不可偏废，只有这样才能够保证信息资源共

建共享的持续健康发展。由于存取已经成为许多图书馆信息资源建设与服务的重要组成部分，所以关于存取与拥有的研究也转向了对信息资源共建共享问题中信息的有效利用这一问题的研究。

（四）资源配置理论

资源配置理论在现代社会发展中已经成为一种综合性的具有实践指导意义的重要理论。各种资源配置理论对于信息资源共建共享有着重要的参考价值，其中包括以下理论：①社会福利最大化理论，该理论认为信息资源作为人类的共同财富，应当不受任何限制地传播和流通，从而实现价值和效益的最大化，之后的帕累托最优和帕累托改进等理论都是在此基础上提出的；②资源老化规律理论，是指在文献使用过程中，用"半衰期"来描述文献的老化问题，之后普赖斯引入了普赖斯指数，成为衡量各种知识领域的文献老化的又一量度指标；③最省力法则，该理论认为在人类的信息行为中，总会产生一种以最小努力去获取最大效益的心理倾向；④成本效益分析理论，是通过比较某一项目的全部成本和效益评估项目价值的一种方法，以寻求在投资决策上做到以最小的成本来获取最大的收益。

（五）系统论

系统论认为，整体性、关联性、等级结构性、动态平衡性、时序性是所有系统共有的基本特征。系统论的核心思想是系统的整体观念。系统是由若干要素组成的一个有机整体，它不是各个要素的机械组合或简单叠加，各要素一旦组成系统整体，就具有单个组成要素所不具有的性质和功能，也就是说，整体的性质和功能并不等于各要素的性质和功能的简单叠加，系统的整体功能是各要素在孤立状态下所没有的新特质；同时，每个要素在系统中都处于一定的位置并在这一位置上起着特定的作用，各要素之间相互关联，构成一个不可分割的整体，要素是整体中的要素，不能脱离整体孤立地存在。

这五种理论从内容上讲，与图书馆信息资源共建共享理论都有着紧密的联系；从学科领域上讲，与图书馆信息资源共建共享理论既有交叉关系，也有并列关系。

二、相关理论与信息资源共建共享目标的关联性分析

"完整的学科拼图"这一目标为我们描述了一幅信息资源共建共享的理想蓝图：信息资源共享系统拥有一切信息资源，而且任何信息资源的存在都是唯一的，所有的资源建设单位都可以自由使用信息资源并服务信息用户，即信息资源共享系统合力建设并自由共享完整而不重复的信息资源体系。那么，信息资源共建共享的相关理论与其目标之间又有何种密切的关系呢？

（一）图书馆学五定律与信息资源共建共享目标

阮冈纳赞图书馆学五定律用平实的语言深刻地揭示了图书馆工作的本质，即以用户为工作中心，一切以用户的需求为工作的出发点，工作的重点转移到用户身上，以最大限度地满足用户的需求为目的。图书馆是一个发展着的有机体，从传统的藏书楼到公共图书馆的开架制度、"数字图书馆"等概念以及改革的不断发展，无不体现出每一个发展阶段都是对上一个阶段的继承和发展，又为下一阶段的进步奠定了基础。信息时代知识信息的与日俱增，使得各图书馆独立地为各类用户提供方便快捷的信息服务愈显力不从心；伴随着现代通信技术、计算机网络技

术以及自动化、网络化的发展，对于信息资源开发利用的研究进入一个新的发展阶段。统一筹划、多方位、多渠道、立体化的信息资源共享体系的构建，正是图书馆开发和利用信息资源的必由之路，也是解决知识信息剧增与馆藏力不足这一矛盾的重要途径。

（1）书是为了用的。

"书是为了用的"这一定律是实现信息资源共建共享目标的根本立足点。这一定律为图书馆的工作确立了基本原则，并对传统文献的"重藏轻用"思想产生了巨大的冲击，从而改变了传统文献信息的收藏和管理模式，推动了从藏书楼到开放式图书馆的转变。书是为了用的，这是一切图书馆工作开展的基本前提，目标就是书尽其用。如果书仅仅用来收藏而不能够被大众充分利用，那么所收藏的书就失去了原有的价值和意义，图书馆的存在也就没有意义了。这一定律不仅阐明了图书馆的性质和任务，而且指明了图书馆工作的出发点和目的。把图书馆的工作职能从保存和收藏图书转换到对图书的充分开发和利用，真正体现了图书馆的社会价值，同时为图书馆的存在和未来发展奠定了基础。

随着科学技术的不断进步，书的内涵也有了新的扩展和延伸，包括各种丰富的数字化、网络化资源。对信息资源进行充分利用的前提是对信息资源进行一系列的收集、整理和加工。俗话说"巧妇难为无米之炊"，信息资源只有收集起来才能够被人们所利用，而为了信息资源能够被更加充分地利用，就需要对收集来的杂乱无序的信息资源进行整理和加工。信息资源的可复制性及其打破了时间和空间障碍的传递方式，使信息资源建设有了新的模式，即信息资源共建共享。这就要求图书馆与图书馆之间或图书馆与相关机构之间展开合作，共同建设具有完整性和系统性的信息资源库。信息资源共建共享的目的正是使信息资源的利用最大化，从而更加有效地对各种信息资源进行系统化的整合和配置，实现最优的完整性馆藏。

如果信息资源共建共享不是为了所共建的信息资源得到充分利用，那么信息资源的共享以及为用户提供各种信息服务也就无从谈起，信息资源也就失去了存在的价值和意义。信息资源共建共享的目标就是要使所有资源建设单位都可以自由地使用信息资源，正是为了使信息资源能够充分地"藏以致用"，信息资源共建共享理念才得以产生。

（2）每个读者有其书，每本书有其读者，节省读者的时间。

"每个读者有其书，每本书有其读者，节省读者的时间"，这三条定律是实现信息资源共建共享目标的要求。这三条定律的提出打破了书为特定少数人之用这一不平等的旧观念，要求图书馆的大门向所有人敞开，无论其社会地位、性别、年龄、健康状况、居住地区如何，所有人都享有利用图书馆的平等权利。

"每个读者有其书"是从用户的角度强调馆藏的广泛性和多样性，而"每本书有其读者"是从馆藏的角度来强调馆藏资源的利用率。这看似矛盾的一对定律却正是给图书馆的信息资源建设提出的要求：既要满足用户对馆藏信息特色和针对性的要求，又要保证信息的综合性和多样性。阮冈纳赞曾在此基础上提出实施开架制度，这在一定程度上保证了各种用户对信息的需求和利用。随着计算机和网络的出现，信息资源开始向数字化和网络化方向转变。网络的价值就在于可以通过交织错综的通道传递信息资源，彻底改变了传统的信息获取方式，它通过信息资源的数字化存储以及通信网络的连接，突破时间和空间等客观障碍，帮助用户随时随地获得所需的信息资源；同时信息技术的发展导致信息资源无论是从形式上还是数量上都呈现出与日俱增的态势，也使得单个图书馆孤立地为各类用户提供方便快捷的信息服务愈显力不从心。因此，各个图书馆和相关机构之间加强合作，对信息资源进行统筹规划、科学合理地共建共享，正是解决这一矛盾的重要途径。在信息资源共建共享过程中仍需要考虑信息需求和利用率之间的关系。信息资源共建共享的完

整性原则要求注重文献信息资源的完整性，强调以整体的信息资源建设来实现对信息资源的完备保障，以满足社会公众的信息需求。在信息资源共建共享目标中，设想此信息资源共享系统中拥有一切资源，且任何资源的存在都是唯一的，这就使信息资源的利用率达到了最大化，同时又避免了资源的重复建设和浪费。

信息资源共建共享的最终目的是所有的资源建设单位都可以自由使用信息资源并服务信息用户。为了信息资源共建共享的所有参建单位最终都能够自由使用信息资源，信息资源共建共享更应该注重效率，而信息资源共建共享的效率源泉是共建单位之间的联合。首先，信息资源具有的可以反复利用、复制、传递和再生的可共享特性，为信息资源共建共享提供了实现的可能性；其次，信息资源服务的本质是信息服务，信息资源配置打破了时间和空间的限制。那么，在信息资源共建共享的参建单位之间达到一种组织协调和共享机制的平衡，实现信息服务效率的最大化，最直接、最突出的表现就是"节省用户的时间"。

如果说信息资源是为了用的，那么信息资源共建共享这一目标的实现则要求信息资源得到充分利用，并且要使信息资源能够被用户自由获取。可以说，这三条定律正是对实现信息资源共建共享目标所提出的要求。

（3）图书馆是一个生长着的有机体。

这一定律体现了信息资源共建共享目标的实现需要一个发展过程。图书馆这一生长着的有机体的主要组成是图书、读者和工作人员。在信息环境下，图书被信息资源所代替，信息资源建设作为图书馆一切工作开展的前提，也是一个生长并发展着的有机体。要使信息资源共享系统合力建设并自由共享完整而不重复的信息资源这一目标得以实现，就需要各参建机构和单位以系统布局和科学规划为出发点，加强信息资源共享系统的各个组成部分之间的系统性建设，并且要保证信息资源能够持续不断地流动和传递，实现信息资源的转换、交流与兼容，以保证不同专业系统信息资源的通畅共享。

图书馆的基本矛盾已经由"藏与用"转向了"需求与利用"。作为有机体生长点之一的信息资源，突出的问题就是需求的无限性与馆藏的有限性之间的矛盾。信息资源共建共享正是解决上述矛盾的最佳方式，即达到一种理想的状态：信息资源共享系统拥有一切信息资源，而且任何信息资源的存在都是唯一的，所有的资源建设单位都可以自由使用信息资源并服务信息用户。所以，信息资源共享系统应该是一个能够适应社会发展而不断生长发展的、有着强大生命力的有机体。

（二）传统文献资源建设理论与信息资源共建共享目标

虽然传统文献资源建设理论对于新环境下的信息资源共建共享有一定的约束性和局限性，但在进行信息资源共建共享的过程中仍需要与传统文献资源建设理论体系保持一致。传统文献资源建设理论经历了"藏书补充""藏书采访""藏书建设""文献资源建设"和"信息资源建设"等发展阶段，从传统资源到新型资源、从微观建设到宏观建设，整个理论体系也随着图书馆建设和研究的不断丰富而逐渐深化。目标的一致性决定了现代信息资源共建共享理论体系的研究离不开能够为其提供深厚理论积淀的传统文献资源建设理论。

（1）传统文献资源建设理论对信息资源共建共享目标的实现有一定的制约。

传统文献资源建设理论偏重馆藏管理，并且在传统条件下，信息必须依赖于一定的物质载体而存在，文献信息内容与文献载体不可分割，使信息资源建设过程中信息的共享问题实际转化为物质载体的共享问题，信息的可共享性得不到充分体现：一个单元文献不能同时满足两个以上用户的信息需求；另外还存在文献信息传输途径单一等诸多客观障

碍，所以传统文献资源建设理论偏重实体馆藏的资源共享，而对虚拟馆藏的管理缺乏充分的认识和研究。传统文献资源建设多是立足个馆，各图书馆只围绕自身的用户群进行信息资源建设，强调依赖个馆的信息资源建设来满足特定用户的信息需求，不能从根本上摒弃"大而全""小而全"的建设理念。信息资源共建共享以系统布局和科学规划为出发点，强调以整体的信息资源建设实现对信息资源的完备保障，以满足社会公众对信息资源的需求（包括潜在需求），信息资源建设的广度（覆盖范围）由整个信息资源共建系统来保障，信息资源建设的专深度则由各图书馆来保障，所以信息资源共建共享在传统条件下得不到有效的实施。在这种情况下，信息资源建设理论不能突破传统文献资源建设理论的桎梏，无法发生质的变化，只能继续强调个馆满足自身用户信息需求的能力。信息资源建设过程中是否将系统布局和科学规划放在首位，是信息资源共建共享与传统文献资源建设的根本区别。

（2）信息资源共建共享目标的实施仍需遵循传统文献资源建设理论。

随着计算机通信技术的深入发展，信息资源共建共享已不再局限于原有的概念和模式，也不再局限于图书馆，而是全社会的信息资源实现共享发展。在信息资源共建共享条件下，信息资源组织在文献布局、文献排架、文献典藏等方面依然会尊重传统文献资源建设理论。

在进行信息资源共建共享的同时，也需要重视信息资源的质量，不应不管优劣真伪，把所有信息资源不加甄别地吸纳进来。零增长理论的前提之一就是要实行广泛的合作藏书，实行信息资源共建共享。在网络环境下，世界上任何一个图书馆都难以承受将所有文献全部数字化的重担，且各图书馆拥有重复信息资源是没有任何意义的。只有加强分工协作，注重特色藏书，优化馆藏结构，再加上网络环境使处于不同地理位置的图书馆能相互利用信息资源，才能实现信息资源共建共享。在现代信息技术和网络环境下,图书馆的价值不再以其所拥有的馆藏规模、深度和广度等来衡量,而是以它能够为用户提供所需的各种形式的信息的能力来衡量。零增长理论为信息资源建设提供了新的视角,促使我们改变传统观念,使传统藏书向开放型、质量型发展,在保持藏书体系高效生命力的同时,还要重视信息资源的不断更新(注重信息资源的价值与时效性)。开展文献老化理论研究,有利于更好地掌握文献信息特性,判断文献时效,确定文献价值,从而帮助图书馆或情报机构评价并选择文献信息。剔除老化文献,是优化馆藏以及提高文献信息服务效率的又一个重要环节。把老化的、过时的文献信息从有用的文献信息中分离出来,从而提高有用文献信息的检出率和准确率。社会的飞速发展使文献资源更新速度不断加快,文献信息工作更注重时间和效率,要加强文献信息报道,开展定题服务,满足用户不断增长和变化着的信息需求。信息资源的发展是一个动态的过程,其变化日新月异,对信息资源的增长和老化速度进行研究,及时剔除过时的信息资源,才能更好地保证信息资源的时效性和丰富性,提高用户检索信息资源的效率,最终保证用户及时获得更有价值的信息。

另外,对文献资源老化规律进行研究,可以揭示科学发展的速度与规律,分析人类继承和发展科学知识的方式方法。由于信息资源的老化与学科性质有一定的关系,因此根据文献老化的指标数据就可以判断出学科的性质及其目前所处的发展阶段。对某一技术领域的文献老化性质进行研究,可以帮助人们估算出该领域技术的发展速度、适用时间以及可能被淘汰的年限等。

(三)存取与拥有理论与信息资源共建共享目标

由于技术条件的限制以及观念意识的制约,我国的信息资源共建共享一直没有得到很好的发展。存取与拥有理论的提出及其在实践中的应

用，馆际互借、文献传递、数据库或互联网服务等各种信息保障和信息服务方式的出现，为信息资源共建共享的实现提供了全新的可行模式。

（1）存取与拥有理论促进信息资源共建共享目标的实现。

信息资源共建共享=存取+拥有。有效的信息资源共建共享计划是存取和拥有的总和。存取必须利用通信、存储和传递技术来加强，拥有则必须扩展为共享或共同拥有地方馆藏。上述信息资源共建共享计划要获得成功，必须具备避免地方有限和共享有限的冲突、提供价值或增值、促成彼此之间的相互协调三个特征。换言之，成功的信息资源共享体系能够实现合作采购、责任分担和馆际资源再调配等功能。信息资源共建共享的范围已经扩展到信息资源、信息人员、设备、设施和专业技能等在内的广阔领域，借助于此，图书馆正在朝着一体化的方向迅速发展，从而最大限度地提高用户的满意度并极大地促进人类文明程度的发展和提高。

20世纪90年代以后，图书馆学界形成了关于存取与拥有理论研究的热潮，研究结论也从重拥有、轻存取到重存取、轻拥有，再到存取与拥有并重；但是出版刊物数量的增加、出版物价格的增长、图书馆收藏拥有能力不足的问题也接踵而来并且日渐突出。图书馆只依赖本馆拥有的馆藏文献资源来提供服务已经难以满足日益增长的社会信息需求，同样难以满足用户的信息需求，因此图书馆需要协调存取与拥有的关系，并达成互补。网络技术、信息传播技术为存取与拥有的相辅相成奠定了技术基础，尤其是互联网为馆际互借、文献传递提供了技术支持，推动了馆际合作、馆际互借、联合编目。存取与拥有理论的提出及其应用为信息资源共建共享提供了新模式，通过馆际互借、文献传递、数据库或互联网服务等信息保障和信息服务方式，信息资源共建共享目标的实现有了全新而可行的模式，存取与拥有促进了信息资源共建共享的发展及其目标的实现。

（2）存取与拥有理论为信息资源共建共享的目标，即最大化地满足用户的需求提供了实现方式。

信息资源共建共享的目标是信息资源共享系统拥有一切信息资源，而且任何信息资源的存在都是唯一的，所有的资源建设单位都可以自由使用信息资源并服务信息用户，信息资源共享系统合力建设并且共享完整而不重复的信息资源体系。存取与拥有是资源来源方式的两个范畴，是馆藏建设的两种模式，为了实现信息资源共建共享的目标，最有效的方式就是将存取与拥有相加，最大化地满足用户的需求。

图书馆是信息资源服务机构，之前传统的、被动的、坐等读者上门的服务方式已经不能满足现代读者日益增长的信息需求，新时代网络环境下的图书馆工作应该更新观念，变被动为主动，充分利用共享资源，在利用现有馆藏为读者提供服务的同时，也要积极主动地向用户介绍存取馆藏，并利用存取馆藏帮助读者获取所需文献资源，只有当存取与拥有同时被广泛地用于读者服务工作并使读者从中获益，信息资源共建共享工作才能真正落到实处，才能得到更深层次的、更广泛的发展。单纯的存取或是单纯的拥有都不能最大限度地满足用户的信息需求，只有让存取与拥有协调发展，互相弥补不足，才能实现信息资源共建共享的目标。

（3）信息资源共建共享目标的实现以及存取与拥有理论之间的辩证关系。

在确立信息资源共建共享发展方向时，应充分考虑资源本身的性质、特点、类别、规模、基础等实际条件，从而判断有所为，有所不为。

建设图书馆信息资源共建共享体系，实现信息资源的共建共享，应该一切从实际出发，在收藏类型和结构上形成印刷型、视听型、机读型、网络型等各类形态文献并存的多元化信息资源整体，必须科学合理地处理各类型信息资源之间的关系，使各类出版物之间的收藏比例保持结构合理，在确保重点书刊、常用书刊正常流通的同时，削减一些不常用且费用偏高的旧刊，取消订购一部分利用率较低的印刷出版物，优化现有藏书结构，需要时可以利用存取方式获得那些费用高且利用率低的电子版书刊。

读者从各种检索工具和检索系统中查找文献线索，目的是获取原始文献及全文；但目前网络上原始文献较少，书籍的全文网络资源更是稀缺，读者往往只能从网络上获取索引或文摘，而得不到原始文献及全文，以至于其文献信息需求最终得不到满足。因此，图书馆在制定馆藏结构相关政策时，应该重视提高图书的拥有率。各种检索性、参考性文献即二次文献、三次文献应该尽可能地以数字化的形式存在，使读者通过网络就能够方便地获得。此外，由于读者利用它们一般不是为了系统阅读，而是为了从中获取某些特定信息，所以，图书馆对这类文献应更多地利用存取的方式来满足读者的需求。

（四）资源配置理论与信息资源共建共享目标

资源配置理论与信息资源共建共享目标如下。

（1）资源配置理论与信息资源共建共享目标的一致性。

众所周知，伴随着科技的飞速发展，信息资源已经成为现代社会最重要的资源，与物质资源、能量资源一起构成现代社会发展的三大支柱。信息资源不仅成为社会经济发展的重要保障，其开发利用水平也成为衡量一个国家综合国力的重要标志。信息资源共建共享从本质上来说其实是一种综合宏观的社会资源配置，所以各种资源配置理论对于信息资源共建共享有着重要的参考价值。信息资源共建共享的根本目标就是实现信息资源的经济价值和社会价值。

（2）资源配置理论为信息资源共建共享目标的实现提供了经济理论基础。

信息资源具有高固定成本、低边际成本的特征,即信息资源从市场调研到投入研发,再到产品生产这一流程中所需的投资很大,但此后信息资源的复制成本非常低;同时,信息资源作为公共品,还具有非竞争性和非排他性的特征,也具有非常明显的外部效应。

通过对信息资源以上经济特性的分析,不难看出信息资源天然具有公共品(或准公共品)的特性,进一步考虑,也就是信息资源天然具有共享的属性。对于信息资源这种特殊的商品,人们更倾向于体验性消费,但体验之后人们往往又不愿意再去购买,所以一般而言,用户更乐于租借消费,而非购买,图书馆提供的借阅服务恰恰能够满足人们的这种需求。随着信息的急剧增加以及用户需求的多元化,如何使图书馆在资金有限的情况下实现信息资源的优化配置是图书馆在信息社会和网络时代背景下必须认真考虑的问题。在高速发展的计算机技术、信息网络技术和通信技术的基础上,图书馆在信息的搜集、整理、存储、加工和流通方面有了长足的进步。在这里,人们真正打破了时空的限制,既能够即时将信息发送到世界各地,也能够瞬间获得大洋彼岸的所需信息。首先,借助网络优势可以实现全天候且不受距离限制的服务模式,节省了操作成本、用户的时间成本及费用成本;其次,信息资源属于公共品(或者准公共品),其非竞争性和非排他性使信息资源在构建信息资源共享系统的同时不必担心参建单位彼此之间的竞争;最后,资源配置理论能够为信息资源共建共享目标的实现提供高效、公平的配置理论和参考机制。

(五)系统论与信息资源共建共享目标

系统论与信息资源共建共享目标如下。

(1)系统论思想为信息资源共建共享目标的实现提供了价值论依据。

当前信息资源共建共享中面临的一个重要问题是，我国图书馆等文献机构之间缺乏沟通与合作，信息资源的重复建设和浪费情况严重，并且各参建机构在信息资源建设过程中所遵循的标准不一，各系统之间的信息资源转换、交流与兼容难以实现。究其原因，在于参建单位之间缺乏信息资源共建共享的整体观念，各参建机构之间缺乏统一的指导分工。

系统论的出现，提供了全面考虑问题的思想方法。系统论认为，任何一个大的系统，其内部各子系统之间存在密切联系，只有合理分工和相互协作才能使整个系统发挥更大的作用。系统论要求从整体的角度来看问题，整体的功能大于各组成部分的功能之和。因此，信息资源共建共享有必要在系统论的指导之下，以整个信息资源共建共享系统的合理布局和科学规划为出发点，协调各子系统的信息资源建设，避免发生信息资源重复建设和标准不一等问题，最终实现整体效益的最优化。所以说，系统论思想为信息资源共建共享提供了价值论依据。

（2）系统论思想有助于提高信息资源共建共享目标的经济效益。

信息资源共建共享可以用尽可能少的信息资源满足尽可能多的用户需求，它要求各单位之间进行信息资源的联合建设，但若没有统一的指导，就可能出现信息资源重复建设的现象，无法发挥信息资源共建共享的最佳经济效益。系统论要求把事物当成一个相互联系的有机整体，要协调好大系统与子系统之间的关系，一切从整体出发，追求系统整体功能的最优化。因此，在信息资源的建设过程中，以系统论思想为指导，从信息资源共享系统的整体出发，合理规划与协调好各子系统之间的关系，才能减少人力、物力、财力的浪费，实现最佳的经济效益。

第三节　数字图书馆资源共建共享的保障

为保障"完整的学科拼图"目标的实现，既需要改善图书馆信息资源共建共享的政治、经济、社会、技术等方面的宏观环境，也需要解决体制、思想观念、知识产权等影响图书馆信息资源共建共享的具体问题。要实现图书馆信息资源共建共享目标，还须具备思想观念保障、法律保障和技术保障。

思想观念是实践行动的前提。信息资源共建共享原则的确定、机制的选择、模式的构建乃至信息资源共建共享实践的开展，都需要共建共享参与者在思想观念方面的保障。当前，许多单位和个人对于信息资源共建共享的目标、权利与义务关系、共享效益等方面存在一些认识误区，严重影响了信息资源共建共享进程的推进，因而思想观念需要转变。

一、打破观念中的条块分割

管理体制是组织结构形式，其实质是建立图书馆事业的运行机制。传统的条块分割、各自为政的纵向管理体制极大地影响了图书馆信息资源共建共享的进程。

不同类型的图书馆分属不同的系统管理，在人员配备、经费拨付、服务范围与业务开展等方面存在较大差异。例如：公共图书馆属公共文化系统管理，其资金预算纳入当地财政计划；高等院校图书馆属高等教

育系统管理，一般没有图书馆发展规划，也没有有效的资金保障机制。这种各自为政、条块分割、多元领导的图书馆管理体制，使图书馆的发展一直存在整体事业与管理分散的矛盾。由于缺乏宏观管理，没有权威性的协调机构进行统一规划和领导，各图书馆欠缺协作意识，文献资源共享效果较差，造成信息资源分散无序和重复浪费、有效的文献资源闲置与短缺两个极端并存的局面。因此，打破条块分割的管理体制，建立统一宏观的权威管理机构，一直被认为是推进图书馆信息资源共建共享的关键一步。

同行政管理体制中的条块分割相比，思想观念中的条块分割是影响信息资源共建共享的更大障碍。多数高等院校图书馆都面向社会公众开放，能够承担起公共图书馆的社会职能。

制约信息资源共建共享发展的最大障碍不仅是行政体制中的条块分割，更是思想观念中的条块分割。打破了思想观念的条块分割，行政管理体制中的条块分割自然就会化为无形。

二、明确信息资源共建共享目标

传统的文献资源建设理论将实用性作为信息资源建设的首要原则，受传统理论影响，许多单位在信息资源共建共享的实践中，不顾系统分工，不肯放弃对自己优势馆藏的建设，坚持根据本馆的服务任务和本馆用户的信息需求建设信息资源；或者一边建设自身馆藏，一边完成信息资源共建任务，客观上造成了更多的资源重复和浪费，这实际上是对信息资源共享系统的不信任，与信息资源共建共享的方向完全背离。

在传统的信息资源建设中，各图书馆以提高用户信息服务水平为目标进行馆藏建设，因此强调馆藏信息资源建设的实用性原则，这是由图书馆的信息服务功能决定的。在非自动化和非网络化环境下，各参建单位之间可共享的信息资源极为有限,以满足本馆用户需求作为服务宗旨就必须突出其对馆藏信息资源建设的作用。基于这种宗旨,图书馆及信息机构不免形成"大而全、小而全"的建设模式;然而,在现有信息技术条件下,信息资源共建共享要求减少信息资源的重复配置,提高信息资源建设的经济效益,最大限度地满足所有社会用户的信息需求。各参建单位应淡化"本馆"或"本单位"的观念,一切从信息资源共享系统出发,提高整个信息资源共享系统的信息保障和服务能力。因此,应摒弃信息资源共建共享的实用性原则,代之以完整性原则。这种完整性不是参建单位自身的完整性,而是信息资源共享系统的宏观信息资源共享体系的完整性。只有这样,才能实现"完整的学科拼图"这一建设目标,形成"完整而不重复"的信息资源保障体系。

三、坚持权利与义务统一

"坚持权利与义务统一"这一原则通常会有两种认识误区:一是"轻共建、重共享",二是认为"共享等于免费"。有人将该原则错误地理解为信息资源共享是随意的、自由的,即想参加就参加,不想参加可以随时退出。实际上,信息资源共享必须以共建为基础,信息资源共享的首要因素是信息资源的合理有效配置。"先共建、后共享"应成为信息资源共享的基本原则。

首先,信息资源共享的直接目的就是减少信息资源的重复和浪费,提高信息资源的保障率和利用率,从而更加有效地为用户服务。这就要求从宏观上加强组织协调和统一规划,各成员单位也应加强分工协作,按照整个信息资源共享系统的要求发展自己的馆藏资源,避免信息资源重复和浪费。其次,在现代信息技术条件下,信息资源共享是以网络为基础的,各成员单位必须基于共同的业务标准才能够更有效地保证共享

功能的实现和共享系统的和谐。现在的许多研究者对这个问题并没有引起足够的重视，建设实践时仍然在走一条"先自建、后共享"的道路，即各单位在自我建设的基础上自发地组织或加入一个信息资源共享系统中，该信息资源共享系统的规模也随之逐渐扩大，这种以"各自为政、自我建设"为基础的信息资源共享系统组建范式，必然导致各信息资源共享系统之间信息资源的大量重复，严重影响信息资源共享的效率，技术规范能否兼容等问题也会对信息资源共享进程产生巨大影响。因而，信息资源共享必须以共建为基础，从观念上将信息资源共享视为信息资源的共建共享。

关于信息资源共建共享是有偿还是免费的问题，美国图书馆学家肯特（Allen Kent）认为，"资源共享"最确切的含义是"互惠"，很多学者也将平等互惠原则作为信息资源共享的原则。然而，由于信息资源共享是一种国家或地区性的公共政策体制下的政府主导行为，往往由中心馆进行统一规划、配置、管理和调节，所以不宜采用市场模式开展信息资源共享，加之缺乏一种行之有效的利益平衡机制，一些参加信息资源共建共享的图书馆特别是中小型图书馆产生了一种错误认识。这些图书馆认为，既然信息资源共享是由政府主导的，在信息资源共建共享过程中，无论所做的工作多少，共享时信息资源都是免费的。因而，有些单位参与信息资源共建的积极性和主动性不高，却一味地追求信息资源共享，出现"重存取、轻拥有"的错误倾向，信息资源共建共享进展缓慢，共建共享效果不尽如人意。

实际上，如果不能从机制上解决问题，仅提出这样的行动方向，可能会加强中小型图书馆在信息资源共享中的依赖心理，无益于问题的解决。因此，必须引入科学的激励机制，将信息资源共建共享与图书馆评估结合起来，由信息资源共建共享的组织管理机构按照"付出多、收获多"的精神给予经费支持，体现"多劳多得""权利与义务相统一"

的逻辑框架。只有在观念上坚持权利与义务相统一，认识到共建是共享的前提，共享中的收益来源于共建中的付出，信息资源共建共享机制才得以顺利运行。

5

第五章
数字图书馆参考咨询服务

第一节　图书馆参考咨询服务概述

图书馆参考咨询服务是指图书馆馆员利用各种工具书、参考资料为用户提供利用知识、寻求知识等方面的帮助，目的主要是帮助用户解答疑难问题。图书馆参考咨询服务主要是通过协同检索、解答咨询等方式向用户提供相应的事实依据和文献检索线索，以便用户更加顺利地进行信息查询。随着经济的不断发展，利用网络进行查询检索已经成为用户解答疑难问题的主要方式，这种方式速度快、效果好，是一种适应社会发展要求的、新的咨询服务方式。

随着经济的不断发展，图书馆已经开始开展全方位、立体化的用户咨询服务，该项服务将作为深化当前用户服务的一项重要措施。图书馆为了达成这项服务，进行了多种多样的积极尝试，并在尝试中取得了良好的成绩，这项成绩将为图书馆以后的发展做出突出贡献。以国家图书馆为首，各个图书馆先后开设了用户咨询服务窗口，开始施行全员咨询服务，并取得了良好的效果。从正面效应分析，全员咨询服务开展的优势是十分显著的：一方面，开展全员咨询服务可以方便用户阅读；另一方面，开展全员咨询服务可以提高馆员队伍的素质，并为图书馆增加创收项目。

一、图书馆参考咨询服务的必要性

1876 年,塞缪尔·斯威特·格林(Samuel Swett Green)的《图书馆员和读者之间的个人关系》一文,被公认为世界最早开展参考咨询服务的文章,这篇文章中强调了开展参考咨询服务是用户所必需的,这是图书馆适应经济发展的必然举措。

参考咨询服务不是在现今社会产生并发展起来的,在很早之前参考咨询服务就已经存在了,但是随着经济的发展、时代的进步,传统的参考咨询服务显现了它的不足之处。传统的参考咨询服务一般由书目服务和解答疑难问题服务组成,该服务需要在图书馆馆员的指导与帮助下进行。在传统的参考咨询服务中,参考咨询服务被认为是协助图书馆工作(图书馆情报工作、开发文献工作等)的重要手段。

随着信息时代的到来,信息技术正以迅猛的速度渗入人们生活的方方面面,并在很大程度上改变了人们的生活方式。所以,图书馆在当今社会的使命已不再是完成线下的知识传授,而是要探索如何将知识信息的组织与整理技术运用到网络中,并在网络中进行资源编目,把无序杂乱的网络空间变成有序的数字图书馆。该项目的实现需要借助现代信息技术手段,通过搜索、挖掘、筛选、分类、标引以及建立索引、动态链接等为用户提供服务。因此,现今的图书馆参考咨询服务不再局限于传统的服务形式,并且在原来的咨询内容、手工服务方式上有所突破。

网络参考咨询服务是指在网络环境下,图书馆参考咨询服务人员针对用户提出的问题提供的个性化服务,该项服务要以图书馆收藏的各类信息为媒介,并借助现代信息技术、多媒体技术及网络传输技术来实现。随着网络信息技术的不断发展以及知识更新速度的不断加快,图书馆需要提高自身获取、处理、利用信息的能力,这已经成为增强自身核心竞争力的重要手段。随着时代的不断发展与进步,网络开始覆盖社会上的各行各业，信息服务的领域也在不断地拓宽，用户的信息需求也在不断地发生改变，这时候图书馆就需要做好参考咨询服务工作，以便最大限度地为用户提供高水平的服务。

二、参考咨询的作用

参考咨询具有以下几个方面的作用。

（1）有利于社会用户增强信息意识和竞争意识，提高科技水平。

参考咨询服务需要通过信息教育的方式转变用户的思想观念，并通过信息服务提高用户的专业知识水平、操作技能等，使用户可以更好地了解信息、认识信息、利用信息以及整理信息。

（2）有利于各行各业实现职能转变，提高科学管理和经营水平。

就目前而言，智慧图书馆从根本上改变传统图书馆业务的伟大成就在于，应用RFID（射频识别）技术完成图书馆采编、借阅、分拣及盘点工作，实现了用户的自主借阅服务，大大减少了流通借阅低技术含量的人员配置，节省了人力资源成本，并为高技术含量的岗位挪出了空间。

（3）有利于引进先进技术和设备，促进科技成果尽快转化为生产力。

技术往往是企业决胜千里的关键所在，这是因为好的技术可以提高企业的产品质量及产品生产效率，从而影响企业产品的生产成本，提高企业的经济效益。所以，只有充分发挥科技情报的尖兵作用，才能促使企业积极引进先进的技术装备，为企业增添新鲜血液，这时参考咨询服务才能真正起到科技成果转化为生产力的纽带作用。

三、图书馆参考咨询服务的措施与对策

图书馆参考咨询服务的措施与对策有以下几点。

（1）确定发展方向。

参考咨询服务应立足于图书馆资源和网络资源现状，并将工作向社会化、网络化、数字化方向推进，同时需要工作面向整个社会展开，在服务社会中实现参考咨询服务的价值。

（2）设置参考咨询服务部门，开展参考咨询服务工作。

图书馆提供参考咨询服务是更好地开展工作的标志和必备条件。参考咨询要想更好地服务广大用户，就需要将传统的咨询部门与以现代科学技术为手段的咨询部门相融合，具体来说就是图书馆应该建立一个"以信息技术为手段的参考咨询服务中心"，统一协调全馆的参考咨询服务工作，帮助用户解决参考咨询过程中遇到的问题。建立以信息技术为手段的参考咨询服务中心，不仅要建立一个专业部门，还要将这个部门细化，如建立参考咨询服务窗口，建立导向性服务大厅，等等，同时需要指定人员协助用户查找馆藏资料数据。建立以信息技术为手段的参考咨询服务中心不是一蹴而就的事情，这件事需要循序渐进、由浅入深地开展，这样才能让用户和馆员更好地接受。由参考咨询服务中心主导开展的参考咨询活动，需要覆盖各个专业深层次的客体咨询，同时需要将网络中的各类资源囊括在内。与此同时，图书馆需要根据参考咨询部门的职能设置，配备具有一定专业知识和专业技能的检索工具，只有足够专业，才能满足用户不断增长的信息需求。

（3）加强自身建设，完善服务体系。

随着网络环境的不断发展与完善，全新的信息载体、需求理念、咨询内容、咨询要求也随之出现。在这样的大环境下，图书馆需要加强自身功能建设，完善图书馆的基础设施和技术条件，提高全馆人员的综合素质，构建全新的参考咨询服务体系。

（4）提高图书馆参考咨询服务馆员的素质。

一个合格的图书馆参考咨询服务馆员必须具备专业的参考咨询服务能力，包括网络检索的经验，良好的职业道德素质，勇于奉献、开拓创新的精神，等等，只有具备上述能力的图书馆参考咨询服务馆员才能为用户提供令其满意的参考咨询服务。

①转变观念。要提高图书馆参考咨询服务馆员的素质，首先要转变观念。具体来说，转变观念具有以下两层含义。第一，图书馆自身需要转变观念。图书馆需要转变人才培养观念，将原来的以培养和提高多人能力为中心转变为培养和提高全馆人员的整体素质。第二，参考咨询服务馆员自身需要转变观念。参考咨询服务馆员需要根据时代发展的要求掌握全新的理论知识和专业技能，只有这样才能与时俱进；同时，参考咨询服务馆员需要不断地鞭策自己，在实践中不断地总结经验，只有这样才能成功地实现角色转化。

②采取有效措施，提高参考咨询服务馆员的整体素质。在开展参考咨询服务之前需要考察参考咨询服务馆员的整体素质，如果馆员的整体素质不能满足参考咨询服务的要求，就需要图书馆加强对馆员的培训，通过培训使馆员具备合格参考咨询服务馆员的资质，如具备广博的知识、敏锐的信息掌控力以及良好的职业道德素质；同时，图书馆需要增强参考咨询服务馆员的业务能力，鼓励在职馆员参加继续教育，通过继续教育更新馆员的已有知识结构体系，提高馆员的整体综合素质。

（5）强化交流与合作。

受信息资源、地域差异、语言类别、历史文化等的影响，很多图书馆无法满足用户日益增长的个性化需求，因此开展合作式的参考咨询服务势在必行。"合作"在现代汉语中的解释是"人与人之间、群体与群体之间为达到共同的目的，彼此之间采取相互联合的方式"，这是合作

的实质。合作咨询的实质是馆内之间共享馆内资源以及馆内人员的才智，这样做可以扩大参考咨询服务的范围，同时可以提高参考咨询服务的质量，可以更好地满足不同人群对于参考咨询服务的需求。此外，图书馆可以依托网络资源构建形式多样的参考咨询服务中心，建立合适的图书馆网络咨询栏目。图书馆内的各个部门需要充分发挥自身优势，发挥全员的优势，加强基础分工，在合作中解决用户的各类问题，提高图书馆的办事效率。

四、参考咨询服务模式

（一）数字参考咨询模式

数字图书馆的研究进入深化阶段，这个时期与之相关的各种问题越发凸显出来，基于网络的数字参考咨询服务随之产生，并随着技术的发展而不断进步。数字参考咨询也被业内学者称为"虚拟参考咨询"或"网上咨询"等，它的称谓有很多种，其功能和实质却是不变的。数字参考咨询主要包括基于实时交互技术的数字参考咨询、基于电子邮件的数字参考咨询以及基于网络合作的数字参考咨询等，基于网络合作的数字参考咨询主要是以前两者为依托，并在前两者的基础上融合现代信息技术发展而来的。

数字参考咨询与传统参考咨询最大的不同就是它不在图书馆的物理环境中开展工作，而是以每个用户所在的物理环境为中心提供服务；提供服务的也不再是一个图书馆的图书管理员，而可能是多个图书馆的多个图书管理员。数字参考咨询不再将某个用户作为一个图书馆的永恒用户，而是将该用户作为联合图书馆的共同用户，这样，用户就可以在咨询过程中获得个性化的服务。

目前，我国开展数字参考咨询服务的图书馆都是以电子表单、留言簿及电子公告栏等方式出现的。数字参考咨询标志着图书馆开始采用网络平台的方式开展自己的专业服务，这是对传统参考咨询服务的延续和发展，是图书馆运用数字化技术开展服务的典型案例；然而，数字参考资讯服务只是一对一获取事实性咨询服务的一种方式，侧重于解答读者的疑问，而不是指导用户利用信息资源。由于参考咨询过程受时间限制，不能长时间进行深入交流，因此大型课题的参考咨询活动就难以开展下去。所以，要想将各类参考咨询活动顺利地开展下去，就必须与其他咨询方式结合起来进行，只有这样才能取得良好的效果。

（二）图书馆教育模式

纵观图书馆的发展历史，人们会发现参考咨询服务是美国公众教育的产物，然而参考咨询服务产生了，人们却不知道如何使用它，所以就产生了如何使用它的问题。随着经济的发展、技术的进步，人们在图书馆教育模式创新上取得了很大的进步，如对大学新生进行图书馆的入馆教育，包括对新生开展文献资源检索教育、图书馆服务宣传推广教育，教育学生如何使用图书馆的指南手册，等等，这只是对大学新生进行的理论教育，图书馆还需要对新生进行实践性教育，包括现场操作演练、图书馆实地模拟教育等。传统的图书馆教育模式只是让学生通过传统培训获得基础知识，很多图书馆相关的实践操作技能用户很难自行掌握，这就使用户无法充分利用图书馆进行信息检索，而现代的图书馆教育是将原来的教育模式进行改革，并融入多媒体技术、数据库技术等新兴技术，再将这些技术融入教育模式之中，使教育内容更加具体、形象。

图书馆教育模式的最大特点是，满足了某个用户群体的相同需求，如教师、学生、科研人员等，它将传统的教育模式进行改良并与虚拟的网络教育相结合，使越来越多的用户获得网上教育及网上咨询服务。

第二节 图书馆参考咨询服务的内容

一、解答咨询服务

解答咨询服务是指对用户提出的一般性知识问题的解答，如对有关事实、数据问题的解答。在解答问题的过程中，参考咨询服务人员需要针对用户提出的问题查阅资料，然后直接将答案回复给用户；或者引导用户使用某一类工具进行问题检索，但需要注意的是，如果用户不会使用该类工具，参考咨询服务人员需要先为用户讲解该工具的使用方法。解答咨询服务是参考咨询服务的初级模式，是参考咨询服务基础的内容，其解答咨询的方式有很多种，如口头回答、电话回答、网上回答、表单回答等。对于一些常见的问题，图书馆会通过设置咨询台等服务方式来解决，这是一种常见且有效的解答方式，这种方式适用于口头回答。

（一）解答咨询的类型

1. 事实型咨询

事实型咨询是指读者针对具体知识进行的提问。该知识可能是某个人物、地点、中英文词汇、产品的成分等，甚至可能是某个产品的生产商、产品的性能及价值等，这些都是简单易回答的问题，可以说是事实类问题，对于这类问题可以让用户从相关工具书中直接获取答案。

2. 专题型咨询

如果用户咨询的问题涉及某一课题的专业性知识，图书馆馆员就需要指导他们如何查找专业性文献（中外文图书、报刊、专业册子），如何使用专业性文献。

3. 导向型咨询

导向型咨询主要是指读者以查找和积累一些与专题有关的图书资料为目的而进行的咨询。在此类咨询中，用户提问的重点不是具体的文献或文献内容，而是检索方法，此时参考咨询服务人员的作用是对用户进行检索辅导。

对以上三种咨询问题的回答分三个层次：口头咨询是参考咨询的基本方式，是第一层次，用户和参考咨询服务人员直接沟通交流；第二层次的解答为一种书目咨询，是较深层次的参考咨询；第三层次是一种情报检索服务。

（二）解答咨询的范围

从用户所咨询的内容来看，解答咨询的范围大致可以分为以下几类：第一，介绍馆藏资源；第二，介绍图书馆的各项规章制度、行为规范以及图书馆的整体布局结构；第三，提供文献资源利用指南；第四，提供常见的问题解答服务，在线辅导文献查询服务。解答咨询服务质量的高低，不仅与参考咨询服务人员自身的素质有关，还和图书馆自身的馆藏文献资源质量有关，只有这两者都提高了，才能为用户提供质量上乘的优质服务。所以，在用户需要的文献内容专业性很强的时候，就需要参考咨询服务人员深入挖掘文献背后所隐藏的知识信息，并将这些信息整理规划后传输给相关用户，但不是所有的问题参考咨询服务人员都可以解答。

二、书目参考服务

书目参考服务是指参考咨询服务人员对用户提出的研究性问题进行指导,在指导的过程中参考咨询服务人员需要提供相应的专题文献、索引等,并提供用户查阅的各项文献资料,以解决用户咨询的问题。由于此项参考咨询服务不是直接为用户提供答案,只提供用户所需的相关资料以及解决相关问题的建议,所以被称之为"书目参考咨询服务"或"专题咨询服务"。

对于一些未经提问或常设的课题,很多图书馆会通过编制专题目录的形式,主动向用户提供相关的信息服务,开展书目情报服务,这是传统图书馆参考咨询服务中的一项重要内容。学科服务、书目数据库建设等则是现今网络环境下的书目参考服务。

书目参考服务工作的立足点和出发点是文献信息的处理加工。课题的选择需要以用户的实际需要为依据,选择文献资料时,需要针对某一观点所需要的文献,全面、系统地收集相关文献资料。在实际工作中应该注意以下几点:第一,选题要根据书目建设的时间长短来确定;第二,根据参考咨询部门提供的普遍性问题以及常用的检索工具来确定选题;第三,根据当前的工作重点来确定选题,选题要适宜。

(一)网络资源学科导航数据库

网络资源学科导航数据库是指将网络上分散的信息资源分门别类地集中整合起来,以实现网络信息资源的集中处理、配置和优化,并对导航信息进行多渠道的内容咨询,以方便网络用户按照学科分类进行数据查找。

1. 信息资源的选择

网络资源学科导航数据库与其他导航工具相比具有极大的优势,如具有较强的实效性、专业性、易用性。在网络学科资源获取过程中,需要着重关注以下四个方面的内容。

(1) 重视内容的准确性,强调学术价值。

用户查找信息主要是为了满足相关工作的需要,这里的"工作"一般是指科研工作,这类工作对信息质量的要求相对较高,因此在信息资源的获取上需要选择某学科范围内有一定深度、能反映时代发展脉络的学术资源。在信息资源选取过程中,学科的内容范围和准确性是其首要考虑的内容。

(2) 重视信息制作发布者的可信度。

在进行图书选择时,作者、出版社是需要准确核对的;对于期刊,需要选择核心期刊,并将其提供给用户使用;网上信息的发布者往往也是需要着重考虑的一个重要因素。在进行信息资源的选择时,需要选择权威机构或者与本学科学术刊物相关的出版单位等,只有选择这样的机构才能保证信息的准确性与可信度。

(3) 重视信息的稳定性。

网络资源不是一成不变的,而是时刻发展变化的,但是网站和网页具有相对稳定的特性,这在很大程度上能够方便用户的使用。其中,数字化的印刷型文献、网络期刊等都是比较稳定可靠的,在信息的获取上也十分方便。

(4) 重视信息资源利用的方便程度。

科研工作的性质往往要求科研人员必须掌握数量庞大的知识信息,这些信息必须能够真正帮助科研人员进行知识探索。所以,网站信息资源利用方便与否、用户查找文献资源的习惯、访问工具的使用等都需要考虑到,只有将这些问题处理好,才能更加方便用户使用网站。

2. 信息资源的获取途径

在网络环境下,如何通过正确的途径和手段获取网络上的各类信息资源,成为构建网络资源学科导航数据库的关键,也成为指导未来图书馆发展的关键。到目前为止,获取信息资源的主要途径有权威网站、搜索引擎、网址导航类网站、专业性期刊与学科主题指南、开放获取的信息资源。

(1) 权威网站。

具备专业资质的权威网站都设有网络导航类的栏目,这类导航往往设有多个搜索引擎入口,用户可以通过这些搜索引擎入口进入网站页面,浏览页面里的内容;同时会设有相关专业的网站热点链接,这类链接往往具有非常强的实效性;此外,还设有对某些专业站点的点评。这类权威网站可以称得上是获取信息的重要渠道。

(2) 搜索引擎。

用户可以利用搜索引擎,将其作为搜集信息的工具。其一,用户可以利用搜索引擎的分类功能进行信息查询;其二,用户可以根据所提供的关键词进行信息检索,但很难在检索的资料中发现较专业的学术信息。

(3) 网址导航类网站。

随着经济的不断发展,网络中涌现出非常多的网址导航类网站,这类网站集合了非常多的网址链接,并按照一定的分类方法对其进行分类。网址导航是互联网最早的网站形式,随着时间的推移,这类网址导航类网站已经成为获取学科信息的有效途径之一。此类网站一般分为两类,即通用网址导航和专业网站导航。

(4) 专业性期刊与学科主题指南。

很多的专业性期刊会提供本专业领域主要的一些网址信息,专业类的部门或协会也会在相关杂志或网站上提供专业网址信息,在很多印刷本上也会有这类网站的相关介绍。

（5）开放获取的信息资源。

开放获取（Open Access，OA）又称为"开放存取"，是图书出版界、图书情报界为促进科研信息交流、传播而采取的手段。其目的是促进科学技术交流，使科学技术在交流的过程中不断发展，提升科学研究的利用水平以及效率和质量。开放获取的信息资源是指将评议过的文献资料、学术论文上传到互联网中，使用户可以免费获取这类文献信息，而不需要考虑这类文献的版权或注册的限制。

（二）书目数据库

1. 书目数据库的含义

书目数据库是较早出现的一类数据库，这类数据库主要是利用公共联机书目查询系统，为用户提供存储和检索服务。从第一个书目数据库建立至今，世界各地已经建立了非常多的书目数据库。常见的书目数据库检索系统主要包括主题词表、关键词、分类表、索取号等，主要用来展现馆藏的各种文献书目。书目数据库的建立适应情报政策的背景，体现了一个图书馆的馆藏资源现状，为人们查找资料提供了便利。

2. 书目数据库的特征

我们通常将书目数据库分为馆藏书目数据库和非馆藏书目数据库两大类。其主要特征有以下几点。

（1）信息资源丰富。

图书馆的馆藏资源都在不断扩充，信息资源日渐丰富，不仅能为用户提供书目信息，还能为用户提供数字化的馆藏信息。数字图书馆不仅能为用户提供丰富的中外文献资料，还能向用户提供中文的期刊文献，同时数字图书馆中还收录了电子出版物，如光盘、VCD（影音光碟）、DVD（高密度数字视频光盘）等多媒体信息资源。在一些图书馆的书目

数据库系统中,还收录了优秀毕业生的学位论文、教学参考文献资料等。近几年,一些图书馆开始对书目数据库资源进行整理,在整理的过程中图书馆需要依据信息技术构建立体化、全方位的书目数据库系统,该系统将向全文、书评、音频和视频方向拓展。在书目数据库系统中,用户不仅可以检索到有关的书目信息,还能进行文献全文的浏览,同时还可以找到自己所需要的各种资源。

(2)检索方式灵活。

大部分图书馆书目数据库系统都具有非常强大的检索功能,检索系统向用户提供多重检索方式,如关键词检索、短语检索、复合词检索、主题检索、作者检索等。除此之外,还向用户提供逻辑术语检索功能,提供适当的匹配方式供用户选择,这在很大程度上提高了检索效率。与此同时,书目数据库具有多种显示、输出功能以及对查询结果的排序功能,这种排序功能是针对布尔逻辑匹配标准僵化、相关程度难以描述、无法满足检索需求等弊端推出的。随着经济的不断发展,很多书目数据库开始使用词频加权等模式来弥补布尔逻辑匹配产生的弊端,融入信息技术,使用户可以在书目数据库中更快地查找资料。

(3)用户界面友好。

书目数据库系统界面友好,便于用户使用。很多书目数据库系统会对检索系统进行简要的概括,并对检索方式进行简单的介绍。在检索的过程中向用户提供检索历史记录,这样在一定程度上可以减轻用户的检索负担;对菜单的设置也要符合用户的使用习惯,要能够满足不同用户对于系统的不同需求。随着信息技术的不断发展,书目数据库系统的用户界面也在不断发展,具体表现为多语言设置界面、语言用户界面等。

3. 书目数据库的检索方式

书目数据库提供了以下几种检索方式。

(1)简单检索。

简单检索是一种使用字段检索的操作。不同的书目数据库系统向用户提供的字段检索词不完全相同,但都包括对于作者名、关键词、主体、书号等的检索。很多书目数据库都会设置下拉菜单,用户可以从下拉菜单中选择自己想用的检索字段,在这里输入自己想要检索的关键词,就可以进行简单检索。采用这种检索方式检索出来的记录包含用户输入的检索词或所输入检索词中的一个单元词汇,但是各个单元不一定是相连的,也不一定是在同一个字段。关键词检索对于检索词的要求不高,甚至很难说检索词具有准确性,这就是有的书目数据库会向用户提供模糊检索功能的原因。

(2)高级检索。

高级检索也称为"匹配检索",即提供布尔逻辑组合等复杂检索功能,可以帮助用户实现不同字段的检索。在检索的过程中,书目数据库会为用户提供主题、出版社等组配检索词。

(3)限定检索。

书目数据库所含有的数据资源繁多,为了提高检索的准确率,系统就需要对检索范围进行限定。书目数据库系统设置了多种不同的检索限定方式,如馆藏地、文献类型、出版社、出版年份等。有的书目数据库为了缩小检索范围还向用户提供了二次检索功能,这种检索方式大大提高了检索的准确率。在正常情况下,用户可以直接在书目数据库的主页面上进行核心期刊、外文文献、中外图书的检索,但是要想准确地进行检索就需要对检索内容进行限定。

需要注意的是,书目数据库的建设不是一项简单的工作,这是一项非常烦琐的工作,需要耗费大量的人力、物力、财力。因此,一般来说,规模较小的图书馆是不需要建立自己的书目数据库的,可以同其他图书馆一起使用已有的书目数据库,这样能够节省一定的建设资金。

三、信息检索服务

信息检索可以按照一定的方式将文献信息组织和储存起来,并按照用户需求检索出有关信息。信息检索按照检索的手段不同可以划分为手工检索和计算机检索;按照检索对象不同可以划分为文献检索、网上信息检索及数据库检索等。在传统的信息检索中文献检索是主要的检索方式,现代的信息检索是以网上信息检索、数据库检索为主要内容。随着经济的发展,图书馆资源导航、学科信息门户等的建设和使用已经成为21世纪信息检索的重要工作内容。

(一)信息检索的原理

随着经济的不断发展,信息检索已经逐步发展成计算机领域的一个重要分支。信息检索作为情报工作领域的一项重要工作内容,其实质就是将用户的检索内容与数据库中的资源进行对比,再将对比后的结果传递给用户。

(二)信息检索服务的内容

1. 回溯检索服务

回溯检索服务不仅能够帮助用户查找最新的文献资料,而且能够根据用户输入的检索词帮助其查找近几年甚至是几十年来的所有文献资料。回溯检索服务特别适合申请专利时为证明成果的新颖性而使用,也适合用户在编写文章和教材的时候使用。

2. 定题检索服务

定题检索服务主要是针对用户的检索服务要求提供的,并且需要定期向用户提供各种最新的情报,以便用户及时了解所需信息的最新动态，因而也被称为"跟踪服务"。这是一种可以长期持续提供的服务，所提供的资料都是最近发表的而且具有权威性的文献资源，可以让用户及时了解行业的最新动态，从而把握科技发展的方向。

3. 全文检索服务

信息检索需要根据用户的检索要求，利用全文数据库检索提供的检索功能进行文献检索，并把查找到的文献资料全部提供给用户，用户可以从中筛选有用的信息。

4. 数值型或事实型数据检索服务

根据用户的信息需求，信息检索系统会为用户查找一些诸如参数、常数、市场行情等的数据，这些数据都是经过查找可以直接使用的。

第三节　数字图书馆阅读推广服务

阅读是人类获取知识的重要手段之一。通过阅读，人们可以学习知识，开阔视野，交流文化，阅读是提高精神文化的基本途径，也是国家文化建设的核心内容。对于阅读推广的理解，不言而喻，阅读推广即推广阅读，是为促进人们阅读而开展的活动，旨在培养人们的阅读习惯，以提高人类文化素质及国家软实力为战略目标。

一、图书馆开展阅读推广的优势

（一）大学生阅读的重要性

大学生是国家的栋梁，其知识能力与素质直接关系到国家的未来发展。大学阶段是学生思想认识逐渐发展成熟的阶段，是世界观、人生观、价值观开始形成的重要阶段。大学阶段时间充裕，学生可以自由选择自主学习的时间、内容、形式，因此这一阶段也是学生可塑性极强的成长发展阶段。图书被称为"人类进步的阶梯"，是人类的良师益友。阅读是获取知识最直接的途径，通过阅读，不仅能够积累知识、增长智慧，还能净化心灵、完善人格，对大学生世界观、价值观、人生观的形成起着积极的导向作用，也对大学生综合素质的提升有着重要的促进作用，因此可以说，广泛的阅读是培养文化素养的起点。

当今，在网络文化的冲击下，网络信息成为学生阅读的主要内容，而对其他形式的阅读逐渐丧失了兴趣。为此，必须将阅读作为教育活动的重要内容，充分发挥图书馆在阅读推广服务中的积极作用，激发学生更强的求知欲，引导学生不断丰富自身的阅读内容，促进学生素质的提升。

（二）图书馆开展阅读推广的必要性

1. 发挥图书馆职能的需要

传统的图书馆是信息传递的主要载体，为师生的教学活动及科研项目提供服务。随着信息技术的不断发展，各种网络平台为师生提供了更加多元化的信息获取渠道，致使图书馆的阅读状况不尽如人意，文献资源利用率堪忧。图书馆传统的传递科学情报、开发智力资源的职能得不到充分发挥，造成馆藏资源的极大浪费。为此，图书馆必须改变原来的被动服务方式，化被动为主动，大力推广阅读活动。

2. 教学科研活动开展的需要

师资力量是衡量教学水平的关键，其教学与科研的能力又是衡量师资力量的重要标准。因此，高等院校将教学科研作为教学活动的重要内容。虽然高等院校教师都具备一定的教学与科研能力，但为了更加有效地进行教学科研活动，教师仍需要借鉴大量的文献资料。

图书馆是文献资料的主要来源，高等院校图书馆都有极为丰富的馆藏文献资源，能够为教师提供全面的信息服务；但由于时间的限制，即使是具备较强阅读与信息检索能力的教师，也会遇到难以及时找到所需资料的情况。所以，高等院校图书馆有必要进行信息的归类、整理，有针对性地向教师进行阅读推广。这样既激发了教师的阅读兴趣，满足了教师教学科研活动的需求，也缩短了检索文献资料所需的时间，保证了教学科研的时效性，提升了教学科研水平。

（三）图书馆开展阅读推广的优势

图书馆是知识的海洋、文化的源泉，是开展阅读推广服务的理想场所。之所以将阅读推广服务作为图书馆的一项重要职能，是因为图书馆有着丰富的馆藏资源，无论是在数量上还是在种类上，都有着极大的优势，这无疑成为阅读推广活动顺利开展的基础。此外，相较于其他阅读场所，图书馆是进行阅读活动的理想之地，其浓厚的文化和学习氛围是其他场所无法比拟的。在进入图书馆的一刹那，读者便会被其优雅、宁静的氛围所感染，因而也更容易激发其阅读的兴趣。总而言之，图书馆是促进阅读推广的理想场所，对学生身心的发展有着重要的积极作用。

二、图书馆阅读推广模式的构成要素

阅读推广是图书馆系统中一个重要的服务体系，由多个相关要素共同构成，且所涉及的各要素不可分割。学术界将其归纳为阅读推广"六要素"，分别为阅读推广的主体、客体、内容、载体、方式及保障机制。

（一）阅读推广的主体

阅读推广的主体扮演着组织者、操作者的角色，既可以是团体也可以是个人。就图书馆阅读推广服务来讲，其服务主体毫无疑问是作为学术教育机构的图书馆。它是阅读推广服务的管理者、参与者，决定了阅读推广服务的形式及内容，在阅读推广工作中起着主导作用。

（二）阅读推广的客体

阅读推广的客体，即阅读推广服务的对象，一般为高等院校师生群体及社会大众。阅读推广客体的范围受到阅读推广主体的影响，例如，图书馆为教学科研服务的职能将其客体范围限制在与教育科研相关的群体内。主体对客体具有选择性；但客体也不是被动地接受主体的安排，而是具有一定的主动性，即可以根据自身的知识结构、兴趣爱好及实际需求等有针对性地选择阅读推广服务形式。由于年龄、专业、基础能力等方面的不同，客体具有多元性、不确定性等特征，因此作为阅读推广主体的图书馆应根据客体的实际情况，为其提供有针对性的服务。

（三）阅读推广的内容

阅读是提高国民素质的重要举措，对国家乃至民族发展具有重大意义。图书馆是开展阅读推广服务的最佳选择。在阅读推广的内容上，图书馆具有其他机构所无法比拟的优势。通过对科学的阅读理念与方法的推广，以纸质刊物、电子读物等多种形式向读者进行阅读推广，这些都是阅读推广的基本内容。随着社会的不断进步，新知识层出不穷，客体对信息知识的需求也处在不断变化当中，图书馆应该与时俱进，及时更新阅读推广的内容，以更加专业、多样的形式满足客体对阅读内容时效性的要求。

（四）阅读推广的载体

任何活动的开展都离不开一定的载体，阅读推广服务也不例外，图书馆是阅读推广的主要场所，是阅读推广活动得以存在的主要方式。随着数字化信息的深入发展，阅读推广还应该发展以新媒体技术为载体的阅读平台，使阅读载体朝着多元化的方向发展。

（五）阅读推广的方式

阅读推广方式的选择与阅读效果有着直接的关系，如何有效进行阅读推广服务是值得图书馆关注的问题。阅读推广者应该总揽全局，统筹安排阅读推广活动，创造性地推出形式多样的推广方式，诸如好书推荐，成立图书会，开办名家讲座、读书知识竞赛，多方合作进行阅读推广，等等。在具体实践中，应针对实际情况，从中选择最恰当、最合理的方式，做到既符合推广对象的需求，又不失阅读的趣味性，进而保证阅读推广活动有计划、有目的地进行。

（六）阅读推广的保障机制

随着社会的飞速发展，各种文化、思想充斥着人们的生活，高等院校图书馆阅读推广服务能够起到很好地刺激年轻人的精神文化的作用，使其免受不良思想的侵蚀，为国家培养高素质的人才。阅读推广保障机制是指为保证阅读推广活动的顺利进行而采取的一系列制度建设等措

施。阅读推广的保障机制主要包括完善的决策机制、有效的沟通机制、完善的联盟协作机制以及必要的法律保障机制等。阅读推广活动是一项长期性的工作，因而必须建立长效工作机制。

三、图书馆阅读推广服务创新

（一）建立阅读长效机制

图书馆进行阅读推广服务既是其职能的体现，也是其社会责任的履行，对整个社会都有极为重要的意义，能够为社会培养更多的全面型人才。阅读习惯的养成不是一蹴而就的，需要一个漫长的培养过程，因此，阅读推广服务应该是一项长期推进的工作，故而需要制定健全的服务机制，以保证阅读推广活动的可持续发展。

1. 建立健全阅读推广保障体系

（1）创建阅读推广活动的主体结构。

图书馆是阅读推广活动的主体，构成图书馆主体结构的元素是多元的，因此，必须不断构建完善的主体结构，充分发挥各方面的作用，使之围绕阅读推广形成强大的系统结构。当前图书馆主体结构可以从以下几个方面进行完善：一是阅读推广是一项系统性的工作，必须设立专门机构负责阅读推广活动的总体规划；二是图书馆工作涉及众多部门，阅读推广离不开各部门的默契配合，为此，需要强化院校各部门之间的沟通与联系，形成分工明确的工作机制；三是通过校际、院校与外界机构之间的合作，形成优势互补，提升图书馆的整体服务能力；四是发挥阅读推广委员的作用，充分利用专家资源，扩大阅读的影响力。

（2）构建功能多样化的阅读服务平台。

随着时代的不断发展，信息技术日新月异，图书馆也引进了先进的技术设备，呈现出数字化、信息化、网络化的特点，为开展阅读推广服务奠定了技术基础。在推动阅读推广服务的过程中，应充分利用信息技术优势，构建功能多样的阅读服务平台，如微信、QQ、微博等。需要特别注意以下几点：其一，完善平台硬件设施，保证技术设备的正常运行；其二，不断更新并完善阅读服务平台的信息资源，保证信息的时效性；其三，创建平台同知识发现与共享的模式，使读者可以更加方便、及时地获取信息。

（3）规划阅读推广的基础理论体系。

开展阅读推广离不开科学的规划，在实际需求的基础上做出规划，是进行阅读推广的前提。首先，立足于图书馆阅读的现状、用户的需求，乃至国家的发展，明确阅读推广的目标和任务，制订详细的推广计划；其次，坚持以人为本、以读者需求为中心的服务理念，制定满足读者多样化需求的推广策略；最后，合理设置评价标准，最大限度地提高阅读推广的有效性。

2. 建立活动推广人才培养机制

阅读推广需要专业人员的规划指导，而阅读推广主要的参与者是图书馆，馆员与阅读推广服务的开展有着密切的联系，馆员素质直接关系到阅读推广活动的进程与效果，因而必须全面提高图书馆馆员的综合素质。

图书馆馆员不仅要具备较强的协调沟通能力，还必须热爱阅读，只有这样才能全身心地投入阅读推广工作中，对学生的阅读内容和阅读方式进行指导。此外，为更好地保证阅读推广的有效性，还必须从理论与实践两个方面入手，构建人才培养机制，包括对图书馆服务的基本认知能力、阅读推广服务能力以及阅读推广的宣传与培训能力；在新媒体环境下，还包括网络技术与阅读操作能力、网络平台的沟通互动能力等，通过培训，不断提升图书馆馆员的综合素质与能力。在实践方面，在了

解读者阅读心理与需求的基础上，能够组织开展多种形式的阅读活动。除此之外，还必须实行科学的考核制度，通过对培训效果的检验进一步提升其阅读能力和工作水平。

（二）拓宽发展渠道，丰富阅读资源

在信息时代，阅读推广的形式也变得丰富多样，利用网络与新媒体技术的优势，开创线上、线下相结合的阅读推广方式，如数字图书馆、微信、微博等，创新了阅读推广渠道，丰富了移动阅读的内容。这种模式打破了地域的限制，能够增强阅读对象与组织者之间的多边互动，使组织者更加了解推广对象真实的阅读心理与需求，便于阅读推广活动的进一步开展。

借助网络新媒体平台打造联合阅读推广网络，实现阅读推广活动的全方位宣传，这不仅能够吸引学生的关注从而参与其中，更重要的是有效推动了阅读推广向深层次发展。

（三）更新阅读推广服务理念

在阅读推广活动中，图书馆馆员是沟通阅读推广对象与推广活动的桥梁，信息技术日新月异的发展对图书馆馆员提出了更高的要求。为有效提升阅读推广的效果，图书馆馆员必须转变服务理念，从思想上摒弃对原有服务的认知。尤其是在"互联网+"环境下，用户的阅读心理与需求各不相同，采取的阅读形式与途径也各有差异，图书馆馆员原有的知识服务已经无法满足用户多样化的需求，因此，馆员应变被动为主动，了解用户的需求，迎合用户的阅读心理，这就需要图书馆馆员变单一的知识服务为智慧服务，灵活多变地满足用户的阅读需求。

这里的"转知成慧"，强调的是图书馆馆员的价值，要求馆员从服务的目标、内容、方式等方面最大限度地实现自身价值。图书馆应秉持以人为本的理念，加强与用户的沟通与交流，细化读者的阅读需求，随时答疑、及时帮助，并为其提供个性化的阅读服务，以推动图书馆阅读推广工作的开展。

四、图书馆阅读推广成效评估模型

读者是图书馆阅读推广的对象，因而对图书馆阅读推广成效的评估应该以读者为中心，以读者的参与、体验以及达成的实际效果为评估标准。

（一）读者的知晓度

知晓度即读者对阅读推广活动知与否的认识，包括对阅读推广活动的内容、范围、形式、进度等方面的了解程度。读者的知晓度主要取决于图书馆对阅读推广活动的宣传力度，一般来说，图书馆的阅读推广宣传活动越成功，对读者的刺激越强，读者对其的知晓度就越高，图书馆的影响力就会越大，读者参与其中的可能性也就越大。所以，读者的知晓度是衡量图书馆阅读推广成效的重要标准。

（二）读者的参与度

"参与"即参加，对于阅读推广而言，读者的参与即加入阅读活动。参与与否以及参与的程度，都将对阅读推广的效果评估产生一定影响。读者只有从心理上接受图书馆阅读推广的内容与形式，并认可阅读推广活动的重要性，如给自身带来的有益影响，对实现自身价值的促进作用，才能真正地全身心参与其中。读者对图书馆阅读推广活动的认知程度、价值感的高低都会影响其参与度；读者的参与程度又直接反映了图书馆阅读推广的影响力。由此可以看出，读者参与是图书馆阅读推广价值评价的依据。

（三）读者的满意度

满意是一种心理状态，读者的满意度是读者对图书馆阅读推广活动的内心真实感受，也是对活动效果的直观反映。在图书馆阅读推广活动中，衡量读者满足与否的标准是读者参与阅读活动后期望值的达成度。如若期望达成度较高，证明读者获得了较好的阅读体验，从而获得了身心的愉悦感；反之，亦然。读者的满意包括两个方面，即对阅读推广活动的内容、形式、氛围等方面的认可度以及对参与活动后自身收获的满意度，读者满意度是评价图书馆阅读推广活动价值的关键指标。

（四）读者的认可度

读者认可是读者参与的前提，它是读者对图书馆阅读推广活动进行评价后产生的一种心理状态，是读者满意度在认识上的更进一步。读者对图书馆阅读推广活动的认可度越高，其参与阅读活动的积极性就越强。读者对阅读推广活动的认可，是通过读者对阅读推广活动意义的认识以及读者需求的满足度来衡量的。图书馆阅读推广的目的与任务是扩大阅读群体，在全社会形成全民阅读的氛围，这一目的的完成度很大程度上取决于读者的认可，因此，读者的认可度是图书馆阅读推广效果的直观反映。

（五）读者的推广度

基于读者的知晓、参与、满意、认可，形成自觉进行阅读推广的行为，是图书馆阅读推广活动发展成熟的标志，也是阅读价值实现的最高层次。推己及人是阅读活动时效性的最佳实证。借助读者自身的体验，将阅读活动的价值与意义传递给更多的人，让其认识、了解并接受阅读，最终达到宣传、普及的目的。读者推广相对于前述几个维度，是主动的行为表现，由被动到主动的转变体现了阅读推广的感染力。通过对读者行为的判断，能够更好地评估图书馆阅读推广的效果。

第四节　数字图书馆知识导航

一、知识导航在现代图书馆中的作用

（一）引领网络资源服务

21世纪是信息大爆炸的时代，计算机技术、网络技术和信息技术已经成为人们生活中的一部分；同时，它为图书馆的服务功能提供了技术支持。这个时代的到来不但使传统图书馆的服务功能发生了改变，而且使高科技成为服务的主要手段。

引领网络资源服务是现代图书馆的基本服务方式之一，而引领网络资源服务的特征主要有两点：其一，图书馆提供文献检索数据库；其二，图书馆提供全文数据库信息资源。随着时代的发展，图书馆的书籍已经演化成各种形式的知识载体，用户可以在知识载体上实现信息的快速检索；而此时图书馆的职责也由原来的单纯地传递知识转变为引导用户寻找资源及利用资源，并且用户可以在图书馆中方便地查找自己所需要的信息，不受时间和地域的限制，真正实现了跨时空的知识共享。

网络资源服务其实就是将传统图书馆的服务搬到网上进行，这种服务方式的转变可以协助用户创造性地工作和学习。线上图书馆是由图书

馆网页及其背后的数据库组成的，进入图书馆官网，用户最先看到的是图书馆的门户，该门户是网络资源索引窗口，它可以直接、具体地指引用户对所需要的内容进行导航，同时可以向用户展示图书馆的馆藏文献以及社会上的热点时事，这些都能帮助用户了解最新的知识信息。

（二）推荐优秀书刊

阅读优秀的书籍可以帮助用户认识灵魂中不同的人格自我，也可以帮助用户构建自我的精神内核。所以，对于图书馆来说，向用户推荐优秀的书刊将会在一定程度上改变部分人的知识结构，提高部分人的知识涵养。与此同时，随着社会的发展，图书馆的馆藏图书量越来越多，如此庞大的图书量如果要逐一阅读显然是不可能的。所以，图书馆需要对各类书籍有一个明确的划分，包括什么人适合什么样的书籍，什么阶段的人适合什么样的书籍，等等。这有助于使用户在短时间内获得最有用的信息，并使研究者获得新的知识点、新的发展方向等，从而推动人类研究的不断进步。

（三）进行阅读辅导

图书馆是人类文明发展到一定阶段的产物，随着人类社会的发展进步，图书馆将承担越来越重要的社会职能。社会职能即社会公共服务职能，是指除政治、经济、文化以外的政府必须承担的职能；而图书馆的社会职能是指图书馆通过对信息进行储存、传递、加工等，并将这些信息无偿地传递给用户，进而对社会的发展进步起到一定的作用。为了完成社会赋予的使命，图书馆需要定期开展各类信息讲座，并邀请各个领域的相关专家、学者进行演讲和讲评，同时需要针对社会上的时事热点进行畅谈交流，在交流中获得新知，在交流中传承文化。图书馆在进行阅读辅导的时候需要注意以下几点：首先，在阅读辅导开始前，图书馆需要将阅读辅导的开始时间、地点等以短信通知等形式发送给用户；其次，需要提前准备好阅读辅导的内容，切忌临时准备；再次，阅读辅导的时间不宜过长，这就要求阅读辅导的内容必须精简；最后，阅读辅导的形式要多样化，这样才可以激起用户参与的兴趣。

一个有特色的图书馆会为知识的导航阅读打下坚实的基础，但特色图书馆不是一朝一夕就能够建立起来的，而是经过几代人的不懈努力建立的，其中所形成的文化特色是其他图书馆不可比拟的。随着 21 世纪的到来，人们对特色图书馆的保护力度逐渐加大，这更加显示出它的文化价值、艺术价值、历史价值、文物价值及传承价值。所以，人们可以看出一个有特色的图书馆在知识导读方面总是会与馆藏的特色相结合，因为只有这样才更能凸显其价值。

（四）阅读跟踪调查

不同的用户群体在阅读的时候会显现出一定的差异，这主要与其从事的职业有关。因此，面对不同的文化群体，图书馆可以对不同层次的用户群体进行分析。首先，图书馆需要了解用户的阅读方向，因为只有对用户的阅读方向进行跟踪调查，才能深度了解用户的阅读诉求，才能为用户提供更好的服务；其次，图书馆需要了解用户的阅读走向，这样可以帮助图书馆及时调整推送书籍的方向，做好知识导航服务；最后，图书馆需要对用户进行综合性的书刊阅读跟踪调查，这将使图书馆在一定程度上了解近期流通书刊的大致分类。这种阅读跟踪调查主要是通过计算机来完成的，用户阅读的曲线变化能够反映这个时期用户阅读的总体趋势；同时，图书馆馆员会根据用户阅读曲线的变化对图书馆的馆藏图书进行剔旧及更新。

阅读主要是通过语言文字来获取信息、认识世界，并获得阅读体验。所以，图书馆在进行阅读跟踪调查的时候，需要对阅读效果进行分析，

以展现图书馆对于文献的利用和创新精神。21世纪是知识大爆炸的时代，在这个时代里图书馆存在的意义和价值都发生了明显的变化，而人们获取信息的方式也发生了明显的变化，原来是通过纸质图书获取信息，现在是利用网络获取信息，显然利用网络媒介可以更快地将知识传递给用户。

二、图书馆知识导航的功能

随着时代的发展，人们对信息技术的需求越来越高，获取信息的方式也越来越便捷，这就使得图书馆被迫由原来的被动服务转化为现在的主动服务，由原来的传统操作转变为现在的知识导航服务。所谓"知识导航服务"是指图书馆设身处地地为用户着想，从用户的实际需求出发，尽最大努力满足用户对于阅读的各项要求，并根据用户的各项要求提供具有分类特征的信息化服务。

（一）知识桥梁作用

知识的价值体现在人类社会的生存和发展中，知识只有为人类服务的时候才能体现其价值，知识本身是死的东西，不具有任何外加的价值，所以知识只有在人的使用中才会具有服务价值。图书馆是对知识进行收集、整理、储存、传播、创新，并为用户传递科学文化知识的桥梁。图书馆具有知识导航的功能，可以通过知识导航来实现其工作职责；图书馆的知识导航也搭起了用户与知识之间的桥梁。

（二）知识转化作用

图书馆知识导航实现了社会知识与个人知识的相互转化。图书馆可以通过知识导航将社会知识传递给用户，用户可以对图书馆传递的社会知识进行理解、分析、转化、吸收,之后如果用户将已经吸收的社会知识以某种形式传递出去,个人知识就又转化为社会知识;而形成的社会知识又会在某种程度上被图书馆采纳,并将这部分知识传递给需要的人,这在一定程度上促进了知识的循环,也在一定程度上更新了知识,在这个过程中有用的知识就会自然而然地被保留下来,无用的知识也会被人们丢弃。所以我们可以看出,社会知识与个人知识通过图书馆相互转化的过程,其实就是推动社会不断前进的动力。

(三) 知识整合作用

图书馆馆员需要通过知识导航系统对知识进行整合并为用户提供服务。知识导航需要根据用户的需求,通过"博览群书"对知识进行筛选,从繁杂的文献中筛选出有用的知识,并对这些知识进行分类整理。在整理的过程中需要将无用的知识丢弃,将有用的知识保留并提取出来。与此同时,知识导航可以以书本的方式或通过在网站上建立搜索引擎,提供给用户使用,同时需要根据用户的需求创建合理的搜索页面。很多专业知识不是用户能完全掌握的,但是用户可以通过深入地探索了解其中的奥秘,所以人们不仅需要建立知识导航的概念,还需要掌握知识导航的工具,只有这样才能在知识的海洋中获得对自己有用的信息,只有这样才能构建起用户所需要的认知模式,创造出适合我们未来发展的知识工具。知识导航是 21 世纪人类探索图书馆奥秘的方式方法,也是图书馆的立馆之本。所以,人们要以知识导航的发展作为图书馆未来改革的工具,要以知识导航的新要求、新标准作为服务用户的指导方向,把知识导航作为全馆工作的重心;同时,在图书馆应用知识导航的过程中,图书馆馆员要发挥知识导航员在知识创新及知识积累中的作用,在工作中充分发挥个人才智,充分发挥 21 世纪知识导航员的作用。

三、图书馆实现知识导航功能的优势

图书馆实现知识导航功能具有以下几种优势。

第一,图书馆具有公益性特征,即在使用图书馆的过程中人们获得了便利。随着时代的发展与进步,图书馆的服务功能不断丰富,服务领域也在不断优化,这在一定程度上大大提高了人们使用图书馆的频率。在 21 世纪,人们要想把图书馆发展成一个为人们所用的、适应社会发展需求的现代化的公益性信息机构,就需要把实现知识导航功能作为今后工作发展的方向。在此过程中,图书馆及图书馆馆员需要充分发挥知识导航的功能,以满足用户日益多样化、个性化的信息需求,只有这样才能获得用户的持续支持,只有这样才能吸引更多的用户使用图书馆,只有这样图书馆才能不断焕发活力。

第二,随着人类社会不断地发展,图书馆逐渐具备了传播与开发知识的能力,尤其是随着现代社会网络化程度的不断提高,在社会化建设不断加快的今天,图书馆通过网络平台实现了资源共享,让用户在使用知识导航的过程中充分享受全人类的智慧结晶。

第三,图书馆要想长久地存在必定要拥有丰富的馆藏资源,因为只有具备丰富的馆藏资源,才能满足不同层次用户的不同需求,并使其在发展过程中获得新知;同时,图书馆在发展过程中需要充分发挥自身的主观能动性,因为只有这样才会使图书馆持续保持生机。

四、图书馆知识导航功能的实现途径

图书馆知识导航功能的实现途径有以下几个方面。
(1)从传统图书馆馆员到知识导航员的角色转变。

知识导航是指图书馆从繁杂的信息中提炼出用户所需要的信息的过程，在这个过程中，图书馆会利用多种先进的技术手段，主动地向用户提供知识信息咨询服务，以便快速地满足用户对于信息的需求。在这个过程中，图书馆馆员需要站在用户的角度进行考量，只有这样才能真正了解用户的需求，才能为用户提供更好的服务。此外，对于知识导航所需要的信息建设而言，传统图书馆中的信息储藏与管理已经不能适应时代的发展要求，知识导航员需要根据时代的发展要求及时转变服务方式，如将传统的服务方式转变为个性化定题信息服务、情报研究服务等。

传统的图书馆管理人员只有在用户进行询问的时候才会发挥作用，这是一种非常被动的处理方式，而知识导航员是能主动了解用户需求，再利用现代技术手段在网络上查找、管理、利用信息并进行信息综合处理的人，传统的图书馆馆员在向知识导航员转型的过程中要注意自身素养的提高，并对自己的知识结构不断地进行更新与优化。

（2）以读者为本，充分发挥知识导航功能，提高读者服务质量。

图书馆的工作不仅仅是收集和整理文献资料，这只是图书馆工作中的一部分，图书馆的工作还包括帮助用户正确使用图书馆，帮助用户掌握搜索引擎的使用方法，等等。这些工作也是图书馆工作的重要组成部分。图书馆开展任何工作都是为了更好地服务用户，开展知识导航服务也是如此。随着经济的不断发展，图书馆原本的服务方式已经不能满足用户的信息需求，当前图书馆正朝着文献载体多样化、服务手段多样化、搜索方式简单化的方向发展。经过多年的努力，数字化的图书馆不断发展完善，这也为知识导航功能的实现打下了坚实的物质基础，但是由于图书馆处理用户信息的能力有限，图书馆馆员需要不断学习新的技术手段，以便提高自身服务质量，满足用户的信息需求。

第五节　数字图书馆的个性化服务

一、个性化服务产生的背景

（一）馆藏矛盾日益突出

面对每年数量庞大的出版物，图书馆如果仍然采用原来的馆藏模式，显然与现今的社会发展方向不相适应。因此，图书馆只有调整原来的"大而全、小而全"的办馆思想，坚持以用为主的藏书方针，才能解决高昂书费与有限经费之间的矛盾，以及有限馆藏和无限使用之间的矛盾。

经济的发展往往会带来技术的进步，随着技术的不断发展，图书馆信息资源的结构发生了翻天覆地的变化，已经由原来的有限信息资源扩展到无限信息资源，网络资源已经成为现今图书馆馆藏资源的重要组成部分。在时代大发展的背景下，一所图书馆的价值已经不能再用场地的大小以及图书馆的藏书量来衡量。

（二）图书馆从封闭走向开放

经济的发展、技术的进步使网络得到了普及，图书馆也由原来封闭的环境进入了一个透明、开放的网络环境。网络技术的普及使得图书馆跨越了时间和空间的界限，用户可以在不同时间、不同地点对图书馆馆藏资源进行阅读，这也极大地突破了传统图书馆在信息载体与传播方式上的限制，并从根本上改变了原来纸质图书的传阅方式。网络技术的普及也使图书馆的服务变得虚拟化，服务的范围由原来的馆内服务到现在的馆外也可以提供服务，这就产生了多样化、全方位的立体式服务。因此，在全球化的时代大背景下，图书馆为了跟上时代发展的潮流就需要重建图书馆的运行模式，充分利用信息技术推动图书馆的技术革新，打破原来停滞不前的局面，只有这样做，图书馆才能在时代发展的背景下保持自身特色，才能拥有自己存在的价值与意义，才能谋得更好的发展。

（三）用户需求发生新变化

图书馆存在的意义就是为了满足用户的需求，所以用户需求是图书馆开展各项服务的关键。了解用户的心理需求及信息需求等，是图书馆开展服务、保证服务质量的前提。据相关调查显示，当前图书馆用户的需求呈现出知识层次深度化、方便快捷化、实效化等特征。随着经济的飞速发展，用户的知识层次发生了较大的改变，原来的馆藏资源已经无法满足用户对于信息的渴求；随着信息技术的深入发展，用户对于信息的需求也由原来的国内信息资源转变为国内、国外信息资源。与此同时，用户对于图书馆的服务环境也有所要求，用户迫切希望图书馆的信息服务不仅局限于线下，还应该在线上提供方便快捷的信息服务。

二、图书馆开展个性化服务的意义

图书馆开展个性化服务的意义有以下几个方面。

（1）开展个性化服务是图书馆发展的必然趋势，是图书馆价值的体现。

图书馆开展个性化服务，在本质上就是坚持"用户至上"的原则，坚持"用户第一，服务至上"的原则，坚持倡导"以人为本"的服务理

念。目前，网络化的图书馆信息资源数量日益庞大，随之而来的是信息利用上的困难，因此用户对图书馆的服务提出了更高的要求，这将促使图书馆开发新的服务模式，如面向用户的个性化服务。

（2）开展个性化服务是图书馆服务创新的有效手段，有利于提高服务质量和层次。

不同用户之间是有区别的，所以图书馆需要针对用户之间的差异开展个性化服务，而图书馆的个性化服务同时又适应了社会发展的需求。个性化的服务使图书馆可以根据用户的不同特点开展有针对性的服务，这在一定程度上提高了用户对图书馆服务的使用满意度。对于依赖用户而存在的图书馆来说，用户的需求就是图书馆的需求，所以帮助用户获得所需的资源将在一定程度上提高图书馆的服务质量和层次。

（3）个性化服务有利于推进图书馆信息化建设。

有关研究表明，个性化服务既面向特定的个体，又面向具有相同或相近特征的用户群体，这就表明图书馆需要针对不同个体、相似用户群体做出有规划的信息库建设。此外，图书馆需要对本地和远程用户进行规划设计，在信息检索上创造优势，如主动引导用户开展信息检索服务，提高用户对图书馆信息资源的使用效率，这在一定程度上可以带动国内各院系之间的馆际合作。

（4）个性化信息服务是改善网络信息环境的有效途径。

随着经济的不断发展，网络上的信息资源越发丰富，但网络信息的运行环境有待改善。第一，网络信息资源体量过大；第二，网络信息资源处于一个开放的平台中，这个平台上的信息质量良莠不齐，且缺乏有效的管理；第三，各种检索系统功能过于简单，使不具备检索知识的用户在上面只能检索到一些简单的内容。图书馆的个性化服务不同于网络上的信息检索，个性化服务是从用户的需求出发，针对用户的需求进行的系统检索，检索的内容更深、更具体；同时，个性化服务的开展还有利于整合网络信息资源，使同类信息和相关的信息得到全方位的整合，这在一定程度上改善了网络信息环境。

三、个性化服务的拓展方式

（一）在线服务

在线服务是指利用互联网技术，向用户提供线上服务。图书馆的在线服务内容广泛，服务方式也是多种多样。在线服务的开展，使传统图书馆的服务内容得到了充分的运用，如在智能化和个性化方面的运用；同时，在线服务将传统图书馆与信息技术相结合，将传统图书馆拥有的各项服务全部转移到网络上，使传统图书馆实现了数字图书馆的部分功能。在这种情况下，用户可以随时随地从图书馆中获取信息资源，并通过线上服务发送自己的需求，之后线上服务工作者会按照用户的需求为其提供相应的服务，这大大提高了图书馆信息资源的使用效率。

（二）在线阅读

图书馆可以借助网络展现自身的优势，如利用互联网对用户进行网络问卷调查，从中了解用户的阅读需求，并针对用户的阅读需求进行个性化服务设计。与此同时，图书馆应该发挥图书的载体功能，挖掘图书的内涵，增加图书的阅读方式，推出能够满足不同人群阅读需求的精品图书；图书馆还应该发挥图书馆的传播功能，如填充图书馆的阅读网页，网页中展示的内容是用户在网上公开投票推选出来的，这样的阅读网页更能体现图书馆服务个性化的特征。

（三）在线咨询

传统图书馆的咨询形式是用户亲自到图书馆中向图书馆馆员询问，

随着时代的发展,现今的图书馆可以利用计算机在网络上进行"一对多"的咨询服务,这不仅大大提高了图书馆服务的质量,而且提高了其服务效率。

我们一直强调用户的需求就是图书馆存在的价值体现,所以图书馆不能为了满足大多数人的利益而损害少数人的利益,为了解决这一矛盾,图书馆可以将线上和线下的服务同时进行。线上的咨询服务可以针对不同的用户群体开展个性化的服务设计,用户可以在线上自主地进行文献查询、书目检索、书籍推荐等。线下用户可以与图书馆馆员进行深层次的交流,图书馆馆员也可以挖掘用户内心对于咨询的潜在需求,并且可以把线下的潜在需求应用到线上,这样可以更好地服务用户。

(四)图书荐购

在线下,图书馆可以定期举办"你选我付"等服务活动,与有合作的图书公司联合或者与其他图书馆合作,将图书公司近期发行的新书或与其他图书馆的图书互换之后放在图书馆的展示厅展示,让用户在展示厅中自由地选择所需要的图书,并为其配备图书馆馆员,以便快速地为用户办理图书借阅手续。在线上,图书馆可以向公众公布即将采购的图书书录,让用户就即将采购的书录提出建议,在经费充裕的条件下可以适当增加采购图书的数量。这种面向公众公开采购的方式可以在很大程度上了解用户群体的信息需求,也可以在很大程度上激发公众的阅读兴趣,提高公众的参与感。

(五)送免费邮箱

图书馆在为用户办理图书借阅手续的时候,应该注重保护用户的隐私,所以图书馆在办理业务的同时可以免费为用户办理专门的借阅邮箱。用户可以放心地使用图书馆为其办理的邮箱,可以将在图书馆下载的文献放在邮箱中进行浏览，这个邮箱相当于一个大型 U 盘，用户的信息咨询也可以通过邮箱进行。与此同时，图书馆需要根据经济的发展、社会的变化及当前热点等举办各种活动，并将活动的形式、地点、时间等信息以邮件的形式发送给用户，如果用户不需要这种邮件发送服务可以根据设置的提醒功能将其关闭，这有利于提高图书馆的使用率和访问率。

（六）开办读者论坛

为了扩大图书馆的社会影响力，图书馆可以为用户开办读者论坛，并针对某一问题或现象进行指导。当然，这个指导不是凭空杜撰的，而是请相关领域的专家对此进行讲解，这个讲解可能以线上的形式开展，也可能以线下的形式开展。在针对某一问题的讨论开始之前，图书馆可以把问题挂在论坛上，让用户在上面自由地发表自己的意见，这个时候专家或学者可以针对网上的问题进行实时的讲解，这不仅可以提高用户的阅读水平，还可以活跃论坛的气氛。

（七）读者培训

用户的需求是图书馆存在的价值体现，图书馆存在的目的就是对用户进行素质和能力的拓展，因而对用户进行教育和培训，可以说是当前图书馆的重点工作之一。所以，为了更好地向读者提供服务，图书馆需要在以下几个方面做出努力：第一，图书馆中藏书量庞大，用户要想在其中准确地找到自己所需要的信息是非常困难的，这就要求用户掌握计算机检索的技巧，所以对用户进行教育和培训的目的之一就是帮助用户掌握这些检索技巧；第二，当今社会信息技术的更迭速度非常快，技术一旦成熟并被应用到图书馆之后，不仅用户，就是图书馆馆员也需要相当长的时间来接受这些新知识；第三，知识的更新速度往往会比技术的

更新速度更快,这就需要人们不断学习新知识和新技术,所以图书馆需要花费时间和精力来培训用户,向他们讲解新知识及新的检索技术。

四、大数据时代背景下图书馆的个性化服务策略

(一)大数据对图书馆个性化服务的促进作用

随着高新技术的深入发展,图书馆的服务模式已经发生了较大改变,具体表现为图书馆的服务模式已经由传统服务模式演变成现今的资源存储和信息共享模式。在大数据时代,新型图书馆不仅在借阅方式、知识存储、知识服务等方面有别于传统图书馆,在知识获取方式上也发生了很大的变化,这种变化使图书馆可以更好地服务用户、发展用户。

1. 能够为读者提供定制化的服务

传统的图书馆在服务方面有很大的欠缺,表现为图书馆有什么书籍用户就读什么书籍,而大数据时代背景下的图书馆往往是读者需要什么书籍图书馆就会提供什么书籍,两种服务方式的主体明显发生了改变。在大数据时代背景下,图书馆用户可以根据自身需求找到所需要的书籍,在这之后图书馆可以根据用户的浏览记录和借阅记录判断用户的信息需求,并根据用户的信息需求为其制定所需要的书录;同时,图书馆可以根据用户的注册职业为其提供专业性的科研书籍,这样不仅可以为用户节省大量资金,而且可以提高图书馆的服务水平。

2. 能够及时推送信息

传统的图书馆由于馆藏有限,如果用户想要借阅已经借出的图书需要等到图书归还以后才可以借阅,这在很大程度上会削弱用户的阅读兴趣;同时,如果有用户想要借阅图书馆的珍藏文献,审批手续会非常烦琐,这是因为珍藏文献价格昂贵,图书馆对其管理非常严格,这就导致

很多的珍藏文献用户是无法借阅的。在大数据时代背景下，图书馆用户可以通过消息推送了解该图书是否已被归还，或者在网上以电子书的方式阅读图书馆的珍藏文献。

3. 能够提供更便捷的咨询服务

在传统的图书馆中，图书馆馆员会将各种图书分门别类地摆放在不同的书架上，但用户还是很难找到自己所需要的书籍，这种费时费力的方式降低了图书馆的服务水平。在大数据时代背景下，图书馆用户可以根据书名或作者名进行书录检索，这样很快就可以找到自己所需要的书籍。

（二）大数据时代背景下图书馆个性化服务的构建策略

1. 及时对图书馆的可用数据信息进行评估

大数据时代的到来不仅提高了图书馆的服务质量，还给图书馆带来了海量的信息数据，因此在构建图书馆个性化服务体系的时候，图书馆需要对信息数据进行适时、适当的评估。首先，图书馆需要对用户的历史记录进行评估，包括阅读数据、借阅数据、阅读次数、浏览次数等，这些数据能够为图书馆判断用户的信息需求提供依据。其次，图书馆需要根据评估结果向用户推送一些其偏好性较强的书籍。最后，图书馆需要有一个问卷调查反馈，并据此判断评估结果是否符合用户的信息需求。

2. 提升图书馆馆员的综合素质

图书馆要想提高自身服务水平，就需要提升图书馆馆员的综合素质，也就是要全方位打造管理员团队。图书馆是一个汇聚海量信息的"聚宝盆"，但是这些信息本身是零散的、混乱的，这就需要有专门的人才对其进行信息归类处理；同时，在大数据时代背景下，图书馆馆员不仅需要改变自身工作方式，还需要具备图书馆资源开发和整合能力，所以

在现今的图书馆中,要想打造个性化的服务模式,需要提升图书馆馆员的综合素质。

6

第六章

数字图书馆学科服务创新

第一节 学科及学科服务概述

一、学科的含义

"学科"的概念在不同的社会时期有着不同的理解,过去,人们对学科的认识相对单一化,简单地将其理解为"知识的分类或教学的科目"。随着社会的不断发展,社会科学与哲学的探讨不断深入,不断给对"学科"这一概念的理解注入新的活力,对学科内容的认识也更为全面化、立体化。学科有三个方面的内涵:第一,学科是一种学科范畴,是一种具有明确研究领域的学术类型;第二,学科是一种组织结构,如以学科命名的大学院系、学科学位等;第三,学科是一种文化反映,由于同属一个学术群体的学者往往具有一些相同的经历和研究方向,他们倾向于阅读相同的经典著作或学术成果。

在我国,学科是知识形态与组织形态的集合体。因此,总结上述理论思想,可以得出"学科"的含义包含以下几个方面。

(1)学科是一种知识体系。

学科作为知识管理的一种手段,从这个意义上说是一个结构紧凑、思维严谨、内部一致性较强的逻辑知识体系,这种学科逻辑表现在该领域的文献和教材中。

(2)学科是一种精神规范。

学科作为一种精神规范,是指学科研究者在从事学科教学研究工作

过程中所表现出来的精神气质、信仰、思维方式、规范体系等，体现在学科研究者的行为方式和心理状态上，以及他们独特的思维方式上。

（3）学科是一种研究组织。

学科作为一种研究组织，是进行教学科研活动的基本单位，具体形式可以表现为学科研究的研究所（研究所、办公室、研究中心等）。研究组织形态的学科为学科研究提供了组织形式和庇护所，是学科研究组织化、制度化的标志。

（4）学科是一种教育与人才培养的单位。

学科在教学领域中表现为一种教学的组织形式，以教育与人才培养的独立机构、学位、专业和课程体系形式存在。学科作为一种教育单位，能够将知识体系的学科和精神规范的学科转移给体系内的学科成员，从而保障和保持学科知识、精神和社会分工的连续性。

（5）学科是一种劳动分工方式。

知识，即认知领域的分化促进了学科的形成与发展。学科的建立标志着社会分工中一个新部门的组建，标志着一个新的工作小组和岗位的独立分化，标志着一批人要适应与确立新的劳动角色。

（6）学科是一种交流平台。

学科的存在将不同地域、不同组织、不同时代的学者紧密联系起来，超越时间与空间的限制，为学科人员搭建了一个交流的学术平台。这一交流平台在学者之间的交流以及学科意识的批判性成长过程中具有特殊的意义，它体现在学科研究的期刊、书籍、文献及学科的社团中。

（7）学科是一种社会管理单元。

在现代科学技术广泛应用的新时代，科学研究已经与经济、社会和国家的利益息息相关。科学研究越来越依靠外部资源和环境的力量，已成为政府和社会公认的合法学科，有效促进了各专门领域的知识生产与传播。因此，学科的科学研究已成为社会和国家资助与管理的重要对象。

二、学科服务的内容

(一) 学科服务的概念

从语言词汇学的角度来看,"学科服务"一词由"学科"与"服务"两个词语构成。"学科"一词前文中已做阐释,这里不再赘述。"服务"一词在社会中主要包括行业的工作任务与责任等。将两个词组合分析,可以理解为围绕学科开展的各项服务活动。对于图书馆来说,从表层意义上理解,学科服务是图书馆馆员根据学科建设需求而提供的全面的文献信息资源服务和信息技术服务。在知识经济时代,学科服务具有了新的内涵,它是图书馆领域的一种全新的服务观念和服务形式,图书馆学科服务的提供,为深化现代图书馆服务、提高图书馆服务层次指明了新的发展方向。"学科服务"的概念在图书馆工作中的应用经历了一个持续转变的过程,由最初的"学科馆员制度"到后来的"学科信息导航""学科信息门户""跟踪服务"和"导读服务"等,"学科服务"的概念逐步走向正式化与规范化。

(二) 学科服务的基本要求

对于图书馆来说,学科服务不是一个简单的服务概念,也不是众多服务活动中的一种形式,它是一种涵盖多种要素的服务体系,也是未来图书馆开展服务工作的重要形式。图书馆开展学科服务的要求可以概括为以下几点。

1. 全面系统

全面系统是指图书馆学科服务体系要全面系统,包括图书馆工作系统中的文献信息资源涵盖的内容要全面,开展学科服务工作时各流程的操作要系统化进行。对于学科馆员来说,要全面掌握其专业学科资源与

情况，能够利用现代化信息技术对图书馆学科资源与服务进行全面宣传，增强更多人对学科服务的了解。

2. 方便快捷

方便快捷是指图书馆通过开展学科服务，能够帮助用户更加方便快捷地提取自身所需的学科信息知识和相关信息服务，以便及时有效地处理实际问题。

3. 高效利用

高效利用包含两个层面的含义：一方面是指学科信息资源的高效利用，即学科用户能够高效地使用图书馆馆藏的所有文献信息资源；另一方面是指学科馆员工作高效，能够有效促进学科服务的开展。

4. 满意评价

满意评价主要是指学科用户对图书馆学科服务的满意程度。图书馆应采取多种服务方式提升自身学科服务能力，进而提高学科用户的认同感与依赖感。

（三）学科服务的性质

学科服务是一种以学科用户及学科用户需求为重点、以学科馆员参与为手段的全新的服务形式。随着学科服务的深入开展，人们对它的认识也在不断加深和变化。对学科服务性质的理解，经历了一个由浅入深的过程，大体可以归结为以下几点。

1. 学科服务是图书馆一种先进的办馆理念

在过去，图书馆是人们获取文献信息资源的唯一场所，具有知识信息需求的人们对图书馆的依赖程度很高；然而，随着现代科学技术的飞速发展，网络的信息化、数字化给图书馆带来了极大的冲击，也为图书馆的发展带来了前所未有的机遇，图书馆管理者必须正视信息技术发展带来的挑战，同时也要思考如何使图书馆在飞速发展变化的社会中取得一席之地并得到长足发展。学科服务是一种以用户为中心的个性化、专业化的服务，学科服务的完善为图书馆的生存与发展带来了活力和生机，能够有效增强图书馆的核心竞争力。

2. 学科服务是一种新的服务模式

学科馆员参与到学科用户的信息环境和信息环节中，为相应的学科或部门、重点实验室、科研团体和学科用户个人提供个性化、专业化、知识化的服务。

3. 学科服务是图书馆服务工作的一种新的服务机制

图书馆会按照相应学科或部门的特点与内容对学科馆员进行专业设置，规定了学科馆员的工作职责、目标和任务，确定了具体的考核指标和方法，明确了学科服务的服务要求。

（四）学科服务的特征

1. 扩展性

学科服务具有扩展性，主要体现在服务空间范围、服务内容和服务模式三个方面。

（1）服务空间范围。

传统图书馆的服务空间范围主要是就物理空间而言，仅限于在图书馆内提供服务，这种服务形式受到地域范围的局限。现今，学科服务不仅是指在相对的地域空间内提供服务，在服务内容上也突破了时空的限制。学科服务的地点不再局限于图书馆，而是围绕人们的生活展开，学科馆员为掌握用户的需求信息，不断深入学科用户的需求环境，融入学科建设的科研与创新等多个领域。

（2）服务内容。

为了满足信息社会不断变化的需求，图书馆学科服务应在原有传统服务内容的基础上进行创新，不断加入符合社会发展需求的新内容、新思想，尤其要完善和履行参考咨询服务内容。

（3）服务模式。

学科服务不能故步自封，要能够深入学科用户所处的环境，更要融入学科建设的过程中进行相关文献资源保障服务以及个性化的信息服务。

2. 主动性

学科服务是对图书馆传统服务的继承与深化。在信息化时代，学科服务将成为未来图书馆工作的核心内容。它改变了图书馆原有的被动服务方式，以主动服务的形式吸引学科用户参与到图书馆的学科服务之中。学科服务为学科馆员与学科用户构建了信息交流的渠道，建立起学科馆员与学科用户之间的有效联系，学科馆员自觉主动地为学科用户提供所需的文献信息资源服务以及信息数据的利用指导，帮助他们提升信息获取与利用的效率。因此，学科服务是一种主动性的服务，它以满足学科用户的需求为目标，在知识资源日渐丰富的信息化社会，为更多的学科用户提供最优质的资源保障与技术性服务。为了保证学科服务的顺利实施，要求学科馆员兼具专业性与主动性，以便为学科用户提供最具实效性的精准服务。

3. 互动性

学科服务是一种动态的交互型服务，它以学科用户的信息需求为基础，对学科建设中分布于不同领域的动态资源进行整合，通过服务将这些资源融入学科建设与用户处理问题的各个环节。学科服务重视学科资源建设，加入学科教学活动，参与到学科用户中，渗透到科学研究中，与学科用户互动，使学科用户积极参与学科资源建设。互联网技术的出现与发展，极大地促进了学科用户之间的信息交流，用户既是信息资源的获取者，也是信息资源的提供者。因此，互动性是现代图书馆的突出特征。

4. 专业性

从服务的目的、用户需求、服务内容和形式、服务模式等角度来看，学科服务在任何方面都具有很强的专业性。由于学科用户也具有专业化的特征，他们需要的信息往往不是泛化的，而是精准的，学科服务能够对泛化的知识进行精细的划分与筛选，为学科用户提供个性化的知识服务。学科服务对知识的整合具有很强的专业性，它贯穿学科教学、科学研究的全过程；而科学技术的蓬勃发展打破了原有的时空限制，使图书馆能够随时随地为用户提供专业化的知识服务。另外，学科馆员作为与学科用户直接接触的服务提供主体，必须具有高度专业化的学科知识与技能，为不同专业水平、不同层次的学科用户提供专业化知识指导与服务。

5. 快速便捷性

信息环境的变化与网络技术的发展，促使图书馆馆际之间建立起了信息资源共享的空间，加快了信息资源的传递与交流。信息共享空间的建立也促进了物理形态的图书馆的转型，使其在资源内容与服务方式上都需要进行重新整合和研究，以形成全新的、专业的学科化服务模式。图书馆依靠学科资源网络共享和馆际互借服务改善硬件设施设备条件，强化服务管理制度，为学科用户方便快捷地获取学科知识资源提供了保障。

三、学科服务的作用

现今社会图书馆服务工作日趋成熟，人们的实际需求不断提升，对

学科服务的探讨与关注也日渐加深。学科服务是一项专业性、知识性极强的服务工作，与图书馆其他服务工作贯穿图书馆资源与服务的整个过程，是图书馆进行用户服务的重点内容。学科服务的开展能够有效促进图书馆融入新信息社会环境，适应新的服务需求，从而进一步提升图书馆的服务质量与服务水平。学科服务标志着图书馆向注重知识服务转变，对于促进图书馆馆藏资源建设、提高学科馆员的专业素养、革新服务模式、提升图书馆的社会影响力具有重要作用。

（1）整合信息资源，丰富图书馆学科资源，为社会带来财富。

科学技术与网络信息技术的发展是一把"双刃剑"。一方面，知识的爆炸式发展为社会带来了大量的知识信息资源；另一方面，这些信息资源质量参差不齐，且以一种无序、混乱的形式存在，人们很难在这些纷繁复杂的信息资源中准确提取出真正有价值、有意义的知识。图书馆学科服务在宏观意义上能够对图书馆文献信息、网络信息资源以及与相应学科相关的其他信息资源进行统筹整合、合理规划和科学控制；在微观意义上能够对社会与网络环境下无序的信息资源进行识别、筛选、搜集、处理、组织、删除和管理，建立多层次的学科信息资源体系，提升这些资源的价值，使其成为新的社会财富。

（2）促进信息资源的深层次开发和远距离获取。

依靠现代科学技术与网络信息技术，图书馆的信息技术系统得到了进一步完善与发展。学科服务以现代信息技术手段为依托，对信息资源的管理模式由描述信息的形式特点转变为对信息内容进行全面的阐述，以文本、数据、图像、动画等多媒体形式，建立起信息资源数据库，设置多角度、多途径的信息检索方式，使无序的信息呈现出有序的状态，方便学科用户进行深层次的科学检索。网络学科服务平台的建立，让学科用户可以突破时间与地域的限制，足不出户就可以获取源自世界各地的优质资源与服务，为学科用户获取知识资源提供了极大的便利。

（3）促进学科馆员综合素质的提高。

学科服务是图书馆服务的新模式，没有标准可循，其发展和完善还需要很长时间的研究和探索，这对学科馆员的职能提出了更高的要求。学科馆员在其特有领域具有足够的专业优势及业务技能优势，他们代表领域内的先进力量，能够在学科服务中发挥最大的价值。从整体上看，学科服务能够培养学科馆员的敬业精神和参与精神，在学科用户进行科学研究的过程中，学科馆员可以主动参与，为学科用户提供专业化的学科服务，为其节省了大量的时间与精力，为其科研项目的顺利进行提供了可靠的保证。现代图书馆已经成为互联网的重要组成部分，这就要求学科馆员不仅要具备图书馆和信息学的专业知识，而且要掌握相应学科的专业理论知识，因此，图书馆为增强学科馆员在图书馆信息和文献信息资源查询与检索、鉴定与筛选、加工与处理等方面的知识与技能做出了巨大努力。随着网络技术的发展以及计算机应用的普及，学科馆员有机会对世界范围内的政治、经济、文化、教育等多方面信息进行有效的采集与应用，对于推进馆藏文献的整合、资源数据库的建立、信息资源服务的开展具有重要意义。

（4）促进了图书馆学术地位和学术水平的提高。

图书馆工作是一项学术性很强的工作，而学科服务的水平高低是由学科馆员工作的具体情况决定的。首先，学科馆员是具有专业知识能力与背景的人员，学科馆员参与到学科用户的研究工作中，必然会受到其学术能力、学术氛围、学术精神的影响，从而进一步激发学科馆员的工作热情；其次，学科馆员一般都具备学术研究能力，学科服务能够挖掘社会或学科领域的新问题、新思路，能够有效带动学科馆员进行进一步的学术研究工作；最后，学科馆员具有相当的工作热情及学术能力，能够以自身的学术精神带动其他馆员或人员的学术行为，营造出一个良好的学术氛围，创造出更高层次的学术研究成果。这一过程是在图书馆的

学科服务中实现的，因而可以说，学科服务有效提升了图书馆的学术地位与学术水平。

（5）提升了图书馆的整体管理水平与服务质量。

学科服务要求图书馆向更高层次、更高水平的服务模式迈进。首先应保证图书馆服务的物质基础，包括图书馆的整体环境和服务设施的建设与完善，文献信息资源的不断更新，先进技术的开发与引进，相关制度的制定与完善，等等。另外，学科服务要求注重团队合作的实现，这就要求学科馆员既要具有专业的学术能力，又能够积极参与团队建设，富有责任心与团结力。

学科服务能够有效促进图书馆内部的变革，必然会对图书馆整体水平与服务质量的提高产生积极的推动作用。

第二节 数字图书馆学科服务平台构建

一、学科服务平台的含义与组成

（一）学科服务平台的含义

学科服务平台是为学科馆员与学科用户之间沟通学习以及进行学科信息资源交流而搭建的虚拟场所。它在学科馆员和学科用户之间起连接作用，学科用户和学科馆员能够利用这一平台进行交流和沟通。它是学科服务系统的外部体现，是进行学科服务的基地和场所，也是图书馆进行学科服务的综合信息服务平台。学科馆员利用图书馆本体、文献资源等现有物理设施建立学科服务实体场所，利用网络技术和先进的信息技术建立虚拟网络学术平台，为学科用户提供全面的学科信息资源服务。与此同时，学科用户可以运用学科服务平台进行信息资源检索与提取，并与他人或学科馆员进行互动交流，全方位地体验图书馆学科信息资源服务。学科服务平台的构建与完善能够有效地将学科服务渗透到学科用户的信息获取、利用及交流学习的物理空间与虚拟空间，以保证学科服务的全面性与高效性，提高学科服务的品质。

学科服务平台是一个综合性平台，它既能够展示图书馆馆藏资源，又能够实时链接学科导航资源；它既是学科资源组织管理的平台，也是学科信息发布的平台。它整合了图书馆实体文献资源与网络信息资源，既能够为学科用户与学科馆员提供交流沟通的机会，也能够实现知识挖掘、学科知识导航等个性化定制服务。学科服务平台能够对学科用户进行学术需求跟踪，迅速进行知识资源检索与定位，从而准确、高效地为其供应所需要的专业知识与服务。

（二）学科服务平台的组成

对于学科服务对象来说，学科服务平台是一个服务载体；对于学科服务实施主体来说，学科服务平台是开展工作的渠道。学科服务平台的建设、维护和完善必须立足于各图书馆的学科现状，结合相关学科的建设，引进科研团队，辅助科学研究，充分发挥自身特色，在学科服务平台的设计与架构中坚持嵌入式、主动式、个性化和增值化的服务理念。就目前来看，我国图书馆的学科服务平台建设主要包含物理平台建设和虚拟平台建设两个方面。

1.学科服务物理平台

学科服务物理平台是指图书馆为学科用户提供的沟通、学习的实体场所，主要包括实体环境、硬件设施、服务设施和馆藏纸质文献资源等。

实体环境中包含多个大小不同、功能不同的服务空间与学习空间，空间的设计主要从学科用户的日常学习行为出发，在氛围营造上采取视觉艺术、声学艺术与色彩艺术相结合的方式，为学科用户提供舒适的学习与研究环境。在保证环境功能不受影响的前提下，可以将多个区域的服务进行交叉，便于学科用户之间的相互交流与学习。学科服务物理平台有其特定的组成要素和资源配置，主要包括资源服务区、学科咨询台、独立研究室、数字化工作室、休闲区等。

2. 学科服务虚拟平台

在网络信息化时代，学科服务虚拟平台在学科用户的学习与交流中具有重要的作用，它为学科用户在线共享信息资源提供了虚拟化场所，使知识的获取更加智能化和高效化。学科服务虚拟平台是建立在互联网新技术运用基础上的一个交互式的开放服务平台，它在提供服务的过程中强调交互性、参与性与共享性，提出学科用户不仅是信息资源的利用者，更是信息资源的生产者与传递者。学科服务虚拟平台是一个动态化的信息资源空间，它的内容资源在不断扩充和更新，这就要求学科馆员对这一虚拟平台妥善地进行维护与管理，关注社会与学术界的新知识、新动态，不断增添新的知识服务项目，以满足学科用户不断变化的信息需求，为学科服务建设提供有力支持。

二、学科服务平台构建

现今，图书馆的学科性建设不断增强，而学科服务的科学化是保证图书馆学科性建设的根本所在，因此，图书馆应建立起与社会学科发展相适应的学科服务系统以及行之有效的学科服务平台，以满足自身的转型要求以及学科用户的发展需要。

（一）学科服务平台的设计理念

学科服务平台是学科用户与学科馆员之间的沟通纽带，为双方的信息交流与学习提供了空间。构建学科服务平台，是开展学科馆员工作以及帮助学科用户获取信息服务的有效策略。学科服务平台的构建以网络环境为依托，可以发挥以下作用：首先，能够对图书馆的学科服务进行有效的宣传与推广，增强图书馆的学术影响力；其次，学科馆员能够利用这一平台处理参考咨询、资源设置等日常工作；最后，学科用户能够通过这一平台获取学科知识与学科动态信息，可以以学科讨论的方式对学科专业知识进行深入研究。

学科服务理念是学科服务平台设计与建立的指导思想。学科服务平台的设计必须以学科建设为重点，引入学科的科学研究团队，体现自身特色，参与科研开发过程，融入嵌入式、主动性、个性化、增值性服务意识，发挥图书馆的资源优势，以推进服务区域经济、社会发展为方向，培养高层次、高水准的专业人才，以此建构学科专业系统结构的发展特色，实现多学科协调发展的专业结构规划，为学科发展创新提供支撑力量。

（二）学科服务物理平台的构建模式

学科服务物理平台是开展学科服务工作的现实场所，依靠信息共享空间的实体，以用户为中心进行一站式服务是当前学科服务理念的重点要求。缺少相应的工作场所，学科馆员很难组织学科用户进行学习或学术交流与探讨，学科用户之间也难以实现有效的沟通。可以看出，缺少必要的服务场所会对学科服务效果产生很大影响。因此，图书馆必须结合本馆的实际情况，充分运用原有建筑和馆藏资源，依托信息共享空间建设，实现学科服务物理平台的构建。

1. 学科服务物理平台的设计思路

学科服务物理平台的设计思路是在图书馆分馆、资料室、馆藏室等现有实体空间的基础上，按照区域的面积大小规划出不同的功能区，如资源区、学科咨询台、自主学习研究区、数字化操作区、休闲区等，区域规划完成后方可配置相应的服务设施。从模块组成看，各区域与信息共享空间的实体结构基本一致，主要由实体空间、硬件设施和服务设施三部分构成。

2. 学科服务物理平台的架构

学科服务物理平台一般具有以下功能区。

（1）资源区。

图书馆的学科信息资源是开展学科服务工作的基础，种类丰富的学科信息资源也是学科用户开展学科研究的必要前提。学科服务物理平台必须有庞大的实体学科信息资源作为支撑，也要具有存放这些实体学科信息资源的相应区域与基础服务设施。学科服务物理平台上的学科信息资源主要有学科专业类书籍、期刊、特色文献材料、科研成果、高价值档案、实用型参考书、工具书、百科全书、休闲类期刊，以及照片、音频、视频等专业缩微数据、光盘资源等形式。

（2）学科咨询台。

学科咨询台受理学科用户咨询，是实现学科服务的基本途径之一，通常设置在学科资源服务区。学科用户在进行学习或科研活动时遇到的常识性问题、专业性问题、技术性问题或其他一切与学科学习相关的问题都可以向学科咨询台寻求帮助。学科馆员在处理学科用户的问题时，应保持热情的服务态度，聆听用户的需求，耐心解答用户的问题，以提高用户服务满意度。学科馆员的管理服务范围涉及面对面的咨询以及网络、电话咨询等形式。

（3）自主学习研究区。

自主学习研究区是指学科用户进行独立学习与科学研究的实体区域，该区域的设置应根据图书馆的实际情况而定。如果图书馆的环境条件允许，可以将学习区与研究区分离开来；如果图书馆没有进行分区的条件，学习区与研究区合并设置也是可行的。自主学习研究区通常设置为个人学习室、学科专家工作室和学科小组讨论室三个部分，其中，个人学习室与学科专家工作室对环境的要求较高，应该与学科小组讨论室分离开，以保证环境相对安静。

个人学习室主要供学生使用，用于学生检索文献，浏览网络（局域网、互联网等）信息资源，进行论文写作，模拟实验操作，等等，为学生提供适合个人思考和创作的安静空间。个人学习室内配备了无线网络接口以及相应的电脑桌椅等公用设施，用户可以利用自带的笔记本电脑或者租用图书馆内的计算机进行学习。

学科专家工作室主要供有重要科研任务的用户或群体使用，通常安排一人一室或同一科研项目一室，工作室内一般会配置高性能计算机及附件，装配适合科学研究的软件及电脑桌椅等，并会根据科学研究的需要配备相应的文献信息资源。如果图书馆的环境条件有限，可以采用多学科共建共用的方式，充分发挥资源优势。

学科小组讨论室是为满足用户的学习、讨论和交流需求而创设的区域，是开展学术辩论、话题讨论的重要场所，能够有效地促进学科用户之间进行观念启迪、思维提升、思想碰撞以及培养团队合作精神，是学科馆员在交流中发现隐性知识、增加经验的理想场所。学科小组讨论室内一般会配备计算机，多台显示器、投影仪以及黑板、桌椅等，建筑尺寸因不同的用户群体而异。与个人学习室和学科专家工作室一样，学科小组讨论室也可以多学科共建共用。

（4）数字化操作区。

随着现代信息技术的发展与普及，人们对数字技术的理解越来越深

入,特别是对多媒体操作和制作的重视程度越来越高,这已经成为一项必不可少的能力需求。图书馆应认清并抓住这一发展趋势带来的契机,及时调整图书馆的物理空间布局,在适当的位置建立专门的数字化操作区。在硬件配置上,数字化操作区应该能够满足常规数字化操作和实践演练的要求。例如,数字化操作区内应配置多个高性能的计算机及附件、必要的网络设施等。除了安装常用软件以外,数字化操作区还应装配图像处理、网页制作、音频、视频等多媒体制作管理程序。根据学科服务的需要,还可以安装一些适合相应专业的专用软件,以确保用户学科研究工作的顺利开展。另外,打印机、复印机、扫描仪、录音机、数码相机、大屏幕电视、音响设备等输入、输出设备对于多媒体制作也是必不可少的,由于这些设备价格昂贵,且更新速度快,通常可以多个学科共建共用。例如,可设置专门的数字化教室,主要用于学科馆员对学科用户进行与学科服务相关的信息素养培训,以提升用户的信息技术素养。此外,数字化教室还可以以预约的形式向用户开放,如进行学术报告、讲座,学科专家传授专业知识、科研方法以及进行培训指导、科研成果展示,等等,室内应配置计算机、网络接口、投影仪、电子白板、音响等设备。基于资金、场地、使用频率等问题的考虑,可依据需求合作共建共享。

(5) 休闲区。

休闲区的主要功能是使用户放松精神,区域内应配备舒适的桌椅,还可以提供饮品和茶点,甚至可以放置少量的报纸或休闲杂志,供读者在学习期间短暂休息。休闲区的环境设置应别具匠心,可用优美的工艺品加以点缀,让人产生舒适之感。用户可以在这一区域尽情享受舒适的环境,也可以在这一区域进行讨论与交流。

一个完整的学科服务物理平台是由以上几个要素构成的。由于图书馆的综合实力不同,一些图书馆可能无法进行大规模的建设与完善。针对这种情况，可以进行阶段性建设，有计划地进行空间规划，不断加强区域建设直至实现全部物理空间建设。

（三）学科服务虚拟平台建设

在网络信息时代，学科服务虚拟平台为学科用户提供了学习、交流和共享知识的虚拟空间，对于开展学科服务具有深刻的影响。学科服务虚拟平台的建立，使学科服务平台成为一个有机的整体。学科服务虚拟平台集学科知识门户、学科导航、RSS（简易信息聚合）定制与推送、网络资源展示、知识挖掘、SDI（串行数字接口）知识服务等服务功能于一体，是一个由需求驱动的学科专业化、智能化服务平台，支撑学科馆员进行学科需求分析，选择并整合以学科为导向、以知识为基础的信息，以及个性化服务的设计和管理。学科服务虚拟平台以学科知识库、数据资源、信息资源库、虚拟学科类别分支平台为基础，连接到个人数字图书馆与个性化信息环境，可以帮助学科馆员深入进行科学研究，跟踪用户需求，及时将个性化服务渗透到用户信息需求环境中。学科服务虚拟平台全面贯彻落实了学科化、知识化、个性化、智能化的服务目标，在服务过程中强调学科馆员与学科用户的交流与互动，鼓励用户参与知识生产与传递的全过程。

学科服务虚拟平台主要包括以下模块。

1. 学科信息资源

类型多样的学科信息资源是学科服务的重要基础之一。学科信息资源是学科服务发展的前提条件，学科服务机制的建立、运行和实施离不开学科信息资源。这里提到的学科信息资源是内容丰富的文献资源保障体系中的专业学科知识信息资源，以学科专题知识库为重点。学科专题知识库是学科信息服务系统中的一种特殊的学科知识集合，是知识型学科信息服务区别于传统文献型信息服务的主要特点之一。学科专题知识

库中的知识主要包括显性知识与隐性知识两部分。显性知识是指学科馆员在处理学科用户的问题时可以查找到的已存在的专业知识资源；隐性知识一方面是指学科馆员自身的隐性知识，另一方面则是指为了解决用户特定的问题而运用学科信息服务系统中的显性知识所形成的新知识成果或知识信息。

2. 学科门户

学科门户是学科服务平台上最重要的板块，是学科服务平台的门面，主要内容包括利用互联网先进技术建立起的BBS（网络论坛）、学科博客、学科动态、学科人物和学科学术信息推送、虚拟学习社区等。学科门户整合了用户所需的学科知识信息资源，以网络手段为依托将这些信息资源组织起来，应用于一个可定制的个性化界面中，为用户提供了一个能够充分满足学术交流需要的网络信息环境，是学科用户最终享受学科服务的必经之路。

3. 学科咨询

学科咨询主要包括咨询服务和知识库两类。咨询服务是学科馆员运用现有的图书馆参考咨询服务台和参考咨询服务模式，为用户提供科学有效的信息服务；知识库是学科馆员将各类咨询问题进行整合，并不断添加新的内容，以方便学科用户进行自助服务。

4. 后台管理系统

后台管理系统是保障学科服务平台正常稳定运行的主要管理功能，它一般会选择性能好、稳定性强、响应速度快的数据库作为数据管理基础，设计程序时遵循方便、易操作的原则，以便于日常维护。在系统管理模块内部，主要设置系统参数和权限管理，当学科服务平台需要加入新的学科知识时，需要对平台系统中的参数进行设置，在相应功能中加入新学科知识的相关内容。在系统安全问题上，可以对不同类别的用户进行访问权限设置，通常是图书馆馆长与主管领导权限最高，向下依次为学科馆员、其他领导和部门同事，这样就有效地保证了系统数据安全，同时明确分工，强化了系统操作的稳定性与方便性。后台管理系统能够为各个模块内的信息资源设置特定的检索字段，使系统具有强大的检索功能，进一步提升了学科馆员的工作效率，也为学科用户提供了更加快捷、有效的信息获取方式。

第三节 数字图书馆学科服务队伍与学科信息资源建设

一、学科服务队伍的构成与组建模式

（一）学科服务队伍的构成

学科服务队伍在学科服务体系中会对学科服务的品质与水平、服务效益等因素产生决定性影响，它是该系统中具有主观性与能动性的关键性因素。学科服务队伍的主要成员包括专兼职学科馆员、咨询馆员、图情专家等。其中，专兼职学科馆员是学科服务队伍的核心要素，在学科服务过程中，学科馆员是具体问题的设计者与规划者，也是学科服务的实际执行者。随着知识信息的飞速发展，用户的需求日益向专业化、特色化方向转变，学科馆员的工作内容也越来越复杂。咨询馆员、图情专家等是学科服务队伍的重要组成人员，对他们进行全方位分析可以掌握

相关学科的信息需求，了解更多学科用户的科学研究要求。

（二）学科服务队伍的组建模式

学科服务队伍的建设是否科学合理，对学科服务的开展具有直接的影响作用。科学合理的学科服务队伍会对学科服务的开展产生积极的推动作用；不科学、不合理的学科服务队伍将严重阻碍学科服务的正常实施和发展。对于现代图书馆来说，组建一支具备科学性与合理性的学科服务队伍能够促进学科服务的高效运转，是当下图书馆建设的一项重要内容。

从现代图书馆服务实践来看，学科服务队伍主要有以下两种组建模式。

1. 个体模式

个体模式主要是指一名学科馆员固定对应一个或多个院系，或者安排图情专家，其职责以宣传沟通、资源建设为主，同时深入专业的课题研究过程，协助完成科学研究工作。个体模式下的学科服务有一定的缺陷，例如，提供的学科知识信息内容较为单一，缺少与其他学科的互动与交流。因此，为了进一步提升学科服务的认知，提升学科服务的质量和水平，应在单一模式的基础上进行协作式沟通与交流，促进学科服务队伍由单一的个体模式向团体模式转变，以提升服务效果。

2. 团体模式

团体模式下的学科服务队伍是一个强调团队协作的专业化队伍，主要包括学科馆员、咨询馆员、普通馆员、学科用户和学术顾问（通常由各学科推荐的学科专家和教授担任）。其中，学科馆员与咨询馆员通常由专职图书馆馆员担任，并且要求其具备专业的职业素养与知识技能。图书馆馆员在学科服务队伍中起核心作用，主要负责团队的发展规划、队伍成员的组织协调以及相关服务工作的开展。因此，图书馆对于学科馆员有明确的岗位职责划分以及工作内容、目标规定。

二、学科馆员的培养

现今，图书馆学科服务开展得如火如荼，这就对学科服务中的核心力量——学科馆员提出了更高的要求。从长远发展的角度来看，图书馆应充分发挥文献信息建设作用，构建具有专业化能力的学科馆员队伍，以适应各学科领域的发展与建设需求。创新图书馆服务的形式与内容，特别是要加强学科馆员制度建设，充分发挥学科馆员的优势和作用，形成高质量、高水准的学科服务。随着图书馆学科服务的深入发展，学科服务在用户心中的地位不断提升，对学科馆员的培养已经成为图书馆学科建设的重要内容。学科馆员的培养主要包括对图书馆内现有学科馆员的培养，以及对图书馆引进人才的培养。

（一）学科馆员能力培养的内容

培养学科馆员的能力涉及多个方面的内容。第一，对学科馆员专业知识与能力的培养，主要包括对学科基础知识、理论知识、前沿知识和专业语言知识的培养。第二，对信息能力与信息素养的培养，主要是指信息检索能力、信息处理能力、信息分析能力、现代信息技术能力的培养等。第三，对创新能力的培养，强调提高学科馆员自主学习能力，不断更新知识，提升自身综合水平。第四，进行图情专业思想培养和专业技能培训。学科馆员必须研究学科的基本理论以及学科的发展趋势，以便更好地进行学科用户及其信息需求研究。第五，加强对学科馆员专业意识和专业素养的培养，使学科馆员形成强烈的职业责任感、职业使命感和荣誉感，加强对学科馆员的职业道德教育。

（二）对现有馆员的培养

1.通过自主学习实现自我培养

随着计算机技术、网络信息技术的深入发展，社会各领域的知识资源频繁更迭，知识更新与换代的速度不断加快，面对这一社会现象，图书馆学科服务要紧跟社会与技术发展的步伐，始终保持知识的先进性与丰富性。作为学科服务核心力量的学科馆员必须建立起终身学习的观念，不断更新自身的知识体系，在实践中掌握学科服务所需的新技术、新理论、新方法和新知识，以提升个人专业知识水平与素养，提升学科服务水平。学科馆员本身具有很强的自主学习能力和知识获取能力，对待新知识、新技术较一般用户能够更快地吸收和接纳，同时，图书馆为学科馆员能力的提升营造了优越的知识环境，为其提供了必要的文献信息资源、先进的技术设备及良好的学习氛围。学科馆员服务的主要对象是学科用户，这类用户本身具有一定的学科知识及科研能力，学科馆员在为这类人提供学科服务时会受到他们的学术能力、科研能力甚至是学术精神的影响，这对于学科馆员来说也是进行自我提升的重要途径。

学科馆员进行自主学习的途径有很多种，除了可以进行日常阅读、研究文献资料之外，还可以抓住机会与学科用户或专家进行深层次的探讨，参加相关的知识讲座，等等，这些都可以提升自我学习能力与水平的提升，从而更好地为用户提供学科服务做铺垫。

2.通过培训获取培养机会

除了自主学习以外，学科馆员还可以通过参加培训来获取培养自身能力的机会。培训大体可分为馆内培训与馆外培训两种。

（1）馆内培训。

为了加强学科服务队伍建设，图书馆可以依据自身实际情况建立知识经验交流体系，增强内部人员之间的沟通，适时为学科服务队伍提供参与专业知识讲座的机会，以促进学科馆员知识的完善与更新。图书馆可以定时举办内部经验交流会，将不同专业、不同类别的学科馆员聚在一起进行服务经验交流；同时推动"以老带新"的机制建设，让经验丰富的优秀学科馆员带动新学科馆员，向其传授从事学科服务的工作经验，为新学科馆员日后开展学科服务做好准备。

（2）馆外培训。

为了让学科馆员开阔眼界、积累经验，图书馆可以有计划、有组织地安排学科馆员去往相应的馆外培训机构进行知识技能培训，或感受其他图书馆的学科服务建设，使学科馆员增长见闻，了解学科发展动态，以推进学科服务创新。馆外培训的主要形式有以下几种。

①参加学科服务经验交流报告会。学科服务经验交流报告会集中了优秀的学科馆员以及学科服务工作者新的、实用的实践经验，在会议上，来自各馆的学科馆员可以互相探讨、研究，从中挖掘各馆在学科服务中的成功经验，去粗取精，去伪存真，为本馆所用。

②参加学科馆员培训班或到学科服务开展得好的其他馆进行观摩学习。学科馆员培训班的设立为学科馆员的学习与成长提供了平台，学科馆员可以在这一平台快速掌握学科服务的相关技能，提高学科服务能力。到学科服务开展得好的图书馆进行观摩学习，可以向经验丰富的学科馆员学习相关知识，以迅速提升自身的学科服务能力，推动本馆的学科服务建设。

③到国外图书馆观摩学习。学科服务兴起于国外，国外的图书馆积累了丰富的学科服务实践经验，拥有前沿的学科服务管理理念，具备先进的学科服务技术与设备，这对于我国图书馆来说能够起到很好的借鉴作用，有条件的图书馆可以安排本馆的学科馆员到国外图书馆进行观摩学习，以促进先进的理念与技术在世界范围内广泛传播。

（三）引进学科馆员人才的培养

随着社会研究的不断深入，以及学科领域知识的不断扩展，学科服务的内容与形式不断更新，仅依靠图书馆现有的学科服务队伍无法满足社会与学科服务的实际需求。因此，图书馆需要引进专业的高素质人才，加入学科馆员队伍中，不断提高学科馆员队伍的能力与素质，完善学科馆员队伍的结构，全面提升学科服务水平。

（四）外聘资深学科专家兼职学科馆员的培养

资深学科专家是先进知识的掌握者与传播者，他们通常是具有很高学术造诣的人员，在其学术领域具有一定的权威，在其长期的学术研究过程中积累了丰富的学术经验。聘请这些学科专家加入图书馆学科服务队伍，可以为学科服务带来更具权威性、学术性和指导性的学科信息；但是这些学科专家通常不具备开展学科服务的经验与条件，因此，对这些学科专家也要进行相关能力的培养，如信息能力、技术操作能力、参考咨询服务能力的培养。只有这样才能使学科专家在图书馆学科服务建设中发挥最大的作用。

三、学科信息资源建设策略

（一）建立完善的学科信息资源保障制度

为学科建设提供有效的信息资源保障，要求图书馆必须建立健全学科信息资源保障体系，确定学科信息资源建设的目标、范围和计划等。首先，图书馆应建立由图书馆高层领导、学科专家和图书馆专业人员组成的学科信息资源建设委员会，以指导学科信息资源建设；其次，图书馆要明确本馆的级别、专业层面、服务范围、服务群体、科研重点等内容，依照本馆的实际情况设定发展目标与方向，确立学科信息资源进馆的原则、标准等；再次，要依据图书馆自身的经费条件等制订详细的经费计划，加强重点学科文献资源建设，保证图书馆的重点学科建设具有足够的资金支持，确保重点学科信息资源的形式、种类和数量完整；最后，图书馆应加强与其重点学科间的学术联系，与重点学科建立互相支撑、共同发展的良好平衡关系。

（二）增加重点学科文献购置经费

随着科学技术的深入发展，网络资源的不断丰富，出现了电子文献，并且得到了大范围的应用，这对于图书馆来说是一个很大的冲击。知识信息量的增加，以及学科水平的不断提高，使各类书刊与文献数据库的价格不断提高，而日益发展的电子文献信息并不具备价格优势。因此，图书馆应最大限度地争取经费支持，以保证学科信息资源建设的经费投入；同时，经费的设置要科学合理，对于重点学科与非重点学科之间的经费投入比例要全方位地权衡，以保证学科信息资源建设能够全面、系统地开展，从而促进图书馆特色资源库建设。

（三）优化资源结构，建立学科特色资源

图书馆要依据自身研究的重点专业、重点学科的特点进行文献信息收集与整理，确保图书馆馆藏文献的完整化与特色化，形成具有图书馆特色馆藏的学科信息资源布局。

1. 重视学科专业核心期刊的收藏

学科专业核心期刊是重点学科文献中的核心力量，其内容专业，信息资源丰富，学术水平高，研究成果往往反映了该学科或领域的前沿水准，能够得到该领域学者与用户的一致认可，对用户的知识研究内容与方向有很大影响，是重点学科文献收藏的首要对象。

2. 重视外文文献选订的比例

在科学与学术研究过程中,对外文文献的借鉴与参考是必要的。外文文献的实效性较强,参考价值高,体现了学科发展与科学技术发展的最新动态,是新知识、新信息的重要载体。图书馆应按照自身重点学科建设的特点,将资金投入具有很强的指导性与参考价值的、与学科建设相关的外文期刊和图书的采购中,并始终保证图书馆学科建设的前沿性与先进性。

3. 重视"灰色文献"的收集

"灰色文献"是一种新型的信息形式,该类文献通常不对外公开出版,但是所涉及的内容广泛,且观念新颖、见解独到,是目前国内外图书情报界公认的重点情报源之一。

4. 加强数字资源建设

在当今社会,数字资源建设相对于馆藏文献资源建设来说更具有实用性和必要性,数字资源建设既包括学科数据库的建设,也包括网络学科资源导航、学科机构知识库建设、学科新闻报道等。图书馆应充分运用自身的资源与技术优势,对网络中的资源进行组织与加工,为学科用户提供便捷、实时的学科服务。图书馆可以根据自身学科重点,建设具有自身特色的馆藏资源数据库,以最大限度地展现图书馆馆藏信息资源,为学科用户提供多元化的信息服务。

第四节 数字图书馆学科服务评价

一、学科服务评价的目的

图书馆学科服务评价在一定价值观念引导下,以一定的技术和方法对图书馆服务的所有信息进行收集,并根据这些信息对服务过程和效果进行客观衡量及价值判断。学科服务评价是图书馆工作规划中一个重要环节,是实现图书馆服务目标的重要方式。学科服务评价的目的有以下几个。

(一)指明服务方向,创新服务理念

学科服务方向是指从图书馆的管理运行体制到服务内容与服务手段都应体现图书馆学科建设的需求,最终目的在于为图书馆发展服务。服务评价可以对服务方向是否正确、服务手段是否合理进行判定。学科服务评价需要认定学科服务的计划、目标与发展方向,了解学科服务的思想建设,分析学科服务的管理过程,检验学科服务的最终成果。通过学科服务评价,矫正学科服务设计与开展中的不足,引导其向正确的方向发展、前进。

(二)改善服务条件

图书馆服务条件是指实施学科服务的物质条件,如学科服务的场

所、设施、人员、资金等，服务条件的好坏会对学科服务工作造成直接影响。通常一个物质条件优越的图书馆，其服务质量与服务水平相对于物质条件差的图书馆要高；然而，服务条件应与图书馆的实际情况相适应，条件的改善应与学科服务工作同步开展。如果学科服务的基本条件超出工作需要，是一种资源的浪费；如果学科服务的基本条件不能满足工作的基本需要，必然会阻碍工作的进行。因此，应对学科服务过程中的相关因素进行科学评价，找出其中的薄弱环节，并在此基础上制定改进措施。对于图书馆来说，通过学科服务评价能够准确判断学科服务条件中的不适应因素，对于这些因素可以优先加以改善。

（三）优化管理过程

学科服务管理是学科服务正常进行和有效实施的重点，是学科服务的重要保障以及可持续发展的支撑力量。对图书馆学科服务管理过程的评价，主要是指对学科服务管理过程中形成的数据信息进行统计分析。另外，对学科服务管理过程进行定性和定量分析，可以使学科服务管理更加高效合理，进而优化学科服务管理过程。

（四）提高服务质量

图书馆的服务质量是指图书馆进行服务的过程及服务产生的最终效果的优劣程度，表现为服务取得的效益多少、达到目标的程度以及问题解决的情况，最终反映在用户和服务组织双方的满意程度上。服务质量的高低一方面取决于图书馆的服务能力，另一方面体现在用户在接受服务过程中的心理感受上。用户是服务的直接接受者，如果用户能够主观感受到服务，并肯定服务带来的效果，那么就证明图书馆的服务质量较高，用户的满意度较高。学科服务是伴随着用户的实际需求出现和发展的，学科服务缺少了用户或者用户的满意和满足就很难立足。根据学科用户的满意度对学科服务进行客观评价是科学、公正、合理的，它降低了图书馆管理者对学科服务评价过程中的主观性，使学科服务评价结果更具有说服力；同时，用户对学科服务的满意度可以使图书馆学科服务机制的不足与缺陷显现出来，引导学科服务进行内容和形式上的转变与更新。将学科用户作为学科服务评价的重要群体，可以让更多的用户充分了解学科服务，激发学科用户参与学科服务的热情，树立其主人翁意识。另外，学科用户作为学科服务评价的主体，能够有效监督学科服务过程，对于推进学科服务开展、提升学科服务水平具有重要意义。

（五）提供决策依据

学科服务评价是了解用户对学科服务内在感受的有效途径，通过学科服务评价可以进一步了解用户对学科服务的真实需求，进而促进学科服务的完善与发展。学科服务的开展应与学科建设的客观实际相结合，学科服务的内容、方式与范围应与图书馆的可持续发展需要相适应。因此，图书馆在进行学科服务决策时要对学科服务评价结果进行充分的调查与论证，对调查的结果进行全方位的分析与判断，根据有效的评价结果改善现有学科服务的不足，推进学科服务内容的转变，为学科服务的深层次发展提供依据，为图书馆管理者提供可靠的决策证据。

二、学科服务评价的意义

学科服务评价有以下几个方面的意义。
（1）有利于学科服务工作的整体优化。

学科服务评价是图书馆学科服务体系中必不可少的环节，是促进学科服务进一步优化的保障。总体来说，学科服务评价充分考虑了学科服务体系中各层次之间的联系，是结合学科服务现状和实际工作目标对学

科服务过程中各项工作内容的综合性评价。在学科服务评价过程中,图书馆管理者与馆员会予以高度关注,这样更容易从不同角度、不同层面发现学科服务的优势与不足,提高对图书馆学科服务的认识,从而有针对性地对学科服务机制中的缺陷与不足进行改善与优化,为图书馆学科服务发展奠定良好的基础。

(2)有利于丰富学科信息资源。

学科信息资源建设是图书馆的根本任务之一,学科服务的开展需要得到学科信息资源的支撑。为了充分发挥学科信息资源的优势,保证学科信息资源建设符合学科用户的基本需要,为学科建设提供必要的资源保障,图书馆必须建立相应的学科服务评价标准,对学科信息资源的标准、原则、结构、规模、类型、数量、内容、质量、价值以及学科馆员选择资源的方式、资源现状、学科信息资源需求等多个方面进行科学、系统的评判,对学科信息资源中存在的不足进行进一步完善。

(3)有利于提升学科服务的质量和效果。

科学、客观的学科服务评价是提高学科服务质量的重要保障。通过经常性的学科服务质量评价,了解学科用户对服务的认同度、满意度,找出服务中的不足之处、不适应学科服务之处,并进行适当的调整和改善,使环境布局更加明确,设备配置更加合理,工作方法更加科学,工作任务更加清晰,工作内容更加合理,从而使学科服务机制更加全面、系统,实现服务机制的最优化。

(4)有利于提升图书馆的社会地位。

学科服务评价既是一个改造、完善图书馆自身服务机制的过程,也是一个宣传图书馆服务的过程。通过学科服务评价,可以增强学科用户对图书馆的认同感和满意度,引起社会与国家对图书馆的重视,有助于图书馆更新设备设施,提高学术环境,改进服务方式,提高学科服务质量;同时,学科服务机制的完善能够充分调动学科馆员的工作积极性,使其不断根据形势变化转变自身的服务态度与方法,全身心地为用户服务,以获得更多的用户认同,进一步提升图书馆的社会地位。

三、学科服务评价指标的构建

为了保证学科服务评价的顺利实施,必须建立一套能够保证预期目标实现与服务效果衡量的有效的指标体系。学科服务评价指标体系集中反映了学科服务评价的内容和方法,必然会直接对评价结果产生影响。因此,科学、合理的学科服务评价指标的构建势在必行。

(一)学科服务评价指标的设计要求

在对学科服务评价指标进行设计时,需要从图书馆学科服务的性质、特色与方法等方面出发,确定既切合实际又符合长远发展规划的评价指标,使评价结果能够切实反映学科服务的水平和质量。通常情况下,学科服务评价指标体系的设计应符合以下要求。

1. 科学合理

学科服务评价指标的设计要以科学合理为基本原则,从学科服务的现实情况出发,确定符合学科服务发展方向、能够准确衡量和反映学科服务规律及趋势的指标体系与原则,以保证指标体系设置的科学性与合理性。

2. 全面系统

学科服务工作是一个完整的、系统的过程,学科服务指标的设计也应从学科服务的整体出发,全面、系统地展现评价对象的基本情况。随着学科服务的广泛开展,学科服务评价的内容也日渐增多,这就要求在设计学科服务评价指标时,要从服务的整体性出发,充分地考虑到学科

服务工作的方方面面，使评价结果尽可能准确、可靠。

3. 简练、可操作

这里所说的简练、可操作，是指指标体系在全面系统的基础上应尽可能清晰、精练且可操作性强。进行指标体系设计时要分清主次，对重要的、影响较大的方面加以详细阐述，有些次要的、偶然性的评价内容尽量不放置在体系内，力求指标体系内容能够既全面又细化，同时具有可操作性。

（二）学科服务评价指标的设置原则

1. 现实性与前瞻性相结合的原则

学科服务评价是一项有意识、有目的的活动，通过对图书馆学科服务的现状进行评价，使图书馆学科服务不断发展与完善。因此，在设置学科服务评价指标时，应该结合图书馆学科服务的实际情况，通过评价为服务工作开展指明方向，同时还要了解未来学科服务发展态势，制定出具有前瞻性的学科服务评价指标体系，确定学科服务日后的发展目标与重点。

2. 定量与定性相结合的原则

客观存在的一切事物都是质和量的统一，当量积累到一定程度时就会产生质的飞跃，学科服务也不例外。在进行学科服务评价时，最直接的方式就是指标量化。为了保证学科服务评价在更充分的条件下进行，增强其可信度，在制定评价指标时，应以定量指标为主，定性指标为辅，尽可能地对各项指标进行定量阐述；然而，在具体操作中，很多指标是无法进行定量阐述的，因此需要先定性、再定量，从而间接获取量化数据。

3. 静态与动态相结合的原则

静态指标展现的是学科服务在某一时间节点上的情况，动态指标展现的是学科服务在某一段时间内的情况。为了保证评价结果的科学性与合理性，学科服务评价既不能停留在某一时间节点上，也不能只关注某一个时间段，而是应该从学科服务的整体发展出发进行权衡考量。因此，在设计学科服务评价指标时必须坚持静态与动态相结合的原则，通过对比各个时段学科服务的变化程度来反映学科服务的整体情况。

4. 整体与部分相结合的原则

学科服务作为一项全面、系统的工程，是由各个子系统与工作要素共同组成的，学科服务的开展是多种要素互相联系、共同作用的结果。因此，在进行学科服务评价指标设计时，不仅要考虑学科服务的整体性，也要对学科服务系统的各要素进行层次划分，建立起不同层次的子服务评价指标体系，通过服务评价对学科服务的各环节进行优化与改善，以保证学科服务系统的完整性与稳定性。

四、学科服务评价方法

（一）经验评价法

经验评价法主要以人的实际经验作为评价标准，包括观察分析法和调查研究法等方法，通常用于工作检查与工作总结中。由于人的主观意识不同，这种评价方法会受人的经验、眼界、知识等多个方面的影响，具有很强的随意性。通过经验评价一般很难得到客观、有效的评价结果。因此，这种评价方法通常只用于图书馆学科服务发展初期，在后期的发展中很少使用。

（二）定性评价法

定性评价法是指在评价者主观判断的基础上，按照已确定的标准对评价对象进行非量化的状态评价，具体包括现场访谈法、问卷调查法、学科专家评价法、对比法等方法。定性评价法在一定程度上体现了学科服务的价值，基本上可以反映学科服务的现状，能够处理一些不宜于定量分析的问题。在使用定性评价法时，由于评价者的知识储备与工作经验不同，或者评价者对被评价对象有明显的偏颇，评价结果可能会有很大的差异甚至歪曲。由于缺少相应数量的数据支持，定性评价只是一种抽象的评价，其说服力也有所不足。因此，在进行定性评价时，一般需要对评价结果进行可靠性分析。

（三）定量评价法

定量评价法是采用数学或统计学的方法，利用一定的数学模型来进行判断的一种方法，具体包括概率抽样法、模糊评判法等方法。客观上讲，定量评价法降低了评价者的主观随意性的影响以及价值或利益的偏差，它提供了一系列客观、精确、清晰的数据，是一种系统、客观的数量分析方法，其评价结果具有很强的可靠性。随着现代计算机技术的深入发展和广泛应用，定量评价法被广泛应用于多个领域，无论是图书馆学科服务评价还是其具体工作的评价都采用这种方法进行。

7

第七章
数字图书馆管理体系构建

第一节 数字图书馆的人力资源管理

人才和文献是图书馆事业的两大基础,也是构成图书馆生产力的基本要素。

所谓人力资源管理(Human Resource Management,HRM),是指组织为实现其一定时期的战略目标而对人力资源实行科学合理的更新、配置、使用、开发和激励的一系列管理过程。

一、图书馆人力资源管理

(一)图书馆人力资源

1. 图书馆人力资源的内涵

图书馆人力资源是指图书馆中拥有知识、经验、技能、个人魅力、团队意识,能为图书馆带来持久性效益,且提升图书馆价值的群体的总称;也可以理解为图书馆所具有的连续不断地获取、积累、利用和创造知识的组织能力。

在图书馆的科学管理中,能动性最强的是人力资源,它具有主动性、积极性和活跃性的特征。通过人力资源投资形成特定技术结构和人力资源存量,对不同形态和专业化功能的人力资源按照组织目标及要求加以激励使用、整合配置和协调控制,能够达到人力资源保值、增值,实现图书馆效率和价值最大化的目的。

2. 图书馆人力资源的作用

人力资源是图书馆生存和发展的基本要素与动力，对图书馆事业的发展有着决定性的作用。图书馆人力资源管理是为了顺利地实现既定目标，而对图书馆人力资源的获取、开发、保持、利用进行系统化管理的活动过程。具体来说，就是在图书馆的管理活动中"形成、培养、配置、周转、爱护、保全组织成员，建立组织及其成员之间良好的劳动关系，充分挖掘组织成员的劳动潜能，调动其积极性，激发其自觉性、创造性，以实现组织目标的全过程"。

图书馆人力资源管理旨在通过人力资源的合理调配与培训，建立图书馆组织机构与工作人员之间的良好互动关系，实现图书馆各种资源与人力资源的最佳结合。这是因为图书馆服务的开展，各种图书馆资源的利用、操作和配置以及图书馆形象的塑造都是由图书馆馆员来实现的。人力资源优化配置是提高图书馆核心竞争力的关键，是图书馆可持续发展的坚强基石。

（1）人力资源是财富形成的关键。

人力资源作为一种"活"的资源，不仅同自然资源一起构成了财富的源泉，而且还在财富的形成过程中发挥着关键性的作用。社会财富是由对人类的物质生活和文化生活具有使用价值的产品构成的。自然资源不能直接形成财富，必须经过一个转化的过程，而人力资源在这个转化过程中起到了重要的作用，将自然资源转变成各种形式的社会财富。应该说，没有人力资源，社会财富就无法形成。此外，人力资源的使用量也决定了财富的形成量，人力资源的使用量越大，创造的财富就越多；反之，创造的财富就越少。正因如此，人力资源被认为是影响财富形成的关键要素。

（2）人力资源是社会经济发展的主导力量。

人力资源不仅决定着财富的形成，而且是推动社会经济发展的主要力量。随着科学技术的不断进步,以及知识技能的不断提高,人力资源对价值创造的贡献力度越来越大,社会经济发展对人力资源的带领程度也越来越深。现代以及将来经济持续、快速、健康增长的主要动力和源泉不再是物质资源,而是人力资源。

正是因为人力资源对经济发展的巨大推动作用,目前世界各国都非常重视本国的人力资源开发和建设,力图通过不断提高人力资源的质量来实现经济和社会的快速发展。

(3)人力资源是图书馆组织的首要资源。

图书馆组织要想正常地运转,必须投入各种资源,而在图书馆组织投入的各种资源中,人力资源是首要资源,是保证图书馆组织目标得以实现的最重要也是最有价值的资源。

人力资源是促进图书馆效能发展的第一要素。图书馆人力资源的品德素质、行为能力与行为规范等是图书馆效能提高的基础、条件和手段。在影响图书馆效能的诸多因素中,人力资源是首要因素,也是最活跃的因素,是图书馆物质力量和精神力量的源泉,它决定了图书馆工作的质量,进而影响图书馆工作的效益。

3. 图书馆人力资源的构成

图书馆人力资源主要由管理者、信息技术人员、采编人员、参考咨询人员、报刊管理人员和流通管理人员构成。

(1)管理者。

管理者属于经营管理型人力资源,是图书馆内部具有经营管理能力的人才的总称,包括馆长、办公室主任、部门主任等。管理者是图书馆工作的领导者和决策者,是馆员群体的灵魂和核心。

在知识经济时代,图书馆管理者不仅是文献的保存者,更是文献信息的经营(整序、分流、开发)者,并应当成为文献资源、人力资源、设备资源的协调者。只有高素质的管理者才能带领全体馆员开拓创新,

成为图书馆实现数字化、网络化的领路人。

（2）信息技术人员。

信息技术人员负责图书馆计算机、网络和信息技术的整体规划，根据馆员提出的业务需求开发应用系统，是对系统运行进行日常维护和版本升级的专业性人才。信息技术人员根据图书馆的实际需求以及特定读者群的特点，运用馆内外文献资源建立数据库，帮助读者查找所需要的信息；通过网络与其他图书馆互联互通，实现资源共享，最大限度地利用图书馆的文献资源，充分发挥图书馆数据库的价值。图书馆系统功能完备，运行稳定且效率高，是图书馆业务效率高、服务质量上乘的保证。业务系统的优劣从根本上决定了图书馆的整体竞争力。

因此，信息技术人员作为图书馆技术创新型人力资源，在图书馆的发展过程中起着举足轻重的作用。

（3）采编人员。

采编人员是图书馆藏书建设和文献资源建设的主要责任者，他们的任务是合理利用经费完善馆藏，制定合理的订购标准，力求用较少的购书经费满足较多读者的阅读需求，保证馆藏质量；及时了解读者对馆藏的使用情况，正确处理馆藏与读者需求的关系；丰富并广开购书、购刊渠道，确保采购质量。图书馆网络化、自动化的发展，要求编目数据高度规范化、标准化。在联机编目环境下，编目工作已实现编目数据的共享，编目人员应努力提高编目数据质量，以保障图书馆自动化、网络化的顺利进行。

（4）参考咨询人员。

参考咨询人员既具有某一学科背景，又具有图书情报学专业知识和技能，是某个学科的信息专家，是学科知识导航系统的领航员。他们具有一定的服务能力以及与读者沟通的能力，为读者提供咨询、导向、查新、定题跟踪和培训等服务。充分利用现代网络技术，整合馆藏所有载体类型的资源和网络资源，主动向特定学科的读者提供个性化的信息服务，将图书馆的信息服务变被动为主动，变辅助型解答服务为研究型信息服务，使参考咨询人员直接地参与到科研工作中，实现与学科建设、与读者之间的无缝衔接和良性互动。参考咨询人员通过个性化的服务吸引读者，维护读者权益，是图书馆开展信息服务、参与竞争的主力军。

（5）报刊管理人员。

报刊管理人员负责图书馆中外文报刊的管理、编目和读者咨询等工作。作为报刊工作实践活动的主体，为了适应信息时代的需要，顺应报刊管理网络化发展的客观形势，报刊管理人员需要不断地提高自身的素质和能力。比如，在期刊文献资源的开发上，要注重深加工，形成文献信息产品；在报刊文献资源的服务上，要努力提高文献信息服务水平，突破信息服务的时空、地域的限制，提供多功能、全方位的文献信息服务；在对报刊文献资源的管理上，要实现报刊文献资源的信息处理标准化、信息检索自动化、信息传递网络化、信息服务多元化，以及服务手段现代化，实现真正意义上的报刊文献资源共享。

（6）流通管理人员。

流通管理人员在图书馆一线部门工作，直接面向读者。他们在长期的工作中积累了丰富的经验，熟练运用业务知识对流通书库的借阅、归还等业务进行指导，是确保图书馆基础工作正常运行的操作型人才。图书馆要提供高质量的服务，离不开具有良好素质的馆员。在图书馆的全面质量管理中，应通过各种措施提高馆员能力，并调动其积极性、主动性，发挥其创造性，使馆员的自我价值得到实现，以达到图书馆管理的终极目标，为读者提供优质的服务。

另外，图书馆还有其他行政人员和财务管理人员等，他们在图书馆的业务中充当不同的角色。

（二）图书馆人力资源管理的必要性

人力资源管理是图书馆持续发展的基础。人力资源是图书馆服务工作的主体，是图书馆事业的灵魂，是图书馆生存与发展的生命线。

1. 网络时代图书馆人力资源管理工作的需要

随着网络时代的到来，图书馆的人力资源管理工作发生了巨大的转变，大量高素质、高层次的创新型知识人才不断涌入图书馆，成为图书馆发展中的重要资源。加强对图书馆人力资源的管理，要构建科学有效的人力资源激励机制，把激励的手段和目的结合起来，改变思维模式，真正建立起具有图书馆特色、时代特点，能够满足馆员需求的开放的激励体系，使图书馆在激烈的市场竞争中立于不败之地。

2. 提高图书馆馆员综合素质的需要

图书馆馆员的素质关系到图书馆的长远发展，提高馆员的综合素质是进行人力资源管理的首要任务。图书馆只有确立以人力资源发展为核心的指导思想，对人力资源进行科学合理的规划、开发与管理，激发其潜能，才能提高工作效率，实现图书馆的可持续发展目标。

3. 图书馆人力资源配置结构的需要

图书馆的人力资源现状是缺少能够开展高层次、高质量的信息服务的复合型人才，人员配置处于结构性短缺状况。未来图书馆人力资源管理将逐渐确立以信息研究和信息技术人员为主、以传统技术人员和管理人员为辅的人力资源配置结构新模式。

（三）图书馆人力资源管理的内容与原则

1. 图书馆人力资源管理的内容

图书馆人力资源管理包括三个方面的内容：人力资源的分析与评

价，人力资源的开发和利用，人力资源的控制和激励。通过图书馆人力信息资源管理、招聘、调配、控制、培训等手段，实现求才、用才、育才、激才、留才的管理目标，使图书馆馆员与图书馆的工作保持最佳比例，达到最佳状态。

（1）人力资源规划。

图书馆的人力资源规划是指根据图书馆的发展战略和工作计划，系统地全面分析和确定人力资源需求的过程，如评估人力资源现状及其发展趋势，收集并分析人力资源供求信息和资料，预测人力资源供求的发展趋势，结合实际制订图书馆的人力资源培训与发展计划，等等。

（2）工作分析。

工作分析是图书馆人力资源管理中的基础工作，对各个工作岗位进行考察与分析，以便确定其职责、任务、工作条件、任职资格、享有的权利，以及相应的教育培训情况，最后形成工作职务说明书。

（3）馆员招聘。

根据人力资源规划和工作分析的要求，馆员招聘主要由计划、招募、测评、选拔、录用、评估等一系列活动组成。图书馆可以在内部聘任，也可以向社会招聘，按照平等就业、择优录用的原则招聘所需要的人才。

（4）馆员培训与发展。

馆员培训与发展主要包括馆员职业生涯规划、馆员发展、业绩评估等。对馆员进行培训和能力开发，可以促使馆员更好地提高工作效能，增强其对图书馆的归属感；对图书馆而言，可以减少事故，降低成本，提高工作效率和经济效益。

（5）馆员激励。

馆员激励就是利用各种因素激发馆员的动机，引导和强化馆员的行为，调动馆员工作的积极性，使之产生能够实现图书馆目标的行为的过程。

（6）绩效管理。

绩效管理是图书馆管理者参照工作目标或绩效标准，采用一定的考评方法，对馆员的工作表现和工作成果等做出评价。对绩效突出的馆员应进行物质和精神方面的奖励，对表现差的馆员则应给予批评甚至惩罚，目的是调动馆员的积极性，使图书馆人力资源管理工作健康、高效地运行。

（7）薪酬管理。

薪酬管理是图书馆人力资源管理的重要组成部分。图书馆要从馆员的资历、职级、岗位以及实际表现和工作成绩等方面综合考虑，制定具有吸引力的工资报酬标准和制度，以吸引和留住人才，激励馆员努力工作，最大限度地发挥人力资源效能。

（8）职业生涯管理。

职业生涯管理是个人和图书馆对职业历程的规划、对职业发展的促进等一系列活动的总和，包含职业生涯决策、设计、发展和开发等内容，有助于提高个人人力资本的投资收益，降低变换职业通道的成本，促进图书馆事业的发展。

（9）人力资源保护。

人力资源管理涉及劳动关系的各个方面，如劳动用工、劳动时间、劳动报酬、劳动保护、劳动争议等。图书馆应根据国家劳动保护有关规定行事，处理相关的劳动关系，以确保馆员在图书馆工作过程中的安全与健康。

2. 图书馆人力资源管理原则

图书馆人力资源管理是图书馆管理和发展战略中重要的工作内容，需要政府和社会的大力支持以及图书馆各级领导与管理部门的协同努力。从根本上说，图书馆人力资源管理的核心是优化图书馆人力资源结构以及合理使用专业人员，它直接关系到图书馆组织的生存与发展，也是衡量人力资源管理效果的主要标准。在图书馆人力资源管理活动中应遵循"以人为本"的指导思想，坚持体现以下几项基本原则。

（1）以思想和行为为中心。

以思想和行为为中心是图书馆人力资源管理基本思想的具体体现。图书馆工作人员是图书馆的第一资源，他们是图书馆工作的生命与灵魂。由于图书馆工作人员是一个精神和情感需求较高的特定群体，有着自己的理想与追求，渴望实现自己的人生价值。因此，在图书馆人力资源管理过程中应采取柔性管理策略，认真观察图书馆工作人员的思想和行为的变化，注重维护图书馆工作人员的利益，强调人性化管理，激发他们的工作热情，为其创造良好的工作环境，使之努力实现图书馆的既定目标。

（2）以需要和能力为标准。

以需要和能力为标准是图书馆人力资源管理指导思想的具体运用。图书馆人力资源管理主要是对各类专业人员的配备和使用。如何构建图书馆组织机构与工作人员之间的互动关系，实现图书馆各种资源与人力资源的最佳结合，是人力资源管理的关键问题。因此，在图书馆人力资源管理活动中应按照因事择人、因材施用的管理规律，根据工作岗位的实际要求来选拔和使用各类专业人员，并根据工作人员能力和素质的差异为其安排不同的工作。只有这样，才能够最大限度地激发图书馆工作人员的个人潜力和工作热情，使之产生理想的工作效果。所以，以工作需要和工作能力作为图书馆专业人员使用的基本原则是进行人事制度管理和人员配备的基本要求，也是提高工作效率和避免人力资源浪费的有效措施。

（3）以平衡和团队为动力。

任何事物都是处于运动和发展之中的，图书馆人力资源管理也是如此。随着社会的变化和发展，图书馆工作人员客观地存在适应社会的滞

后现象。因此，在调整图书馆与社会发展关系，做好图书馆组织机构的重组与变革的同时，还应进行相应的人力资源调整，以保持与社会和图书馆发展的动态平衡，同时也应注意图书馆人力资源的专业结构平衡、年龄结构平衡以及知识结构平衡。要做到这一点，就要不断强化图书馆工作人员的继续教育和业务培训，注重图书馆人力资源的引进与流动。通过对在职人员的继续教育，提高工作人员的工作技能和水平，改善图书馆人力资源结构，并通过对人员的引进改善和调整图书馆工作人员的能力结构，组成科学合理的组织团队，以团队的精神和力量推动图书馆事业的发展。

总之，图书馆人力资源管理应该建立在尊重知识、尊重人才的基础之上，充分发挥图书馆工作人员的聪明才智，调动其积极性。只有"以人为本"，强调人的主观能动性，合理组织图书馆人力资源队伍，才能使图书馆事业兴旺发达。

3. 图书馆人力资源管理目标

图书馆人力资源管理目标就是实现人力资源配置的最佳效益，提升图书馆人力资源的贡献率，提高馆员的整体素质和水平，实现读者素质的整体提高，推进图书馆组织建设的改革创新。

图书馆的人力资源管理目标分为三个层次，即直接目标、具体目标和最终目标。

（1）直接目标。

通过人力资源管理活动，如激励机制、奖勤罚懒，以及按业绩、劳动量、创造性进行合理分配等来吸引图书馆馆员、留住馆员、激励馆员和再培训馆员。

（2）具体目标。

通过调整机构设置，采用定岗、定员、定额管理模式，打破年龄、资历、学历、职称等的限制，让所有员工能进能出，职务能上能下，待遇能升能降，使优秀馆员脱颖而出，充分调动图书馆各类人员的积极性与创造性，从而提高图书馆的整体工作效率。

（3）最终目标。

通过图书馆有效的人力资源管理来保证组织的良性循环，促进组织的发展，增强组织的凝聚力以及适应不断变化的外部环境的灵活性。

二、图书馆人力资源管理的对象和原则

（一）图书馆人力资源管理的对象和内容

图书馆人力资源管理，包括人力资源的开发与利用两个方面。人力资源的开发，是通过人力资源的投资、培训、选择和保护等环节，提高人力资源的生产力，挖掘人力资源的潜力，保护人力资源的再生能力。人力资源的利用，是通过人力资源的计划、激励、绩效评估、沟通等环节，充分有效地使用人力资源，避免浪费，形成健康向上的竞争与文化氛围。人力资源开发和利用的目的是提高图书馆的工作业绩。对组织的业绩起决定性作用的是个人的业绩。影响个人业绩的主要因素包括个人特点、组织特点和工作特点，因此图书馆人力资源管理的对象是个人、工作和组织。图书馆人力资源管理包括人力资源的分析与评价、人力资源的开发和干预、人力资源的控制和激励。图书馆人力资源管理，就是找出影响图书馆人力资源潜能和活力发挥的因素，分析影响工作绩效的原因，从而有针对性地进行开发工作。

（二）图书馆人力资源配置原则和策略

1. 图书馆人力资源配置原则

人力资源配置就是根据经济社会发展的客观要求，通过一定的形式

和机制,科学合理地调配人力资源,从而使人力资源与其他资源合理有效结合,产生最佳的工作效果。简言之,人力资源配置是指合理分配人力资源,使之与组织中的职位实现有效结合的过程,它是人力资源管理的一个重要组成部分。

图书馆人力资源配置应遵循以下原则。

(1)整体配置原则。

要实现图书馆馆员的优化配置,必须结合馆情,从整体和大局上考虑人员配置,打破原有的人事管理体系,立足整体,优势互补,避免不必要的岗位重置和人员浪费。在充分发挥人员的特点和优势的基础上,形成一个完整的人力资源有机体系,最大限度地发挥图书馆的管理职能以及人的主观能动性。

(2)读者需求原则。

以读者的信息需求为依据来配置图书馆馆员,是任何环境下图书馆人力资源配置的根本指导思想。图书馆馆员的配置与读者的数量、读者水平以及读者对信息资源的需求直接相关,要以满足读者需求作为图书馆馆员配置的出发点和最终归宿。

(3)因地制宜原则。

图书馆馆员配置要符合图书馆实际人员结构的要求,做到因地制宜,即按图书馆人员层次进行图书馆馆员重组融合与调整布局,以达到合理配置人员的目的。

(4)动态发展原则。

图书馆馆员结构配置是一个动态的渐进过程,虽然有其相对稳定性,但总体趋势是变化的;另外,学科是动态的,图书馆馆员配置要随着学科和图书馆事业的发展进行相应的调整,使图书馆馆员配置满足图书馆事业发展的需要。

2.图书馆人力资源配置策略

（1）优化图书馆领导班子配置。

优化图书馆领导班子配置应注意以下两点：首先，图书馆领导要有较高的学识水平、较强的决策管理能力以及民主、严谨的工作作风；其次，要加强图书馆人力资源优化配置和整体规划，全面推行全员聘任制。

（2）合理设置岗位，优化人员配置。

由馆领导、业务骨干、外请有关专家等组成智囊团，根据图书馆工作和服务发展的特点，对各个岗位进行认真细致的调查研究，广泛搜集有关岗位职能方面的信息，如业务流程、工作强度、所需时间、所需技能、工作量等，对所取得的岗位信息进行深入分析；在此基础上，对比不同岗位的性质、专业技术性等因素，重新划分职能业务部门，确定各部门高级、中级、初级岗位的数量，建立合理的岗位结构，明确各级岗位的职责及任职要求，以达到合理配置人员的目的。

（3）加强馆员培训和继续教育。

在科学技术高度发展的今天，图书馆馆员不仅要适应传统意义上的图书情报工作，还要能够胜任一切基于网络知识信息的服务。因此，图书馆领导要根据工作性质、岗位特点、人员性格、专业和特长等，帮助和指导馆员设计职业发展规划，并积极争取和创造条件，为馆员提供培训、继续教育的机会，通过脱产、进修、函授教育和在职培训等多种形式，帮助馆员不断更新知识和技能，完善知识结构，提高学识水平。这不仅有助于馆员自身的发展，更关系到图书馆人力资源的优化配置以及工作效率和服务质量的提升。

（三）图书馆人力资源管理模式

组织的战略、人力资源管理和组织绩效之间有很大的关联。为了增强组织的竞争力，必须采取有效的人力资源管理模式。图书馆作为一个

组织，要提高工作绩效，就要实施有效的人力资源管理。简单地说，图书馆人力资源管理工作就是要实现求才、用才、育才、激才、留才的管理模式。

1. 求才

制订图书馆人力资源计划，设计统一的选才标准，建立双向选才机制。关键是树立良好的图书馆形象，靠形象吸引人才。

2. 用才

在尊重和信任图书馆员工的基础上，关心人才，大胆使用人才，使人尽其才，创造良好的用人环境，发挥人才优势。这里关键是要树立"以人为中心"的管理思想。

3. 育才

建立系统的图书馆员工培训教育体系，通过培训教育，开发人才潜力，使个人的职业生涯开发和图书馆的组织开发结合起来。关键是要形成"经营即教育"的管理哲学。

4. 激才

建立良好的员工激励机制，通过各种激励措施，充分调动人才的积极性。可以采用目标管理，配合考核、评估和奖励的机制。关键是要依靠企业文化的凝聚力。

5. 留才

树立"人才为本"的思想，珍惜人才，留住图书馆所需要的人才，以事业留人。关键是要满足图书馆员工的需要。

第二节　数字图书馆的物力资源管理

一、图书馆物力资源

（一）图书馆物力资源概述

1.图书馆物力资源的分类

与侧重图书馆中"人"的人力资源不同，图书馆物力资源侧重的是图书馆中的"物"，包括图书馆中的一切客观存在物，小到图书馆的每一个文字和符号，大到整个图书馆的场馆建筑。根据资源的特点以及所发挥的作用，将图书馆物力资源分为传统性资源、现代性资源和辅助性资源三大类。

（1）传统性资源。

传统性资源是图书馆基本的资源，一直存在于传统图书馆中。传统图书馆一般是指我们所熟悉的拥有丰富的藏书量和其他文献资料的、进行手工借阅和管理的、读者需要自己到图书馆进行借阅的图书馆。随着社会的发展，传统图书馆中的传统性资源也被转移到现代的复合型图书馆中，传统性资源主要包括不同学科的经典名著、一般著作和最新专著，各种不同类型的期刊、研究成果集刊、论文、工具书以及各种年鉴，这类资源有一个共同的特点，就是都是纸质文献资料。

（2）现代性资源。

20世纪末的图书馆现代化进程始于图书馆自动化,在这个进程中,随着技术的不断改进和革新,先后出现了"电子图书馆""数字图书馆""虚拟图书馆"等概念。它们都是计算机技术、多媒体技术、网络技术和其他相关技术发展的产物。运用当代信息技术,对文献信息资源进行采集、整理和储存,构成了图书馆中的电子文献和电子出版物。另外,利用现代网络技术,图书馆创建了各种新的服务平台。这些跟随图书馆现代化进程而产生的资源可以称作"图书馆的现代性资源"。

(3)辅助性资源。

除了前面提到的两种资源以外,图书馆还包括其他的一些元素,比如图书馆的大楼、自习室、阅览室、资料室等;还有图书馆内物品的陈设与摆放、张贴的字画、制作的宣传展板、个性化的寓意和象征设计等。它们不像传统性资源和现代性资源那样具有明显的存在价值,但它们对这两种资源价值的发挥具有重要的辅助作用,因此可称之为"辅助性资源"。它们给用户提供了一定的情境,是存在于图书馆中的一种隐性资源,会对用户产生一种潜移默化的影响。

2. 图书馆物力资源的建设

根据现代社会发展要求、用户需求以及图书馆的发展状况,图书馆物力资源建设要充分发挥传统性资源的人文优势,现代性资源的知识存储、传播和平台建设功能,以及辅助性资源的情境强化功能。

(1)发挥传统性资源的人文优势。

传统性资源使图书馆有一种人文底蕴,在当今社会,发挥图书馆的人文精神塑造功能是越来越重要了,这也是很多专家学者所呼吁的。因此,那些认为传统性资源终将退出历史舞台的观点是站不住脚的。在新的历史条件下,需要发挥传统性资源的人文优势,注重对它们的整理、保存、激活与创造。对每一个具体的图书馆来说,发挥人文优势的直接体现就是吸引更多的用户参与纸质型阅读,通过阅读,提升用户的精神内涵，塑造人文精神。

（2）发挥现代性资源的知识存储、传播和平台建设功能。

知识存储和传播方式的变革是与人们需求的变化相伴而生的。在现代社会，为了学习、科研和生活服务的便捷，人们更多的是利用网络技术来获取知识。图书馆应根据自身情况尽可能地拓宽路径，增加网络信息访问平台，为用户提供尽可能多的现代性资源，并为用户的访问提供技术支持。另外，以现代网络技术为基础的现代性资源在图书馆中还具有重要的管理与服务平台建设功能，比如，图书馆馆员对文献资料进行管理的网络信息平台，读者所拥有的个人数字图书馆平台，图书馆资源推广平台，以及图书馆开展参考咨询服务的网络平台，等等。为了更好地进行管理和提供服务，图书馆必须加强管理及服务平台建设。

（3）发挥辅助性资源的情境强化功能。

用户在进入一个图书馆之后，首先会经历一个对其整体环境进行审视和思考的阶段，当其符合自己的心理需求或者与自己的意义世界建立起联系时，就赋予了这一情境以意义，从而强化他们在图书馆中获取知识的行为，这是图书馆中的隐性资源所产生的潜移默化的影响。为了最大限度地发挥情境的强化作用，必须重视图书馆的环境建设，使组成图书馆一定情境的辅助性资源经得起人们的审视和思考，从而将图书馆塑造成舒适、宽敞，能够体现"人文思想"，书香味十足，且具备一定文化氛围的知识殿堂。在选址上，图书馆要考虑外部环境的自然和人文氛围，同时在图书馆建筑外观、内部空间布局、设施、建设、馆舍布置上采用具有象征意义的装饰，使图书馆具备一种强化读者接纳和吸收知识的情境氛围。

（二）图书馆物力资源的管理

图书馆物力资源的管理就是对图书馆的各种物力资源进行整合，在

这里借鉴企业资源整合的视角。从整合的过程来看，基于主次之分实现资源的最优配置；通过量的扩张以及系统内部组织结构的调整，使系统从一种运行状态转换到另外一种更有效益的运行状态。根据这一思路，图书馆的物力资源整合应该从整合的总体框架设计和具体模式构建两方面入手。因此，针对图书馆的物力资源提出"一主两翼"的嵌入式整合模式。

1. 以用户需求为导向的"一主两翼"模式

以用户需求为导向的"一主两翼"模式就是图书馆根据用户的需求，以现代性资源为主轴，以传统性资源和辅助性资源为"两翼"，对物力资源进行整合，这是对图书馆物力资源进行整合的总体框架。用户服务需求的内容与行为对图书馆是有直接影响的，图书馆资源整合要考虑用户的信息获取平台偏好与服务需求内容的偏好。从需求内容的角度来讲，用户主要是想方便、快捷地检索到服务于学习、科研和生活的各种知识，显然现代性资源可以更好地满足用户的这一要求。

用户的需求偏向导致图书馆中的现代性资源成为知识存储和传播的主要途径，使现代性资源成为图书馆发展的主轴方向，因而需要不断在平台建设、知识提供、技术革新上满足用户的需求；但是传统性资源的人文优势和辅助性资源的情境强化功能同样是图书馆必不可少的。这两种资源对主轴具有重要的支撑作用，可以看作是图书馆物力资源建设的两翼。缺少了两翼的现代性资源，就构成了研究者提出的虚拟图书馆或数字图书馆，使图书馆的建设落入了功利主义和技术主义的片面化窠臼。

2. 物力资源的嵌入式整合

上述三种物力资源在图书馆中具有不同的功能，它们也不是单独发挥作用的。在"一主两翼"的主框架下，需要采取嵌入式的整合模式。具体表现在可以利用用户的平台偏好将一些纸质文献资源转化为电子文献资源，提升经典传统性资源的推广度，也可以将一些用户需求比较大的电子文献资源转化为纸质文献资源，吸引更多的用户到图书馆进行纸质阅读，提升用户的阅读素养。另外，将著名书法字画等传统性资源嵌入辅助性资源中可以提升图书馆的人文氛围，将基于现代技术的现代性资源嵌入辅助性资源中可以营造舒适、优美、适合现代用户需求的阅读环境。图书馆中的个人数字图书馆终端、查询终端、咨询服务终端，以及电子屏幕中的图书利用各自平台进行相互嵌入，图书馆利用其官方微博、微信公众号、QQ群等对其传统性资源和辅助性资源进行推广介绍，利用图书馆指南、手册，以及宣传展板、悬挂的书画也可以对其他资源进行推广介绍。通过相互推广介绍，图书馆资源的利用率得到了提高，穿插其间的人文素养培养、知识提供和情境强化功能也相应增强，从而推动整个图书馆系统进入一个更高水平的运转状态，这种高水平的运转状态是通过良好的用户体验表现出来的，这也是图书馆物力资源建设所要实现的目标。

二、现代文献资源管理

（一）图书馆文献资源的管理

1.馆藏纸质文献资源的管理

图书馆馆藏纸质文献资源主要有中外文图书和报纸杂志两种类型。

（1）馆藏中外文图书的管理。

20世纪80年代以前，图书馆的馆藏文献是这样管理的：图书文献采购人员到馆后，先经过查点验收，然后进行分类编目以及各种加工处理，之后拨交给流通服务部门。流通服务部门完成新书的排架、上架工作后，才能流通借阅。在图书的分编加工过程中，要手工印制两套纸质目录卡片：一套供公务使用，称为"公务目录"；另一套供读者查询使

用,称为"读者目录"。公务目录和读者目录既可以按照书名排列成书名目录,又可以按照图书的分类号排列成分类目录,而且要有目录柜、目录室等设备设施。

进入20世纪90年代,随着计算机技术和网络技术在图书馆中的普遍应用,图书馆的馆藏管理有了新的变化。图书文献采购(采访)到馆后,经过查点验收,进行分类编目以及录入计算机系统、打印等加工处理,然后拨交给流通服务部门,进入流通借阅环节。图书的分编过程中不再需要印制纸质目录卡片,不再需要目录柜、目录室等设施设备。图书在经过分类编目、录入系统后,即形成图书馆馆藏数据,读者使用查询终端就可以查询图书馆的馆藏文献,而且可以通过分类号、书名、主题词等不同的途径来查询馆藏文献资源,十分方便;但是,这种现代化的管理方式也有其不足之处。比如,一旦出现停电或计算机、网络故障,就无法查询馆藏文献,也不能进行分类编目、录入等业务工作。

随着以人为本的理念日益深入人心,图书馆的馆藏管理逐渐转向以人为本的人性化管理。很多图书馆过去是闭架借阅服务,现在改为开架借阅服务;过去读者只能在馆内阅览室阅览报纸杂志,现在很多图书馆实行图书借阅与馆内阅览一体化服务,读者可以在书库内随意阅览各种馆藏图书。全开架的管理和借阅服务方式虽然方便了读者,但是馆藏管理的工作量增加了很多,图书的破损率和流失率也是比较高的。因此,在图书馆馆藏文献资源管理工作中,为了便于读者借阅和阅览,同时加强馆藏文献资源的管理保护,降低馆藏图书的破损率和流失率,图书馆应该实行有限制的开架管理和借阅服务。比如,应该规定一个库室内最多同时可以接待多少名读者,而不是像在超市里那样,到处都塞满了人,因为图书馆毕竟不同于超市。此外,有些珍贵的文献资料,比如珍本、善本、古籍图书等,不应该开架借阅和阅览。有些复本量很少的图书也不应该开架借阅和阅览。因为这类图书如果开架借阅和阅览,一旦破损或流失，就成了图书馆馆藏文献难以弥补的损失。

（2）馆藏报纸杂志的管理。

报纸杂志也是图书馆重要的馆藏文献种类。图书馆的报纸杂志一般是由图书馆的报纸阅览服务部负责订购和管理。所订购的报纸杂志到馆后，首先进行记到处理，然后上架，供读者阅览。图书馆的报纸杂志一般都是开架管理，馆内阅览。当一年的报纸杂志到齐以后，经过整理和登记造册，要么由图书馆自己装订，要么送到专门的厂家去装订。报纸杂志装订好以后，也要进行分类编目和录入系统等加工处理，然后收藏在过刊库内。过刊一般可以开架阅览，但是不外借。

2. 电子版书刊文献资源的管理

目前图书馆的电子版书刊文献资源是很多的。图书馆的电子版书刊文献资源，由图书馆采编部门采购以后，放在图书馆的网页上，读者只要登录图书馆网站，就可以阅览、利用这些书刊文献资源。图书馆的电子版书刊文献资源的管理，不需要太多的人力和物力，读者只要有上网的条件，就可以很方便地利用这类资源。

3. 光盘等音像文献资料的管理

图书馆中还有光盘、录像带、磁带、幻灯片等各种馆藏音像文献资源。其中的光盘、磁带等，有些是随书发行、随书订购的，有些是单独发行、单独订购的。图书馆可以在专门的视听室为读者播放这些音像资料。当读者需要借用这些视听音像资料时，应该进行认真的登记，当读者归还这些文献资料时，应该进行认真的查验，以免使这些文献资料受损。

（二）图书馆文献资源建设的原则

图书馆文献资源建设是一个长期建设和综合发展的过程，无论是从国家整体发展状况还是单体图书馆的发展情况来说，确立适宜的现代性

文献资源建设原则都是做好图书馆工作的关键。

1. 针对性原则

图书馆文献资源的建设要有针对性，也就是说，要从读者的需求出发，读者需要什么，图书馆就提供什么，这是一条基本原则。尽管图书馆不可能满足读者的全部需求，但应保证馆中的文献资源都是读者所需要的，没有需求的文献资源不必建设。只有提高文献资源建设的针对性，才能实现较高的文献利用率，避免文献资源的浪费。图书馆不应刻意追求馆藏文献资源的品种以及复本比例、载体类型比例，而应当把关注点放在对文献资源现实利用价值的追求上。

2. 特色化原则

在文献信息资源共建共享的背景下，特色化建设是图书馆现代管理的有力武器，如特色馆藏建设及特色服务方式。对于那些被放弃收藏的文献，可以通过共享途径向读者提供获取的线索，或者通过馆际互借或文献传递来满足读者的需求。

特色馆藏的建设不仅有利于文献资源的合理分布，还可以缓解文献购置经费短缺给图书馆造成的压力。

3. 整体性原则

图书馆被称为"文献信息中心"，拥有浩如烟海的文献资源。图书馆根据服务对象与服务目标建设自身文献资源体系，通常公共图书馆的文献资源体系是一个系统完整的分布式结构。因此，整个文献资源体系要共同建设、协调推进。从微观上看，一个图书馆应保证特色文献的系统性，以大多数读者需求为主，同时照顾特殊读者的文献需求；以主流观点文献为主，兼顾非主流观点文献；以主干学科文献为主，辅以分支学科文献、交叉学科文献、边缘学科文献；不仅要有系统完整的中文文献，还要有充足的外文文献；同时，纸质文献与电子文献兼顾。

4. 发展性原则

社会不断向前发展，科学技术不断进步，现代图书馆文献资源建设应随时代的发展而不断自我发展，把握科学发展潮流，走在科学发展前列，这是时代发展变化对图书馆提出的要求。现代图书馆文献资源建设不仅要认真考量当前科学发展现状，而且要对未来科学发展进行合理预判，如未来十年内社会信息化进程、网络化进程等，还要考虑到社会的发展以及读者需求的变化。图书馆的文献资源体系必须随着社会的发展和读者需求的变化而变化，为社会的发展提供文献信息保障。图书馆在进行文献资源建设时应进行充分的调查研究，分析馆藏文献的使用情况以及读者的需求意向，不仅要掌握目前的现时需求，更要有一定的预见性，把握未来可能的需求，建立起有效的文献采集动态调整机制。

5. 成本效益原则

成本效益原则，是指图书馆在文献资源建设中应合理使用经费，以最小的文献购置成本获取最大的使用效益。图书馆的经费是有限的，而资源是无限的，图书馆若要将所有文献资源收入囊中是不现实的，因此图书馆在进行文献资源建设时应有重点、有突出。在进行资源采购前需要对文献需求与利用情况进行调研，根据读者需求制定资源采购预算，并及时调整和重构馆藏发展政策与馆藏体系。投入产出效益是文献资源合理构成和配置的依据，图书馆在进行文献资源建设时应该树立投入产出的效益评价观念，每年对文献资源建设进行成本效益分析，对于利用率不高的资源减少投入，已购置的资源不再重复购置，杜绝不计成本与效益地重复投资、资源闲置等弊端出现。

6. 最优化配置原则

为了充分发挥图书馆的职能，释放馆藏文献的利用价值，必须优化文献资源配置。因此，必须正确处理宏观与微观、本馆采购与合作采购、馆藏价值与读者需求、收藏职能与服务职能、现实馆藏与虚拟馆藏等各

方面的关系,使文献资源体系在明确的方针下向着优化、合理的方向发展。图书馆在建设文献资源时需同时考虑馆方完成文献资源建设任务的需要及读者的偏好需求,在对馆藏文献资源进行系统规划和合理配置时,一是要根据图书馆存在不同类型读者需求不同的情况,兼顾不同类型和层次的读者的不同范围、不同深度、不同目的的文献需求,建立起适合不同层次需求的最佳的文献资源模式组合;二是要考虑不同文献载体的优点及缺陷,实现各种载体文献资源的优势互补,开展特色数字资源建设和网络虚拟资源建设,整合实体资源与虚拟资源,形成统一的馆藏体系。应当把馆藏之外通过共享网络可获得的虚拟资源看作本馆资源的补充。网络文献馆藏化和馆藏文献数字化的工作也是文献资源建设的重要内容。在文献采集过程中应兼顾纸质文献、电子文献和其他载体文献,兼顾文献载体和使用权购买,保持重要文献和特色文献的完整性和连续性。

7. 共建共享原则

随着互联网的不断发展,文献数字化已不是梦想,而且正在改变着图书馆文献收藏的格局。数字文献的产生与网络互联为信息共享提供了保障。图书馆之间可以通过互联网将数字文献互通有无,图书馆之间的文献资源建设可以通过协作来完成。世界各地越来越多的图书馆文献资源加入国际互联网络,图书馆通过计算机网络向其他馆和用户提供远程服务,同时也可以通过网络接受另一个图书馆的服务。文献资源共建共享为图书馆减少了不必要的开支,可以将节省下来的资源用于开展新的服务;而这种不受时空限制、远程利用其他馆藏文献资源的服务方式,拓展了传统图书馆的文献资源空间和服务空间,全球资源共享已成为现实。各图书馆在文献资源建设中应加强协作,重点建设本馆特色资源,在其他资源建设方面努力寻求合作,彻底改变封闭自守的状况。

8.扬长避短原则

图书馆的文献资源建设应以读者为主导，不能为建设而建设，应根据读者的需求，图书馆的服务目标、服务方式，读者的阅读喜好，以及不同载体类型文献的特点和图书馆的服务条件等，扬长避短，合理配置。尽管电子书越来越受欢迎，但大众仍保持着纸质书的阅读习惯，而对于期刊论文，读者更倾向于使用电子版，因为电子版更便于科研使用。电子图书是未来图书的发展方向，图书馆可以重点建设电子资源，最大限度地实现资源共享，在有限资源的条件下，开展丰富的服务。只有扬长避短，充分发挥资源与服务的优势，才能实现预期的效益。

三、现代图书馆建筑与设施管理

图书馆建筑是为图书馆搜集、整理、保藏、传播和利用文献资料而专门设计的公共建筑，一般为开架管理方式。完备的图书馆建筑一般可划分为书库（或文献资料库）、读者服务区、文献整理加工及管理区、公共活动区和辅助空间等几个部分。

（一）图书馆馆舍管理

图书馆馆舍管理主要是指图书馆的建筑设计和各部门的布局。

1.图书馆外部环境

这里所说的图书馆外部环境主要是指图书馆造型设计和选址。

（1）图书馆造型设计。

图书馆建筑要有自己的特色，既要满足功能上的需要，又要满足读者心理和精神上的需要。在进行建筑设计时，既要避免采用商业旅游设计手法以及片面追求豪华，又要给人以端庄大方、美观气派、具有时代气息和文化教育特色的感觉。

众所周知，当读者踏入图书馆大门时，首先感知的是整个图书馆的建筑造型以及图书馆所处的地理环境，它是读者第一印象的蓝本。从心理学的角度分析，一个外观美丽、有思想、有个性的建筑物造型，必然会引起人们的高度关注，并通过感官在感知的过程中产生良好的心理效应。首先，它带给读者的是一种美的享受，一种舒适的感觉。这种外在环境能刺激和诱发读者的学习热情，增进学习记忆和正确思考。其次，对图书馆工作者而言，在一个优越的环境里工作和学习，能产生一种自信感和自豪感，从而提高工作者的心理素质和业务素质。

（2）图书馆选址。

有了优美的建筑物造型，还必须选择一个与之相适应的地理环境。图书馆选址应遵循以下基本原则：一是方便读者借阅；二是地势高爽，环境幽静，自然采光通风良好；三是周围留有扩建工程。

关于选址问题，我国图书馆建筑自古以来就非常讲究环境优美，如全国著名的规模最大的北京图书馆老馆就有"北海碧波映书楼"之美称。我国现代图书馆建筑也保持着"园中建馆""馆中有园"的特色。例如：新建的北京图书馆选址在北京西郊紫竹院公园附近；深圳图书馆选址在该市荔枝公园旁；而浙江师范大学图书馆、西安交通大学图书馆等不仅在图书馆周围设有绿化带、小花坛，而且在大庭院内配置了造型美观的假山，种有翠竹，并设有喷水池或其他小品，景致十分优雅，真可谓地点适中，环境优雅，令人心旷神怡。

2. 图书馆内部环境

图书馆内部环境主要是指阅读环境。阅读环境设计的重点为视觉、听觉的环境设计。环境设计对于读者的视觉、听觉以及心理的影响，起着最为直接的作用。

（1）视觉设计。

在视觉设计中，光和色彩又是视觉感受最活跃的因素。光一般可通过自然和人工两种途径获得，前者称之为"采光"，后者称之为"照明"。如何使图书馆各个区域均能获得理想的采光，特别是控制日光，是一个重要课题。在国内图书馆设计中出现了一些好的模式，如带中庭的坐北朝南的图书馆建筑设计，这种设计可充分利用顶部的自然采光、通风的条件，符合现代化图书馆建筑的要求。实践证明，阅读环境中光的照度高低给人的感觉大不相同，光线明亮、照度适当的光照能引起感官的兴奋与刺激，使人心情愉快。

图书馆利用天然光或人工光形成光环境，可创造舒适明亮的学习环境与气氛，从而发挥读者的视觉功效，保障读者的视力健康和人身安全，振奋精神，提高阅读效率，满足其生理、心理功效及安全要求。图书馆窗的采光首先是根据建筑采光标准，规定采光系数，随后确定窗的形式、位置、大小、材料、构造。窗的位置、大小及室内空间布置对室内的采光亮度具有极大的影响，因而会显著地影响室内光环境。色彩在人们生活中的重要性亦不言而喻，色彩对人的心理的影响也是不可估量的。色彩作为组成客观的基本因素之一，在促进人体心理现象产生和转化方面具有奇特的作用。它对人有一种离心和向心的作用，既可以把人的组织器官引向环境，又可以把人的组织器官从环境引向人的内心世界。为此，图书馆建筑在环境色彩运用上务必要考虑到这一点。

（2）听觉设计。

人的听觉是由声波引起的，声波过强或过弱都会影响人的听觉，从而引起人的情感和情绪的变化。优美动听的音乐使人心旷神怡、精神振奋；刺耳的噪声，令人心烦意乱。图书馆的噪声主要来自馆外和馆内两个方面。听觉设计的首要任务是避免和减少噪声干扰。馆外的噪声来自附近的工厂、车辆以及行人的往来；馆内的噪声主要来自读者借还书过程中的走动、说话以及馆内各种设备的搬动。馆外噪声的声源不易控制，只能通过地理位置的选择来控制；但如果是在一个比较喧闹的地段建

馆，也可以通过建筑物本身的空间组织加以控制。

馆内噪声的排除和避免，主要是通过建筑设计和图书馆各功能区域的合理安排来解决。从建筑设计上考虑，适用的办法就是将噪声吸收隔断或采用噪声少的各种材料和设备。对于易产生噪声的区域可以采用隔墙、隔音门。另外，适当的平面布局对排除噪声也能起到良好的作用，针对图书馆内部各类用房，从声向的角度统一归为安静区、次静区和闹区，然后将这类区域做适当分离和隔断。如将闹区布局在最低层，安静区布局在最高层，对一些对环境有严格要求的用房则设置单独的研究厢。在区域面积比较大的阅览室，可采用书架、屏风等隔断来减少噪声的影响。

总之，图书馆是文化建筑，是传播知识信息的重要场所，其内外环境设计应具有文化教育的特色，要为读者创造一个安静、优美清新的学习环境，以适应读者的心理需求。

（二）图书馆设备类资产管理

图书馆设备类资产管理作为图书馆管理工作的重要环节，在提升服务效能、增强管理效率、防止资产流失，推动图书馆由传统型向现代化转型发展中，发挥着基础保障作用。

1. 动态管理资产

固定资产并不是固定的资产，它形似不动，但状态处在时刻变化当中。例如，原来库存的，经过申请领用开始启用，散布在全馆各个部门中；原来属于某个使用者的，随着使用者工作的变动产生了相应的变动；原来使用状态很好的，可能随着时间的推移出现了需要修理乃至入库待报废的状况；等等。对资产管理引入动态管理的理念，就是突破传统的数量管理方式，置资产的变化于动态掌握之中，在资产的调整和变化过程中达到优化资产配置、提高资产使用效率、减少资产流失的目的。实施动态管理,要做好以下工作。一是要完善资产的管理制度,用制度明确资产的各责任人的权利与义务。重视领用表、借用表、变更表、处置表在资产动态管理中的作用,完善表内项目设置。二是要完善资产定期盘点制度,做到账实相符,防止资产流失。三是要建立计算机动态管理数据库。借助计算机技术进行高效率的资产管理,包括资产的采购、入库、保管、使用、折旧、报废、租借等种种变动情况,实现资产管理科学化,资产掌握动态化。四是要加强对资产的维修与保养。对损坏的资产要及时进行维护乃至报修,以确保资产的较高使用率。五是要完善资产处置、报废制度。对使用部门提出报废的资产要从质量现状和使用时间上严格把关。联合技术部门进行质量评估,符合报废退出条件的资产要由主管领导进行最后审批。六是要实行资产全过程管理制度。首先要制定覆盖资产全过程管理的规章制度;其次要从"实物管理、价值管理、使用部门"三个层面建立相关部门的资产管理制度;最后建立联动的资产管理系统,真正实现数据共享。

2. 精准管理资产

对图书馆资产实施精准管理,就是摒弃那种"总金额没错既可向上级和财政交差"的粗放式管理理念,将资产管理由"面"精准到"点"细化到使用人、放置地点、使用状态等具体情况。织成细密的资产管理网络,纵横交错、点面结合,使每件资产都在纵横编织的交点上。

精准管理是对资产流动全过程的管控。当前条件下,精准管理的方式是将手工方式与计算机方式有效结合。一是严格执行入库制度、领用制度、报废制度。二是建立资产明细账、库存台账两本手工账。明细账要与财务的总账紧密贴合,完全按照总账的分类、排列顺序与金额进行明细登记,方便与财务定期对账。库存台账不可或缺,按照明细账的种类与顺序,每月对库存资产进行一次实物清点,核实无误后进行登记,在可能的情况下,将资产库存情况在内网公布,方便部门领用以及馆领

导对库存总量的掌握。这两本手工账是对资产计算机管理软件必要的补充。三是引入计算机条形码管理手段。为每件资产贴上带有条码的资产标签，并标明该资产在资产计算机管理软件中的编号、资产名称、型号、取得日期、资产自身序列号。因使用过程中，使用人及使用部门两项要素经常发生变动，所以不必注明。资产盘点时通过扫描资产标签条形码，归集扫描结果并与总资产进行自动比对，从而保证盘点的准确性，及时发现存在的问题。

3. 无形资产管理

现代化架构下的图书馆资产，已经不再是几架书、几张桌椅及几间房屋的实物形态概念，软件和信息资源等知识产权型新型资产在图书馆资产结构中所占比例逐年上升，如防火墙、图书管理软件以及为多媒体阅览区和校园提供公益服务的外购信息资源等都属于无形资产，这些无形资产在图书馆向社会提供更加有效的服务的过程中具有不可替代的作用。随着图书馆现代化进程的加快，这些无形资产的增速将进一步提升。因此，对这些无形资产的管理已成为图书馆资产管理的重要内容。

管理无形资产，不仅是资产管理人员的责任，还需要图书馆全员参与。图书馆应从内部加强无形资产的核算管理，重视无形资产的核算和评估。图书馆应建立无形资产管理责任制度，相关部门应配备兼职人员，进行有效管理；应充分掌握无形资产的特性，资产管理人员要与相关购买和使用部门保持良好的沟通与互动，依照财政部门给出的标准和办法严格管理。

第三节 数字图书馆的财力资源管理

一、图书馆的财力资源管理概述

图书馆作为一个为社会提供信息服务的非营利性公共组织,其业务活动的目的不是追求利润,而是为社会提供一种公益性服务,其所拥有的财务资源只是实现最终目的的手段,利润本身并不是图书馆的最终目标。加强图书馆的资金管理,增加图书馆资金的来源渠道,严格控制各项费用的支出,合理安排资金使用,从而使图书馆资金预算计划顺利完成,是保证图书馆正常运行的基础。因此,图书馆的财务管理就是在日常管理中遵循资金运转的客观规律,有效管理图书馆的财务活动及其所体现的财务关系。这里的财务管理包括资金的筹措和分配、制订财务计划和预算、设立专门的财务管理组织、实施财务计划和预算、进行财务监督的全过程。其目标就是控制图书馆的经济活动,提高经费使用的经济效益,维持图书馆良好的财务状况,为图书馆基础服务工作提供物质保障。

(一)图书馆财力资源管理的内容与原则

1. 图书馆财力资源管理的内容

图书馆财力资源管理所研究的是资金的分配、筹集、使用,经费支出是否符合预算,以及图书馆事业发展的问题。一般来说,图书馆财力

资源管理主要包括图书馆收入管理、支出管理、预算管理、资产管理、经费管理等内容。

图书馆收入是指图书馆为开展业务及其他活动依法取得的非偿还性资金，具体包括财政拨款及财政补助收入、上级补助收入、事业收入、经营收入、附属单位上缴收入、其他收入等。

图书馆支出是指图书馆开展业务及其他活动发生的资金耗费和损失，具体包括事业支出、经营支出、自筹基本建设支出、对附属单位补助支出、上缴上级支出等。

图书馆预算是图书馆根据事业发展计划和任务编制的年度财务收支计划。图书馆预算由收入预算和支出预算组成。图书馆的收入预算分为财政补助收入和非财政补助收入两个部分，内容包括财政拨款及财政补助收入、上级补助收入、事业收入、经营收入、附属单位上缴收入、其他收入和投入专款等项内容；图书馆的支出预算包括事业支出、经营支出、基本建设支出、对附属单位补助支出和上缴上级支出等项内容。

图书馆资产是指图书馆占有或者使用的能以货币计量的经济资源，包括各种财产、债权和其他权利，具体包括固定资产、无形资产、流动资产等。

2. 图书馆财力资源管理的原则

图书馆财力资源管理的原则是指图书馆财务管理工作中应遵循的基本规范。它们来源于财务管理工作实践，是在图书馆理财实践过程中抽象出来的并在实践中证明是正确的行为规范，是对图书馆财务管理工作提出的基本要求，也是评价图书馆财务管理工作质量的标准。图书馆财力资源管理的原则反映了图书馆理财活动的内在要求，对于规范各类图书馆的理财活动，防止各图书馆自行其是，确保图书馆财务管理工作的质量，实现图书馆财务管理的目标，具有重要意义。图书馆财力资源管理的原则一般包括以下几条：①依法理财原则；②勤俭节约原则；③

量入为出原则；④效益原则；⑤正确处理国家、图书馆和个人三者之间的利益关系原则；⑥责任性原则。

（二）图书馆财力资源管理的任务与目标

1. 图书馆财力资源管理的任务

图书馆财力资源管理的任务是依法筹集并合理有效地使用资金，对图书馆的各项财务活动实施有效的综合管理。具体包括以下内容：①加强图书馆预算管理，保证各项事业计划和工作任务顺利完成；②加强收支管理，提高资金使用效率；③加强资产管理，防止国有资产流失；④建立健全财务制度，实现图书馆财务管理的规范化和法治化；⑤按规定及时编报决算，如实反映图书馆财务状况；⑥加强财务分析与财务监督，确保图书馆各项活动的合理性与合法性。

2. 图书馆财力资源管理的目标

图书馆财力资源管理的目标是指图书馆财务活动所希望实现的结果，是评价图书馆理财活动质量的基本标准，是图书馆财务实践、财务决策的出发点和归宿，也是图书馆财务管理的行为导向，图书馆的一切财务活动都是围绕这个目标进行的。图书馆财力资源管理的目标是，努力增收节支，合理安排支出结构，严格控制经费支出，提高资金使用效益，充分利用有限的资金。

二、图书馆经费管理

（一）图书馆经费

1. 图书馆经费概述

图书馆作为一个公益性的文化教育机构，经费来源大多是以政府全

额拨款为主，以小部分创收以及非经常性的上级补助收入为辅。按现行经费制度，图书馆经费可分为两大类：包干定额经费和专项经费。包干定额经费由基本支出中的人员经费、公用经费及经常性业务费组成。一般来说，包干定额经费年初指标下达后不做调整也不追加。虽然近几年政府对图书馆工作越来越重视，财政拨款逐年递增，但实际也存在差额拨款的现象，有小部分经费必须自创才能达到收支的平衡。图书馆经费基数低，增幅小，总支出的增幅高于财政补助收入的增幅，人员费用占图书馆经费的很大部分，势必挤占业务费，影响图书馆正常业务活动的开展，因此经费紧缺困扰着图书馆事业的发展。

2. 图书馆的经费来源

我国图书馆行业的经费主要有以下五个来源渠道。

（1）国家财政拨款。

由中央或地方财政预算拨款是我国图书馆经费的主要来源。以三大类型图书馆为例，高等院校系统图书馆的经费来源于国家对教育系统的拨款，公共系统图书馆来源于国家及地方财政对文化事业的拨款，科学院系统图书馆来源于科研事业的拨款。目前，我国各系统图书馆的经费标准不一，存在系统、地区与行业的差异。

（2）单位集资。

由社会团体、企业、集体所有制单位等集资是我国图书馆经费的重要来源。

（3）社会捐助。

接受捐献与赠送经费及设备的图书馆虽不多，但不时仍有海内外名人志士以及友好团体、组织机构向图书馆捐献资金。我国有几所大学图书馆曾获得购买图书、建筑馆舍、扩充设备的资金。

（4）自筹资金。

自筹资金主要有两种方式：一是通过与社会团体、地方政府、厂矿企业及科研机构挂钩、协作，扩大服务范围筹措经费；二是积极开展有偿服务，在做好社会公益服务的前提下，利用代译、代查、定题、专题、复印等经营性活动方式筹措资金。

（5）从本单位预算中为所属图书馆拨款。

学校、科研机构、社会团体、企业、医院等从本单位每年的预算总额中拨给所属图书馆一定经费。有的按一定比例下拨；有的不按比例，而是根据总经费情况下拨，金额不固定。

以上几种渠道中，目前国家财政拨款仍是图书馆经费的主要来源。

（二）图书馆收入管理

图书馆收入主要包括财政拨款及财政补助收入、上级补助收入、事业收入、经营收入、附属单位上缴收入和其他收入。

1. 财政拨款及财政补助收入

财政拨款及财政补助收入是图书馆从财政部门取得的事业经费。其中财政拨款是主体，是主要收入；财政补助收入是追加部分，是补充。对这部分收入的管理既要保证图书馆体制内使用资金的需要，又要防止预算资金积压造成的浪费。在使用财政拨款及财政补助收入时，应在年度预算基础上，根据不同时期的事业计划或任务制订季度分月用款计划，按计划控制用款；应结合图书馆的事业计划完成情况、资金余额情况控制用款进度。坚持专款专用，不得随意改变资金用途。款项用途如需调整，应向财政部门申请，经批准后方可使用。

2. 上级补助收入

上级补助收入是图书馆从主管部门取得的非财政补助收入。这部分资金是由图书馆的上级单位用自身组织、集中下级单位的收入拨给图书馆的，是主管部门调剂资金余缺的机动财力。这部分收入是图书馆经费的一项补充。

3. 事业收入

事业收入是图书馆开展专业业务活动及其辅助活动所取得的收入，包括经财政部门核准不上缴的预算外资金和财政部门核拨的预算外资金，如技术服务收入、委托代培收入、复印复制收入、无形资产转让收入等。

对于图书馆事业收入的管理要求主要包括以下四个方面：①图书馆应当在国家政策允许的范围内依法组织事业收入，兼顾经济效益；②图书馆必须使用财政部门和税务部门统一印制的发票、管理制度，并坚持把社会效益放在首位；③图书馆必须严格按照国家批准的收费项目和收费标准收费，不得自设收费项目、自定收费标准；④图书馆的各项事业收入必须全部纳入预算，统一管理。

4. 经营收入

经营收入是图书馆在专业业务活动及其辅助活动之外开展非独立核算经营活动取得的收入。例如，图书馆可能会出租部分场地或设施，提供一些与图书馆服务相关的商业服务，从而获得一定的经营收入。

5. 附属单位上缴收入

附属单位上缴收入是图书馆附属独立核算单位按照有关规定上缴的收入。图书馆对附属独立核算单位的业务活动和上缴款项应实行调拨管理，加强调控和监督，执行企业财务制度。

6. 其他收入

其他收入是指上述规定范围以外的各项收入，包括投资收益、利息收入、捐赠收入以及其他零星杂项收入。图书馆的各项收入应全部纳入预算，统一核算，统一管理。

（三）图书馆支出管理

图书馆支出是指图书馆开展业务及其他活动发生的资金耗费和损失，主要包括事业支出、对附属单位的补助支出等。

1. 事业支出

事业支出是指图书馆开展各项专业业务活动及其辅助活动发生的支出。事业支出主要包括人员经费支出，以及为完成事业计划，用于公务、业务方面的公用经费支出。其中，人员经费支出主要有以下几项：①基本工资，是指国家规定的职工基本工资，包括图书馆工作人员的固定工资以及国家规定的津贴；②补助工资，是指国家统一规定的岗位津贴、价格补贴、地区性补贴、取暖补贴、交通费补贴等；③职工福利费，是指拨缴的工会经费按标准提取的工作人员福利费、独生子女费、职工探亲旅费等；④社会保障费，是指离退休人员的离退休金、缴纳的各项社会保险费及职工住房公积金等。公用经费支出主要有以下几项：①公务费，是指办公费、邮电费、水电费、公共取暖费，以及工作人员差旅费、设备和车辆保养修理费、机动车燃料费、保险费、会议费等；②业务费，是指图书馆为完成日常活动所需的消耗性费用开支以及购置低值易耗品的开支，如专业资料印刷费、考察研究费、差旅费、招待费等；③设备购置费，是指图书馆按固定资产管理的办公用设备、车辆等的购置费，图书购置费，等等；④修缮费，是指图书馆的公用房屋、建筑物及附属设备的修缮费，公房租金，以及公共设施修缮维护费；⑤其他费用。

对于事业支出的管理，有以下几点要求。首先，要严格执行国家规定的各项财政、财务制度，不得违反。各项支出必须按照批准的预算以及计划规定的用途和开支范围办理，不得办理无预算、超预算的支出。对于国家规定的各种财务制度和费用开支标准，必须严格遵守，不得任

意更改。其次，要勤俭节约，提高资金的使用效益。提倡勤俭节约、精打细算，反对浪费。本着勤俭办事业的精神使用每笔事业经费。既要考虑完成事业计划的资金需要，又要反对铺张浪费，合理节约资金。要采取切实有效的措施，加强图书馆经济核算，提高资金使用效益。再次，图书馆的各项事业应当保持合理的支出结构，特别是人员经费和公用经费应保持一个合理的比例。适当控制人员经费支出，相对增加公用经费支出，以更好地促进事业活动的不断发展。最后，事业支出要按照国家有关规定办理。

2. 对附属单位的补助支出

对附属单位的补助支出是图书馆使用财政拨款及财政补助收入之外的收入，对附属单位进行补助发生的支出。附属单位在其业务活动以及完成事业计划的过程中，以财政拨入和自身组织的款项不能满足自身支出的需要，因此要在财政拨款及财政补助收入之外再补充一部分款项给附属单位，这部分支出也应单独核算与管理。

高等院校图书馆与公共图书馆经费支出的主要区别在于，事业支出不包括工资及职工福利部分，不存在对附属单位的补助支出。

（四）图书馆预算管理

图书馆预算是图书馆根据事业发展计划和任务编制的年度财务收支计划。图书馆预算由收入预算和支出预算组成。图书馆的收入预算分为财政补助收入和非财政补助收入两个部分，内容包括财政拨款及财政补助收入、上级补助收入、事业收入、经营收入、附属单位上缴收入、其他收入和投入专款等项内容；图书馆的支出预算包括事业支出、经营支出、基本建设支出、对附属单位补助支出和上缴上级支出等项内容。目前，国家对文化事业单位实行核定收支、定额或者定项补助、超支不补、结余留用的预算管理办法；图书馆也不例外。图书馆预算的编制应遵循以下原则：①坚持以收定支、收支平衡的原则，图书馆预算应自求平衡，不得编制赤字预算；②坚持艰苦奋斗、勤俭节约的原则，挖掘内部潜力，努力增收节支，提高资金使用效益；③坚持严格划清经费渠道的原则，事业经费与基本建设投资不得相互挤占和挪用，并根据有关规定分别编制预算；④坚持完整性和统一性原则，图书馆必须将全部财务收支项目在预算中予以反映，并按照国家预算表格和统一的口径、程序及计算依据编制单位预算；⑤坚持实事求是的原则，既要考虑单位的需要，又要考虑国家财力的可能，保证重点，兼顾一般。

三、图书馆资金和资产管理

（一）图书馆资金管理

1. 图书馆结余的管理

结余是图书馆在一定期间内各项收入与支出相抵后的余额，主要包括事业结余和经营结余。事业结余是指图书馆各项收入与支出相抵后的余额。各项事业活动收入包括财政拨款及财政补助收入、上级补助收入和事业收入等。各项事业活动支出包括事业支出、对附属单位补助支出。经营结余是图书馆各项经营活动收入与支出相抵后的余额，包括各项经营活动的收入、各项经营活动的支出和税金。图书馆要按照规定的计算方法和内容正确计算结余，对全年收支活动进行全面清查、核对、整理和计算。凡属于本年的各项收入都应及时入账，凡属本年的各项支出都应按规定的支出渠道列报，如实反映全年的收支结余情况。经营收入要与经营支出对比进行结算，以正确反映经营收支结余。其他各项收入之和要与支出之和相对应进行结算，以正确反映事业结余，两者不能混淆。

对于结余的分配，事业结余应按规定进行分配。经营结余一般应按

规定缴纳所得税，然后与事业结余一起按比例提取职工福利基金。提取的比例由主管部门会同财政部门确定。图书馆结余分配后，剩余部分转入事业基金，用于弥补以后年度的收支差额。

2. 图书馆专用基金的管理

图书馆专用基金是按照规定提取或者设立的专门用途的资金，包括修购基金和福利基金。修购基金是按照事业收入和经营收入的一定比例提取，在修缮费和设备购置费中列支（各列一半），以及按照其他规定转入，用于事业单位固定资产维修和购置的资金。职工福利基金是按照结余的一定比例提取，以及按照其他规定提取转入，用于图书馆职工的集体福利设施、集体福利待遇等的资金。

专用基金按规定一般不直接参加业务经营活动，其运动过程具有相对独立的特点：①专用基金的取得均有专门的规定，其使用也有专门的用途和范围，一般不得占用和挪作他用；②专用基金的使用均属一次性消耗，没有循环周转，不能通过专用基金的支出直接得到补偿。专用基金的管理应遵循"先提后用、专设账户、专款专用"的原则。"先提后用"是指专用基金必须依据规定的来源渠道在取得资金以后方能使用。"专设账户"是指各项专用基金均单独设立账户进行管理和核算。"专款专用"是指各项专用基金的使用应合情、合法，按规定的用途和使用范围安排开支，不得挪作他用。各项开支不得超出基金规模。

（二）图书馆资产管理

1. 流动资产管理

图书馆流动资产管理包括以下内容。

（1）货币资金管理。

货币资金是指企业在生产经营活动中停留在货币形态的那一部分资金，包括现金及各种存款。要做好这一管理，具体要求如下：①做好现金管理，遵守国家规定的现金管理条例；②做好转账结算，以维护企业自身利益，加速资金周转。为此，应做好货币资金收支的预测，确定货币资金最佳持有量，编好货币资金收支计划，使货币资金收入和支出达到平衡。

（2）银行存款管理。

银行存款是图书馆存入银行和其他金融机构的各种款项，其流动性仅次于现金。图书馆的货币资金除库存现金限额内的少量现金外，其余必须存入银行。货币资金的收支除按规定用现金办理结算外，其余必须通过银行办理转账结算。为了防止银行存款被挪用、截留或发生差错，应建立起完善的银行存款管理制度。

图书馆在银行或其他金融机构开通账户时，必须填写开户申请书和印鉴卡片。印鉴是开户银行和开户单位约定付款的依据。开户单位开出的支付凭证必须加盖与预留印鉴相同的印章，银行或其他金融机构方可受理。印鉴一般包括单位公章以及负责人和财务主管的印章。

这些印章应分别由不同人员保管，以起到内部相互制约的作用。银行印制的支出结算凭证，单位领取后应由专人保管，使用时按号码顺序签发。如发现填写错误，应加盖"作废"戳记，连同存根一起保留。不得签发空头支票，不许套取银行信用。

（3）存货管理。

存货是图书馆在开展业务活动及其他活动中为耗用而储存的资产、办公用品，以及不作为固定资产管理的低值易耗品，如工具、仪器、仪表、各种材料、照明设备等一般用品。图书馆可以根据自身的业务规模，采取适宜的存货管理方法。对于存货品种多、数量大、价格高的单位，应对存货进行详细划分，分别管理与核算；对于存货品种少、数量小、价格较低的单位，可以对存货划分细类，实行综合管理与核算。此外，图书馆还应建立健全存货的购买、验收、进出库、保管、领用等管理制

度，明确责任，保证存货安全；尽可能降低存货的库存量和损耗，提高存货的使用效益；对存货定期或不定期地进行清查盘点，防止流失。

2. 固定资产管理

为了保护固定资产的安全与完整，应定期或不定期地对固定资产进行清查、盘点，年终应全面清理盘点一次，包括查明固定资产的实有数和账面结存数是否一致，固定资产的保管、使用、维修等情况是否处于常态。如果发生问题，应及时查明原因，酌情处理。对于不能再继续使用的固定资产，应当按照规定的程序予以报废；对于闲置或者不再适用的固定资产，应当按照规定的程序予以转让。固定资产的变价收入应当作为修购基金使用。

3. 无形资产管理

无形资产在现代社会中的地位和作用日益突出，现代图书馆必须重视无形资产的管理。

现代图书馆应大力宣传无形资产知识，增强无形资产意识。例如，图书馆馆员要意识到良好的声誉是图书馆综合发展和历史积累的结果，对提高图书馆的社会地位、推动图书馆事业的健康发展具有重要的作用。现代图书馆还应该建立无形资产管理机构，完善无形资产管理制度。图书馆设立专门的机构负责无形资产管理工作，有利于有规划、有目标、有步骤地实施管理，便于创立和积累无形资产，以及制定有效措施防止图书馆无形资产流失。

现代图书馆必须充分认识到馆员与读者之间的良好关系这一无形资产的重要性。图书馆的生存与发展离不开读者，馆员与读者之间的良好关系是图书馆宝贵的无形资产。图书馆馆员拥有丰富的馆藏知识，掌握现代化的信息技术以及信息检索方法与技巧，这些也是图书馆宝贵的无形资产。图书馆要充分调动馆员的积极性，激发馆员的创造力，使馆员的智力资源得到充分利用。社会环境的变化使图书馆面临人才流失的困境，在无形资产管理过程中如何以人为本、吸引更多的优秀人才是现代图书馆必须解决好的问题。

第四节　数字图书馆的行政管理

一、图书馆行政管理概述

（一）行政管理

行政管理是运用国家权力对社会事务进行的管理活动的统称，也可以泛指一切企业、事业单位的行政事务管理工作。行政管理系统是一种组织系统，它是社会系统中的一个重要分系统。

广义上，行政管理是指一切社会组织、团体对有关事务的治理、管理和执行的社会活动；也指国家政治目标的执行，包括立法、行政、司法等。狭义上，行政管理是指国家行政机关对社会公共事务的管理，又称为"公共行政"。

随着社会的不断发展，行政管理的对象日益广泛，包括经济建设、文化教育、市政建设、社会秩序、公共卫生、环境保护等各个方面。现代行政管理大多应用系统工程的思想和方法，以减少人力、物力、财力及时间上的支出和浪费，提高行政管理的效能和效率。

行政管理是一门科学，在《行政管理学》中，"行政管理"是指行使国家权力的机构的管理活动，也指机关、企事业单位、社会团体等内

部管理工作。行政管理包含行政目标、决策、计划、组织、职员、经费、方法等诸多要素，具有指令性、指挥性和执行性的重要特点。

（1）一切行政管理活动都是直接或间接与国家权力相联系、以国家权力为基础的。

（2）行政管理是根据国家法律推行政务的组织活动。在执行中又能动地参与和影响国家立法与政治决策，制定政策是行政管理的一种重要活动方式。

（3）行政管理既管理社会公共事务，又执行阶级统治的政治职能。

（4）行政管理要讲究管理的效能和效率，通过计划、组织、指挥、控制、协调、监督和改革等方式，高质量地实现预定的国家任务，并达到应有的社会效果。

（5）行政管理是人类改造社会的实践活动的一个特定领域，有它自身发展的客观规律性。

（二）图书馆行政管理的特点

行政管理的要素是发挥人的潜能和积极因素，抑制其消极因素。图书馆的行政管理具有强制性、导向性和凝聚性等特点。

1. 强制性

任何集体都需要有统一的目标、统一的意志、统一的纪律，而要做到这些，必须依靠硬性的行政手段产生的约束力来实现，图书馆作为一个整体也是如此；但图书馆不同于其他行业，全面采取硬性管理是不行的，应根据其自身的特点，只在某些方面采取强制性的措施，这是十分必要的。强制性的范围有不可动摇性，触犯者必须受到相应处罚。

2. 导向性

图书馆的导向管理十分重要，有时可达到事半功倍的效果。图书馆的导向管理主要包括以下内容。①制度导向。尽管图书馆的基本特征相同,但情况不一。外部环境、人员素质、设备状况、基础条件等差异很大,因此要根据自身条件及工作需求程度来确定一些导向措施。②行为导向。图书馆管理中最关键的问题是人员管理问题。工作的好坏、服务质量的高低,完全取决于人员的素质和工作态度。尽管每个图书馆都有强化的管理措施、严格的规章制度,但主动与被动、积极与消极必然是两种工作效果。这就要求馆领导要有一套以情感人、以理服人、以身正人、以力助人的工作方法。要创造出一个宽松稳定的工作环境,使每个员工都能感受到组织的关怀和集体的温暖。

3. 凝聚性

一个单位凝聚性的强与弱,要看它自身是否具有活力,而图书馆的基本特征决定了自身活力不强。因为国家财力有限,对图书馆的投资不多,影响着图书馆的总体发展,加上社会价值取向的多元化冲击着图书馆的管理,也给每个职工带来了不同程度的负面影响。所以,要增强自身活力,就要着力提高职工的工资水平和福利待遇;同时要给优秀的年轻同志以适当的待遇,营造"拴心留人"的氛围。

(三) 图书馆行政管理的基本内容

1. 人的管理

人是图书馆行政管理中最活跃、最积极的因素,物质资料是由人去掌握和使用的,只有把人管好了,物质资料才能发挥最佳效益。所谓管理,归根结底是对人的管理,而人管理得好坏直接影响到工作效益的高低;如果是企业,将直接影响到产品质量、经济效益。图书馆工作虽然不能直接影响产品质量、经济效益,但它关系到文献资源的开发利用和信息时效,关系到服务态度和服务质量,关系到图书的流通、读者对信息和知识的获取。因此,图书馆行政管理应把人的管理放在首位,把调动人的积极性、主动性、创造性视为管理的核心。

要提高馆员的整体素质和职业道德,充分调动其积极性、主动性和创造性,必须重视和加强职工的思想政治教育。要建立健全学习制度,坚持不懈地组织职工学习政治,时事,图书馆的方针、任务及其承担的社会职能。结合本馆的性质和特点,对职工进行职业道德教育,使广大职工真正树立"读者第一"的职业道德风范,自觉地弘扬职业道德,树立正确的世界观、人生观、价值观,并强化服务意识,使职工懂得应忠诚于人民的教育事业和文化事业,恪守职业道德,认真履行岗位职责,发扬爱党、爱国、爱馆、爱书、爱读者"五爱"以及敬业、爱业、奉业"三业"精神,把这种爱倾注到服务中去,在为读者服务的无私奉献中体现出自身的价值。管理者要善于结合本馆的情况以及职工思想的实际,有的放矢地开展耐心细致的思想工作,深入群众,注重调查研究,及时掌握职工的思想情况,解决职工的实际困难。

2. 规章制度的制定

建立健全合理的规章制度是图书馆实行科学管理的重要依据,也是图书馆改进工作作风、提高工作效率、加强职工队伍建设的一项极其有效的措施。图书馆工作是一项学术性、业务性、服务性很强的复杂劳动。图书馆要进行科学管理,必须根据自身工作的特点和发展规律,依法治馆,制定一套行之有效的规章制度,以限制和约束人们的行为,才能保证管理沿着科学化、规范化的方向发展,才能真正实践决策正确、督促有力、协调有方的管理模式,使图书馆的工作达到最佳状态,实现图书馆总任务和总目标。一套完整的图书馆规章制度应包括馆、部、室的职责,各级管理者的权利与义务,会议制度,行政、业务及服务工作岗位要求,各岗位的工作细则、标准、条例,流通阅览、参考咨询、自动化手段规范,规章制度的行政管理和监督执行,考核、考勤奖惩办法,等等。健全的规章制度,是有效的管理工具。它不仅有制约作用,还有激励作用,激励工作人员努力做好工作,完成或超额完成馆里下达的工作任务；使职工在工作中有章可循，成为管理的重要依据，能使图书馆各项工作向着预定目标顺利地运行。随着各种规章制度的不断完善，可以大大减轻图书馆日常管理工作的压力，使馆领导能够有更多的精力和时间去思考，开拓工作新局面，处理一些重点、难点问题。总之，建立健全各项规章制度，对加强本馆的管理水平、提高职工队伍的整体素质和工作效率有着不可替代的重要作用。

3. 经费管理

经费是图书馆顺利开展各项活动的支柱，是各项工作正常运转的基本条件。近年来，各级领导越来越重视对图书馆经费的投入，投入也逐年增加；但是虽有投入的加大而无有效的管理，也会造成经费浪费和流失。随着投入的不断增加，图书馆面临着如何更好地科学管理及有效使用有限的经费等问题。尤其是我国目前经济还不够发达，制约图书馆发展的物质因素不可能在短时间内得到解决，这就要求行政管理工作必须充分发挥主导作用，运用管理手段使有限的财力最大限度地发挥作用。众所周知，图书是图书馆开展服务的物质基础，没有图书，图书馆就没有生命力，更谈不上服务、效益和职能。因此，行政管理中的经费管理应本着统筹兼顾、轻重缓急、确保效益等原则，有明确的指导思想，既要保证购书又要优先业务建设，每年的经费都必须保证合理分配、全面安排，特别是在购书经费的使用上，必须做到以下几点。第一，必须专款专用。严格按预算办事，不能与正常预算经费相互挤占挪用，使有限的专用经费发挥更大效用，确保采购计划的完成。第二，必须有效地使用经费。要根据本单位的任务、专业建设、藏书结构、读者对象及本馆特色来确定当年的收藏范围、收藏重点及采购原则。严把采购质量关，坚决抵制非法出版物以及质量低劣的图书入藏，复本量要适当。第三，必须合理安排经费。结合本馆藏书结构及本馆经费状况确定采购方针，实行书刊采购的科学管理，建立适合本馆实际的藏书体系。此外，要完

善采购管理监督机制，重视订单复审与新书验收，明确采购的金额、品种和数量，尽可能地避免错购、重购、漏购。要努力提高图书馆采购人员的素质。对图书馆的业务经费、办公费等也要进行科学管理、有效使用，严格控制不必要的开支。

4. 设备管理

自动化设备是图书馆的重要组成部分，它关系到图书馆各项工作的顺利开展，也影响着图书馆的建设与发展。尤其是在信息化、网络化的当代，加强对自动化设备的管理显得尤为重要。怎样才能把设备管理好？管理核心有两点：一是培养和配置专职设备管理员，充分调动管理人员的积极性、主动性；二是保证设备的完好率，以及提高设备利用率。首先要对设备进行科学化、标准化、规范化的管理。近年来图书馆事业发展迅速，现代化建设、设施建设成效显著。一部分图书馆非常重视设备管理工作，已经建立了一套科学化、标准化、规范化的管理系统；但还有相当一部分图书馆没有本馆的设备管理系统，需要馆长从思想上引起足够的重视。一套科学化、标准化、规范化的设备管理系统是维护图书馆正常有序工作的必要保障，也是图书馆管理软件的重要组成部分。其次要建立严格的设备管理制度。现代化设备投入大，价格昂贵，种类繁多，设备精密，建立严格的管理制度，采取科学的管理方法非常有必要。做好设备管理的目的是保证设备的完好率，减少故障，延长设备使用寿命，充分发挥设备的作用；做好安全管理是为了保证设备的安全操作，注意防火、防盗，因此一定要指定专人负责各项安全防范工作。例如，电子阅览室、计算机室和检索室等必须有专职人员负责系统的运行和维护，实行专人专机，做到人尽其能、物尽其用，以最大限度地提高设备的使用率，保证设备的完好率。

5. 优化环境

环境体现了单位的风貌，影响着个人的情绪，更制约着各项工作的开展。良好的环境,可以使一个人精神振奋,可以使一个群体士气高昂,可以使一个单位蒸蒸日上。优化馆内阅读环境,不仅可以树立起图书馆良好的整体形象,而且可以在"两个文明"建设中发挥积极作用。图书馆环境的好坏,直接影响到读者的心态,也影响到读者的数量。怎样为读者创造良好的学习环境,让成千上万的求知者在舒适的环境中认真学习,汲取精神营养,受到文明的熏陶,收到更好的学习效果,是行政后勤工作的一项重要内容,也是图书馆工作的目标与宗旨。因此,要舍得对图书馆行政管理工作进行投入,逐步改善和优化图书馆环境。首先,图书馆要营造一个健康向上的政治环境。运用橱窗、黑板报、演讲会、报告会等形式,大力宣传图书馆,重点推荐新书、好书、电子资源,及时宣传社会上和本单位的好人好事、一些先进典型,以弘扬正气。其次,图书馆要努力营造宽松、和谐的人际关系环境。人际关系是在人际交往中形成和发展起来的人与人之间的心理关系,好的人际关系环境的形成,能促进各项工作的顺利开展。要想使图书馆的工作得以顺利开展,也要有较理想的人际关系环境。

图书馆的人际关系主要有三种,即管理者之间、管理者与工作人员之间、工作人员之间的相互关系。这些关系处理不好,必然会影响工作效率和服务质量。针对图书馆女职工比较多的特点,要注意了解她们的需要与心理需求,采取必要的管理措施,使她们把注意力转移到有意义的工作上,以减少人际间的不必要的摩擦和矛盾,创造一个和睦、融洽、愉快的人际关系环境。

6.办公室管理

图书馆办公室是行政管理的中枢,是综合性的管理机构,是落实领导决策,沟通上下、联结左右、协调内外,完成上级组织交办事项,保障全馆正常运行的重要部门,也是图书馆的一个"窗口""门面"。只有充分认识它的重要地位并发挥其作用,才能确保全馆行政管理工作顺

利开展。办公室工作概括起来应做好三件事情。第一，参与政务。遇到全馆性中心工作，在领导决策前提供必要的信息、数据，提出可行性方案供领导选择，主动为领导出谋划策，做好超前服务。当贯彻落实领导决策后，要做好组织协调和保障工作。办公室要抓紧落实领导决策，搜集、了解决策落实情况和相关意见，密切各部门之间的沟通与联系，及时向领导反映汇报实施过程中产生的各种情况、意见。最后应对决策落实情况，特别是效果，进行综合性总结，及时向上级部门报告，有的政务还应向全馆人员通报，使领导有的放矢地工作，取得最佳的工作效果。第二，管好事务。图书馆馆长的日常工作很多，要及时处理的事情也比较多。这就要求图书馆办公室的人员必须积极主动地帮助馆长办事情，干实事。办公室不仅经常处理例行的日常事务，还要处理各种临时性、突发性的事务，如公务接待、安全保卫检查、工作检查等。第三，做好服务。服务是贯穿办公室各项工作的主线。办公室工作人员要积极适应单位职能的转变，不断转变服务观念，把工作的重心与重点转移到为全局、为基层、为群众的服务上来。这里的服务包括两方面内容：一是馆内的服务工作，二是馆外的服务工作。这些服务工作看起来很一般，甚至是不起眼的，但如果做不好，就会影响职工的情绪，影响全馆工作的顺利进行，有的甚至会影响到图书馆队伍的稳定、团结，对外则影响图书馆的形象。

图书馆行政管理是图书馆整体管理的重要组成部分，是做好业务工作和读者工作的关键。

（四）图书馆行政管理的基本原则

图书馆行政管理的基本原则是行政管理本质的反映，其实际内容以及具体的表现形式，是决定行政管理工作如何进行、怎样进行的基本准则。

1.服务性原则

图书馆行政管理的服务性原则是指行政管理工作是为本单位的各项基础业务管理提供服务的,既包括工作人员的需要,又包括广大读者的需求。服务性原则不仅贯穿于行政管理过程的始终,而且贯穿于行政管理的各个领域和各个环节。

(1)为图书馆业务提供服务。

图书馆是一个以为读者服务为基础业务的组织,这项基础工作受财力、物力的支撑,工作人员的选择、培训等多种因素的影响,而行政管理工作正是可以左右这些因素的关键环节。行政管理必须秉持为业务管理服务的原则,根据业务管理的需要,及时有效地满足业务管理过程的需要,促进图书馆事业的发展。

(2)为工作人员提供服务。

图书馆工作人员是图书馆事业发展中最活跃、最积极的因素,充分调动工作人员的积极性、主动性、创造性,使他们将爱岗敬业的精神真正地投入工作中去,是实现图书馆事业创新发展的保证。行政管理工作的重要内容之一就是妥善做好人力资源管理工作。人力资源管理过程中不仅要注重提高全体馆员的职业和道德素质,还要努力提高馆员的工作积极性,使他们在工作中没有后顾之忧,解决好工作人员的各种合理需求,保护馆员的身心健康。这就要求行政管理者要将服务原则运用到人力资源管理中,具体结合本单位的实际情况,切实了解馆员的需求,耐心细致地开展人力资源管理工作。

(3)为广大读者提供服务。

读者是图书馆的服务对象,图书馆的所有服务和业务都是以读者为核心,围绕读者展开的。行政管理也是如此,虽然行政管理人员并不直接与读者接触,但行政管理所承担的涉及财务、后勤等的工作职能与图书馆的对外服务密切相关。行政管理在读者和业务管理中承担着协调中

枢的作用，是读者所享有的各类信息服务、知识服务的保证。

2. 效率原则

所谓效率原则是指在图书馆行政管理中运用最少的行政投入（包括人、财、物等），获得最大的行政产出（包括社会效益、经济效益等）。具体应该从以下几个方面着手。

（1）建立高效率的行政组织机构。

行政管理工作需要设立高效率的行政机构，这种机构的设立应该做到以下几点。一是合理设置行政机构。机构的种类、数量的多少、层次的划分、规模的大小都要从实际出发，部门之间要合理分工。二是科学地确定行政管理机构内部的人员结构。任何行政管理机构都是由若干职位构成的，应根据实际需要确定行政机构内部的各种职位，再按照职位配备具有相应才干的人员。三是实行定编定员。应科学地设置行政人员的数量，精简机构，避免人员过多，无所事事，人员过少，穷于应付，降低行政效率。四是要不断提高行政工作人员的职业素质和道德修养。行政管理是一门科学，行政管理工作对行政人员的文化素质和职业道德有较高的要求，同时要求行政人员对图书馆的基础业务有所了解，以适应图书馆的发展要求。

（2）建立和健全行之有效的行政工作程序。

图书馆行政管理工作涉及的范围非常广，处理的问题又非常复杂，很多问题还具有专业性。因此，为了有效地执行日益复杂的行政事务，行政管理工作程序必须科学化、制度化，使行政管理工作在具体操作时有章可循，同时方便行政管理工作的考核。

（3）健全岗位工作责任制。

岗位工作责任制是提高工作效率的有力保证。图书馆应根据行政工作的性质和特点，明确划分行政责任，职责要分明，分工要详细，应有数量、质量、时间等具体的指标要求，明确绩效考核的内容，建立各项考核和奖惩制度。一旦出现问题，立即追究，形成人人有动力、有压力的工作氛围，充分发挥人们工作的主动性和创造性，提高行政效率，避免不必要的人力、财力、时间的浪费。

3. 整体性原则

图书馆行政管理工作是一个多方面、多层次、多环节相互依赖、相互作用的有机整体。一方面，行政管理工作对图书馆基础业务管理具有辅助作用，为图书馆业务管理提供财力、物力的支持；另一方面，行政管理工作决定了图书馆的发展方向，所以要求行政管理部门积极与业务管理部门沟通，使行政信息协调、统一地在各部门之间运行，使业务部门与行政管理部门形成一个相互促进的整体，最终实现图书馆管理的目标。

二、图书馆办公室管理

图书馆办公室在图书馆处于中枢地位，是落实领导决策，沟通上下、联系左右、完成上级组织交办事项，保障全馆正常运行的重要部门，也是图书馆的一个窗口。

（一）图书馆办公室的职能

1. 规章制度的建设

在图书馆的日常管理当中，规章制度是图书馆有效管理的依据。因此，办公室首先要建立并不断完善馆内管理制度。在制定有关规章制度之前，应从多个方面搜集本图书馆和其他图书馆制度管理的经验，召开专门会议征求其他人员的意见，并根据当前主要问题以及未来管理需要拟定制度框架。待规章制度初步建立后，相关负责人要根据形势的发展需要对规章制度的运行情况进行检查，发现不符合实际的情况及时改进

和完善，以保证制度的先进性；否则规章制度就会脱离现实工作，实用性不大。有了完善的规章制度，就要彻底地将相关制度落实到日常管理工作当中，因此办公室要经常深入其他工作部门检查规章制度的落实情况，保证制度的可执行性。

2. 信息收集与交流

图书馆办公室在图书馆的组织结构中处于重要位置，它向下能有效地传达馆长思想，向上能反映各部门的意见和建议，是信息反馈的核心部位。办公室在日常工作中接收到的信息很多，所以信息管理是图书馆日常工作的重要组成部分。例如，收集和整理馆内的文件与资料，形成完整的文档管理体系，方便以后的资料查询。

3. 当好馆长的参谋和助手

图书馆办公室是直接与馆长联系的职能部门，在职责上由馆长直接领导，在日常工作中，办公室人员应改变简单传达信息的工作态度，全面发挥馆长的参谋和助手的作用。在馆长做出决策之前，要主动提供好的解决方案。在提出有效实施方案后，要积极地落实。平时要注意配合馆长做日常管理工作，帮助馆长解决其他细小的问题，让馆长从杂事中脱离出来，集中精力抓好宏观管理。

4. 公关和协调工作

图书馆在正常的运转过程中，各部门之间会出现各种各样的矛盾，需要办公室去协调和解决，以避免矛盾激化。办公室管理人员不但要熟悉图书馆日常行政管理事务，而且要充分了解其他部门的业务运行情况，掌握图书馆的运行规律，这样办公室在全面协调、解决各种矛盾的过程中才能找到重点，最终有效地解决矛盾，使图书馆各部门和谐共存，最大限度地发挥图书馆的整体效益。

5.财务与后勤管理

办公室是图书馆的后勤管理部门,负责图书馆日常运行中的经费使用、物资供应、设备管理以及固定资产管理等工作,为其他部门的正常运行提供强有力的后勤保障。在图书馆日常运行经费的管理中,办公室要协助馆长根据实际需求制定有效的经费使用方案,根据实际情况合理使用经费。在物资材料的供应上,图书馆办公室要根据工作要求及时购买相关物资,保证物资的正常供应,并做好物资采购过程中的相关账目,保证账目清晰。在设备设施的维护上,办公室做好日常设备的保养,指导其他部门正确地使用相关设施设备。如发现设备不足的部门要及时申请采购。在固定资产的管理上,办公室要合理规划图书馆的空间使用情况,美化图书馆环境,创造良好的阅读环境。

(二)图书馆办公室工作的性质和任务

办公室除与行政机关其他部门一样具有服务、辅助、执行、管理等特征,还有鲜明的独特性质。办公室工作的基本特征之一就是,它是一项政治性很强的工作,办公室工作人员在领导者身边工作,并在辅助领导决策等各项工作中发挥重要作用。办公室工作的综合性是区别于其他职能部门的另一基本特征。办公室的职能包括协助领导者协调其他各个职能部门的工作,办理涉及全局性的任务或事务,并且协助领导者对各职能部门的工作进行监督和检查。办公室工作的重要性主要体现在它通过各种方式和途径,协助领导者管理全局,保证全局工作的正常运转,而不在于它分管了哪件工作,完成了哪项具体业务。

图书馆办公室工作的基本任务概括地说就是参与政务、管理事务、做好服务,这些任务又可以划分为日常性工作、综合协调工作、辅助决策工作、领导者临时交办的工作四大类。日常性工作主要包括公文处理、会议工作、信息处理、机关事务管理、印章管理、文书档案工作、信访工作、机要保密工作、公关工作。这些日常工作，表面看起来只是收发文件或消息，却是办公室的基础工作，处理日常工作是办公室工作人员的基本功。综合协调工作主要包括工作任务的协调、管理事务的协调、协调领导机构内部的关系。有时，领导者虽然觉察到某些问题或矛盾，但由于工作繁忙等主观或客观原因而未能及时解决。此时，如果办公室工作人员能从中疏通，问题也就解决了。至于领导者之间因沟通不够而出现的问题，只要办公室工作人员及时地向他们提供有关情况，使他们的思想或意见为其他领导者所了解，问题也就迎刃而解了。办公室工作一般是通过协商、调解、催办的方式进行协调。辅助决策工作主要包括协助进行调查研究，在掌握情况、收集信息后，提出或协同有关职能部门提出一个或几个决策方案，供领导机关、领导者决策时参考，辅助决策事务，协助领导机关实施决策以及检查决策的执行情况。领导者临时交办的工作，不分昼夜，也不论节假日，领导者随时都可能交代下来，带有很大的突发性，事先很难估计到，没有规律可言。办公室及其工作人员把领导者临时交办的工作处理好了，领导者就可以腾出更多的时间，集中精力去考虑全局的事情，考虑本单位的大政方针。

（三）图书馆办公室工作的作用

办公室工作的性质和任务决定了它在全局工作中的重要作用。首先是辅助领导决策和处理问题的参谋作用。办公室是领导机构的综合管理机构，对领导决策来说，办公室应是最主要的辅助部门，办公室工作人员应是最得力的助手。其次是沟通上下、联系左右、协调内外的枢纽作用。全局工作能否顺利进行，取决于各个职能部门能否互相沟通、彼此配合，取决于它们的目标是否一致，行动是否统一。办公室的枢纽作用发挥出来了，领导与各部门之间、部门与部门之间的联系畅通了，关系理顺了，事情也就好办了。再次是协助领导者管理信息的耳目作用。领导者的决策是否正确无误,指挥系统是否顺畅完善,关键在于信息的传递与反馈是否全面、准确、及时、灵敏且适用。办公室或办公室工作人员为领导者服务,其中一项重要的工作就是管理各种信息,为领导者决策及处理其他工作提供依据,并在决策执行过程中,将执行情况、取得的成绩、获得的经验及存在的问题等及时向领导者反馈。最后是协助领导者管理日常工作的助手作用。办公室为领导者服务,就要充分发挥助手作用,积极、主动地协助他们处理好各种工作或事务;同时贯彻落实各种决策,检查督促各种任务的执行。办公室是一个管理部门,理应协助领导机构、领导者对全局工作进行宏观控制。

三、图书馆的规章制度

图书馆组织机构的有效运转,有赖于图书馆规章制度的维系。图书馆规章制度是合理组织图书馆工作、充分发挥图书馆职能的保证,它是图书馆实行科学有效管理的依据和准绳。因此,制定健全、完善的规章制度是图书馆管理工作的一项重要内容。

(一)图书馆规章制度的作用

图书馆规章制度是指图书馆工作人员和读者必须共同遵守的具有法规性质的工作条例、章程、规则、细则和办法等。没有规矩,不成方圆。图书馆管理实践证明,要提高图书馆的科学管理水平,必须加强规章制度的建设。一个图书馆工作效益的高低,工作秩序的好坏,都与是否认真建立和严格执行各种规章制度有直接的关系。其作用主要体现在以下几个方面。

(1)图书馆规章制度是依法治馆的重要手段。

依法治馆是图书馆管理的基本指导思想。从根本上说,图书馆工作

必须依据国家和政府部门颁布的有关法律法规管理。如果不从法律法规上把握图书馆管理工作的方向并提供人、财、物等资源的保障，图书馆管理工作必将陷入盲目的、被动的境地；但图书馆法律法规只能对图书馆工作进行整体管控，对于具体的图书馆业务、行政工作的管理，还需依据相应的规章制度。

图书馆规章制度以相关法律法规为基础，是图书馆管理的明确规定和实施细则，是对图书馆各种具体的行政、业务工作规范和标准的具体规定，具有较强的权威性，是依法治馆的重要手段，是实现科学有效管理的依据和准绳。规章制度所涉及的人员（包括读者）必须执行有关规定，不得违反，否则将承担相应的责任。这是法规强制性的一种体现，能起到监督作用；同时，对于执行者也起着规范作用。它告诉执行者应该怎样做，怎样做才符合要求，这就成为一种规范。它是使管理工作实现统一化、标准化的重要条件之一，是法规严肃性的一种体现。现今，健全、完善的规章制度对于图书馆管理显得尤为必要。

（2）规章制度是对图书馆规律和经验的总结。

规章制度是指已经为广大图书馆工作者长期的工作实践证明了的、符合或基本符合图书馆事业和图书馆工作规律的经验，经过进一步总结、提高，最后由有关领导部门批准的图书馆办事规程或行为准则。严密的、科学的规章制度展现了人们在实践中积累起来的成功经验，或者可以说，规章制度是经验的法定化、条例化和规范化。人们正是在长期的实践中，将自己的切身感受加以概括和提炼而形成各种条文，形成各种规章制度的具体内容；同时，规章制度的不断修订和完善，也反映出人们对图书馆工作认识的不断深化的过程。

图书馆规章制度是图书馆工作经验的总结。它服务于图书馆工作实践，指导图书馆工作按照客观规律进行；同时，还要经受图书馆工作实践的检验，需随着图书馆工作的发展以及认识的深化，不断修改、完善和提高。人们应当根据客观情况的变化及时地检查规章制度，发现确有不合理的或者有弊病的，应坚决地加以修订。在修订规章制度时，要严格划分合理的制度与不合理的制度、正确的制度与错误的制度。图书馆业务工作有很强的积累性、持续性和连续性，尤其是业务操作技术方面的规章制度，更要最大限度地保持其稳定性和规格化，应尽量减少和避免非必要的变动。对于必须改革的规章制度，破了必须立，最好是先立后破、边立边破，以防青黄不接，难以为继，使工作发生混乱。

（3）规章制度是人们行为和工作秩序的准则。

图书馆规章制度对图书馆行政、业务工作的标准、规范做了明确的规定。它将图书馆工作的过程、方法和物质保证规范化、制度化，使图书馆行政、业务工作有了统一的规范和标准。严密、科学的规章制度应当揭示出图书馆提倡什么、反对什么、约束什么，使图书馆的管理者和使用者都按照规章制度办事，保证工作正常有序地进行，成为图书馆科学管理的准则和依据。

图书馆犹如一部机器，管理则是开动机器，这就需要一个操作规则。作为经验的法律化、规范化、制度化的规章制度，就如同一个操作规则。它是消除管理工作中的混乱现象，正确处理图书馆机构的内外关系，发挥群众创造性与积极性，提高服务质量，保证工作顺利进行的重要手段，也是人们共同行动的准则。人们认真遵守这些规章制度，就能使工作有条不紊地开展；如果无章可循，无法可依，工作就很难正常进行，也很难保证一致。比如：图书馆要做好采购工作，就不能不制定采购原则和标准，不能不规定采购的复本数，不能不规定购书的审批权限。如果没有这些规定，采购人员可以随心所欲地采购书刊，就不能保证采访质量。此外，有了规章制度，还可以培养图书馆工作人员遵守纪律的良好习惯，对增强组织性也是一种锻炼。

（二）按规章制度的内容性质划分

1. 图书馆综合性规章制度

图书馆综合性规章制度主要是指图书馆全面的规章制度，包括行政、业务、政治思想等方面的内容，是图书馆工作的总纲领。它对图书馆的性质、方针、任务、领导体制、机构设置与分工、文献资源的管理与利用、用户服务、建筑设备、经费、人员管理及馆际协调等问题做了全面的规定。

2. 图书馆行政管理制度

图书馆行政管理制度主要包括以下几种。①图书馆组织管理制度。主要规定图书馆管理机构、业务部门、网络机构的设置原则、部门名称、工作任务、职责范围、隶属关系、处理问题的权限以及人员编制等。②图书馆岗位责任制，主要规定各部门的职责、岗位职责、工作要求、考核和奖励办法等。③图书馆人员管理制度。主要规定图书馆人员管理的基本原则，各类人员的选择聘用、教育、考核、提升，奖惩制度，等等。④图书馆业务技术职称评审聘用制度。主要规定根据有关业务技术职称评审和聘用的法规，结合具体情况，规定业务技术职称考核方法、评审机构的组成、评审程序与聘用办法等。⑤图书馆建筑与物资设备的管理与使用制度。主要规定图书馆馆舍、职工住宅的分配使用、维修的原则与办法，图书馆物资设备的购置、保管、维修、使用的原则与办法，等等。⑥图书馆经费管理与使用制度。主要规定图书馆经费管理与使用的原则、筹措经费的方法、经费的控制方法、各类经费（文献资料购置费、工资福利费、设备费、行政费）的配比、经费分配与使用的批准权限、审核制度等。⑦图书馆行政管理制度。主要规定图书馆计划、总结、会议、工作、学习、休假、考勤、文书档案、劳动保护、计划生育、后勤管理等制度。⑧图书馆安全保卫制度。在保证图书馆开放、方便读者的原则下，制定图书馆防火、防盗、门卫、夜间与节假日值班巡视制度。⑨图书馆统计制度。主要规定图书馆的统计范围、原始数据与资料收集积累、统计报表、统计单位、统计方法及统计人员的职权和责任等制度。

3. 图书馆业务管理规章制度

图书馆业务管理规章制度主要包括以下内容。一是图书馆业务技术标准。主要有文献入藏标准、登记标准、编目标准、目录组织标准、读者服务标准以及数据库建设标准等。它是图书馆工作人员业务活动的行动准则。二是业务技术规程。业务技术规程是图书馆为执行技术标准，保证图书馆工作有秩序地进行，提高工作效率，保证工作质量，对图书馆业务人员的工作所做的具体规定，如对文献采访流程、文献流通流程、参考咨询流程的环节及技术操作要求等做出规定。三是图书馆业务管理规章制度。具体内容如下。①文献资料入藏制度。主要规定入藏原则，采购标准，订购、征集、交换的方式，验收和登记方法，以及采访人员的职责与要求。②文献资料的分类规则。主要规定图书分类法的使用规则、分类的程序与方法、分类的质量要求、分类人员的职责等。③文献资料编目规则。主要规定采用的著录条例，使用统一著录条例的补充规定和说明，编目的程序与方法，编目工作的质量要求，编目人员的职责，等等。④目录组织规则。主要规定本馆的目录体系与结构、目录的组织方法与管理办法，以及机读目录所采用的标准与格式等。⑤书刊阅览与外借规则。主要规定图书的服务对象、服务范围、书刊资料开放范围、阅览室的设置与管理办法、书刊外借办法、计算机使用与维护办法、借书过期罚款与丢失损坏书刊赔偿办法等。⑥书库管理规则。主要规定保存本书库、基藏书库、辅助书库、特藏书库的划分与管理，主要书刊排架，出入库登记，书刊剔旧、清点，安全防范，藏书的生物化学保护，等等。

8

第八章

数字图书馆管理创新

第一节 数字图书馆管理创新环境

一、数字图书馆管理创新环境的界定

分析数字图书馆管理创新的环境要素,首先要明确图书馆管理与环境要素的具体内涵。数字图书馆管理是对图书馆的文献信息、人力、资金、物质资源,通过计划和决策、组织、领导、控制、协调等一系列过程,来有效地达成图书馆的目标的活动。《中国大百科全书》对于环境的定义是"围绕着人群的空间及其中可以直接、间接影响人类生活与发展的各种自然因素和社会因素的总体"。由此,我们将图书馆管理创新环境理解为对图书馆管理进行创新产生影响的环境因素。借鉴营销学中的环境分析方法,根据营销环境对营销活动发生影响的方式和程度,可将营销环境分为直接营销环境与间接营销环境,直接营销环境又称为"微观环境",间接营销环境又称"宏观环境"。我们将从宏观和微观两个层面对影响数字图书馆管理创新的环境因素加以考察。

二、数字图书馆管理创新的宏观环境

宏观环境是指作用于微观,且对图书馆施加影响的社会因素,包括政治、经济、人口、科学技术与法律环境等。通常我们采用PEST分析法进行宏观环境分析。其中,"P"是政治(Politics),"E"是经

济（Economy），"S"是社会（Society），"T"是技术（Technology）。我们主要从以下几个方面分析数字图书馆管理创新的宏观环境。

（一）经济环境

政治环境、经济环境以及政府为达到目标而制定的经济政策紧密联系，同时也会对图书馆的成本、定价和竞争力产生直接影响。当经费充足时，图书馆的发展便有保障，能够顺利地进行信息资源建设，提供各种信息服务。图书馆经费是指创办图书馆、发展图书馆事业以及维持图书馆日常活动的资金。图书馆经费来自三个基本渠道：①中央或地方政府划拨的公共资金，是图书馆经费的主要来源；②用户付费；③包括捐赠、赞助和利息收入在内的其他渠道。可见，图书馆主要的经费来源还是国家与政府投入。

（二）社会环境

1. 教育水平

越来越多的用户利用图书馆的教育与社会资源进行终身学习。随着社会的进步，教育水平不断上升，社会分工更加精细化，有必要细分不同教育层次的用户。

2. 人口因素

国际图书馆协会联合会/联合国教育、科学及文化组织（IFLA/UNESCO）的《公共图书馆宣言》指出，图书馆是通向知识的途径，公共图书馆应不分年龄、种族、国籍、语言或社会地位，向所有的人提供平等的服务；还必须向由于种种原因不能正常利用其服务和资料的人，如语言上处于少数的人、残障人士、住院病人或监狱囚犯提供特殊服务和资料。图书馆作为信息资源集散地，要以服务全体社会成员为要旨。

（三）技术环境

对图书馆影响较大的技术有计算机与网络技术、数字图书馆技术及数字化技术。

1. 计算机与网络技术

计算机与网络技术的发展带来了图书馆办公和服务的自动化乃至计算机化，实现了图书馆服务方式的深刻变革。互联网的产生与发展使图书馆突破了建筑实体服务能力与时间的限制。

2. 数字图书馆技术

目前，我国图书馆界提出要建立第三代数字图书馆，即建立一个以用户为中心的数字图书馆系统，其技术是以支持用户协作，灵活处理信息、提炼知识和传播交流为核心，围绕用户信息活动及用户信息系统来组织、集成、嵌入数字信息资源和信息服务。主要包括分布式资源与运行管理技术、海量信息存储与组织技术、信息标引与检索技术等。当前数字图书馆存在各自为政、体系结构混乱、软件差异以及服务共享性差的问题。数字图书馆的外部世界呈现出高度网络化、日渐学术化的特征。我们必须关注数字图书馆的功能性和互操作环境，重视信息和知识的"语境"，结合网格技术、语义技术对知识、知识元之间的关系及其语境进行描述，关注知识创建、获取、传播、组织和利用的整个生命周期，最大限度地实现知识和信息的重复使用，以便在人人参与的信息共享环境中把握数字图书馆的未来发展方向。

3. 数字化技术

在多元化的信息载体（磁带、光盘、数字载体等）中，数字资源以其获取的便利性受到用户的青睐。数字化相关技术成为实现馆藏文献数字化的关键，主要包括缩微及成像技术以及光学字符识别（Optical

Character Recognition，OCR）技术。缩微及其他成像技术能够在较短的时间内将大量的纸质文献复制副本；光学字符识别就是将文本资料进行扫描，然后对图像文件进行分析处理，获取文字及版面信息的过程。中美百万图书计划和谷歌打印（Google Print）图书馆计划都采用了这些技术。

三、图书馆管理创新的微观环境

微观环境是指直接影响企业为目标市场顾客服务的能力和效率的各种因素，如企业自身、供应商、营销渠道、顾客、竞争对手与公众。图书馆的微观环境一般是指与图书馆有双向运作关系的个体、集团和组织，而且在一定程度上是可以控制并对其施加影响的。

（一）竞争对手分析

从营销的观点来看，形成组织竞争对手的主要有替代者、上游行业及下游行业。对图书馆而言，主要竞争对手有替代者和上游行业，具体包括替代品行业，如博物馆、档案馆等公益性机构、母体机构内的计算机中心与网络中心，以及免费的互联网资源，书店及其他信息提供者对于用户的分流。书店包括网上的在线书店、读书网站以及现实生活中的各种书店。网络阅读主要通过读书网站，包括各大网站的读书频道、原创网站以及电子读物站点等实现。这些在线的信息提供者不仅分流了图书馆在线用户，在网络化不断普及的今天，也分流了图书馆的到馆读者。实体书店一直是人们获得文献的主要方式之一，并且当下的书店往往会为读者营造出一个舒适的环境，一些大型书店还设有咖啡厅、书吧之类的休闲场所，读者仅花费较少的费用，就能够获得相当安静、舒适的环境和服务。与书店相比，图书馆的免费服务是吸引读者的优势之一，但由于文献的复本量有限,人们还是会通过去书店购买的方式来获取自己想要的文献。此外,我国社会中还存在"读书社"这一新的文献提供者。其特点是,在城市连锁设点为读者办证,以低廉的会费租借书刊为经营方式。读书社所采用的连锁发展模式使其迅速地占领市场。对图书馆而言,民间读书社既有挑战,也有机遇。只有在全面分析图书馆管理创新的环境要素的基础上,才能准确定位图书馆管理的目标,制定相应的发展规划以及切实可行的措施,从而实现图书馆社会效益的最大化。

(二)用户信息检索行为变化与数字信息环境带来的挑战

用户是图书馆微观营销环境中的重要影响因素。从竞争的角度来看,用户是竞争对手之间争夺的重要资源。信息时代,用户的需求以及获取信息的方式与习惯发生了深刻变化。现代社会的发展和变化速度日益加快,新生事物及新技术不断涌现,读者的信息需求心理受这种趋势带动,在心理转换上趋向与社会同步,在行为上表现为,其需求的信息与技术生命周期不断缩短。信息技术生命周期的缩短反过来又促使读者对信息资源的需求心理转换速度加快,读者对信息需求的求新求变的欲望进一步增强。读者对信息需求表现为很强的不稳定性,网络环境中,读者爱好极为广泛,对政治、经济、科技、教育及新闻娱乐等各类信息都表现出较为浓厚的兴趣与好奇心。图书馆要想吸引这些读者,在信息服务业保持持续的竞争力,就必须在信息服务理念、服务项目及技术方面不断地推陈出新,经常为读者提供新的亮点。倘若图书馆不再吸引用户,势必无法实现其社会价值,图书馆的生存将受到极大的威胁。

(三)图书馆核心价值的认同

核心价值是一个行业的品牌特征,是图书馆行业的根本价值取向或所追求的根本目标。关于图书馆核心价值的研究已引起国内外的广泛关

注,并获得较高的社会认同。社会的认同为图书馆带来良好的发展契机。图书馆的核心价值概括起来就是,读者可公平获取信息,教育及终身学习,维护知识自由,保存各种资源及公共物品,图书馆馆员的专业性,服务民众,负有社会责任,等等。

第二节 管理创新与数字图书馆的可持续发展

一、我国图书馆管理创新刻不容缓

(一)国家创新体系的建设要求图书馆也要创新

国家创新体系由知识创新系统、技术创新系统、知识传播系统和知识应用系统组成,其主要功能就是知识创新、技术创新、知识传播和知识应用。因而,构成国家创新体系的组织机构就是一切与其主要功能相关的政府、科研机构、高等院校、企业、图书馆、信息中介与咨询机构等。

无论是从机构还是从功能的相互作用上来看,图书馆都是国家创新体系中不可或缺的有机组成部分。进一步说,无论是从机构的内在联系还是从功能的相互作用上来看,图书馆都是国家创新体系链条中的必要一环。

知识创新是技术创新的基础和源泉,知识创新体系的核心机构是科研机构和高等院校。知识创新的前提是人类的知识积累,知识积累的前提则是文献保障。所以说,科研机构图书馆和高等院校图书馆在职能上都是知识创新的基础性机构。

技术创新系统的核心机构是企业,同时还包括科研机构、高等院校、图书馆、培训机构、中介机构、信息咨询机构等。企业图书馆和其他图书馆在企业创新中除具有知识积累和文献保障职能外,还具有市场信息咨询与参考职能。

知识传播系统的核心机构是高等院校及其他职业培训机构,也包括部分科研机构和企业,主要功能就是传播知识和培养人才。图书馆作为"没有围墙的大学",其传播知识的职能是社会公认的。在培养人才上,公共图书馆固然没有高等院校的优势,但在人才的完善和终身学习上,公共图书馆的作用也是高等院校无法比拟的。高等院校在知识传播和人才培养过程中,没有完善的图书馆这一基础设施,其教学、研究活动也是难以开展的。

知识应用系统的核心机构是企业和全社会,主要功能是知识、技术的实际应用。知识创新、技术创新、知识传播,最终都要归于知识的实际应用,将知识与技术转变成现实生产力。知识经济时代要求企业必须十分重视知识资源,即重视对这一资源的拥有和实际应用,同时也要求全民具有适应社会经济发展的必要知识。图书馆作为社会组织机构中的一员,既是知识应用的一个主体,也是知识储备、传播的主要场所。应用新知识、新技术,能够更有效地发挥图书馆的职能,而图书馆的知识储备、传播职能又进一步发挥了知识的作用。图书馆成为知识应用系统中的知识储存库和知识中转站。

综上所述,我们可以做出这样的定位:国家创新体系可以分为知识创新系统、技术创新系统、知识传播系统和知识应用系统。这四大系统当然各有其涉及的机构与单位;但是,作为可以涉及这四大系统的机构

与单位,只有图书馆具有其天然优势。也就是说,图书馆不仅可以成为各个系统中的一个子系统,更为特殊的是,它还可以在这四大系统中发挥联结作用。因此,图书馆的这种特殊地位与作用,就决定了图书馆的创新活动必然与国家创新体系相适应。换句话说,要参与并适应国家创新体系的建立与发展,图书馆自身也必须创新,首先是管理创新。

(二)知识经济时代的来临促进图书馆创新

人类社会正从工业经济时代进入知识经济时代。21世纪图书馆形象的变化:它是一个有形的印刷媒体与非印刷媒体以及全新的网络信息的综合,打破了传统图书馆个体的局限,向四面延伸,使读者不分距离远近,可以平等共享有用的信息,它是传统图书馆与非传统图书馆的结合。从宏观的角度来观察,图书馆信息资源随着时间、空间的变化而变化。图书馆既是社会时空的一部分,又是信息时空的一部分,在已经到来的知识经济社会中占据着特殊的地位,负有重要的责任,起着不可替代的作用。在信息爆炸的时代背景下,由于信息生产和传递的无序扩张,造成信息混乱和信息污染,信息时空出现了混杂、淤积、拥挤、无序以及信息过剩等严重问题,使得人们在获取所需的信息时,无谓地浪费了大量的人力和物力。一些大型图书馆的管理人员承认,由于每天要处理的信息已经超过了他们的信息分析和处理能力,他们的决策效率受到影响,收集信息的成本也超过了信息本身的价值,为此,图书馆应利用自己的优势和特殊地位参与信息时空的信息过滤、重组、优化、增值等工作。一所图书馆面对浩瀚的信息时空可能无能为力,但整个图书馆界拥有强大的力量。当然,这就要求图书馆界自己首先要有序化,按照一定的目标和功能设计进行分工合作。图书馆界甚至有可能通过对信息时空的整理和加工,建立起高效能的、与信息时空同步的知识时空,并站在崭新的高度构造人类知识的全息图景,使得人们能够从宏观上把握复杂的知识板块、知识经纬以及知识的新陈代谢,从而解决信息无限增长与人们接受、处理信息的能力有限的尖锐矛盾。尽管两个时代的管理内容并非完全排斥,后者是以前者为基础的兼容性革新,但是对于我国大多数图书馆来说,传统的管理基础与网络管理发展趋势存在很大的差距,这就要求我们既要清楚地认识这一严峻的挑战,又要抓紧改革、创新。

(三) 数字图书馆事业可持续发展要求图书馆管理必须创新

图书馆是保存人类文化遗产、提供文献信息服务的重要机构。图书馆事业可持续发展是中国社会政治、经济、文化可持续发展的重要保障。可持续发展理论是 20 世纪末期,人类面对日趋严重的生存危机反思自身观念和行为而提出的一种新型社会发展观,其核心内容是强调正确处理人与自然之间的关系。

可持续发展理论强调发展的可持续性,要发展就离不开科学技术,更离不开为经济发展提供信息的图书馆;同时,图书馆自身也需要可持续发展理论的指导。以计算机技术、通信技术和网络技术为核心的信息技术的发展,使得图书馆的形态、经营理念、工作内容、服务手段都发生了前所未有的变化,在数字化、信息化、网络化程度日益提高的今天,图书馆的要素、法则、基本矛盾、属性、社会职能以及图书馆学的研究对象、学科性质都有重新审视的必要。在这场变革中,处于知识和文献信息服务前沿的图书馆,不可避免地会受到信息技术的冲击,接受知识经济的洗礼。我们要深入研究可持续发展理论,探索有中国特色的可持续发展道路,为经济建设、社会发展以及人们生活质量的提高提供信息保障。

(四) 文献载体的多样化及其转型要求图书馆管理要与之相适应

21世纪是文献载体多样化并从纸质出版物向电子出版物转型的关键时期。新型文献载体与现代传媒技术的结合,将对图书馆产生巨大的、空前的影响,它将迫使图书馆实现下述"七化":文献载体收藏多样化,文献信息数字化,文献阅读形象化,文献交流网络化,文献管理计算机化,文献资源储存高密度化,文献服务高效化。如何适应这种趋势是我国图书馆管理实践者面临的一个新课题。在已经发生巨变的形势面前,是因循守旧、等待观望,还是思索创新,决定我国图书馆未来的发展。

二、数字图书馆可持续发展环境

数字图书馆可持续发展是指通过对图书馆各要素(包括文献、设备、经费、技术、人力资源)的合理开发与利用,实现图书馆与社会、经济、自然和个人长久、协调发展的一种理念或策略。图书馆可持续发展不能简单地归纳为一种"图书馆所得全部收益超过或至少等于其运行和维护成本的状态",它应该是图书馆经济效益与社会效益的均衡发展。因此,要谋求图书馆的可持续发展,首先要分析图书馆可持续发展所处的内外环境。

(一) 数字图书馆可持续发展的外部环境

数字图书馆可持续发展受以下外部环境因素的影响。

1. 信息市场的激烈竞争

在信息化、网络化、全球化浪潮中,各种信息媒体、信息服务机构不断涌现,构成了激烈竞争的信息市场。在市场机制的作用下,社会将根据各类信息机构对社会信息化所起的作用及其所创造的价值给予不同的资源分配，用户将根据自己所需的信息产品和信息服务选择不同的信息机构。尽管图书馆仍然拥有一些竞争优势，如全面系统地收藏着人类所创造和积累的各种信息与知识，但是在现代化的信息环境中，图书馆已不再是人们获取信息资源的唯一机构，现代信息网络把一个分布式的信息交流环境、广泛的信息资源以及多样的技术手段呈现在人们面前，传统的以固定信息机构为主导的信息服务体系逐步被以用户为中心的动态信息服务体系所取代。图书馆信息服务已经失去了原有的垄断地位，一些新型的信息服务机构由于能够提供灵活的、增值的个性化服务以及针对性、时效性强的实用信息，在信息市场上获得了快速发展，市场占有率不断上升，直接威胁到图书馆的生存与发展。

2. 快速发展的信息技术

信息技术的快速发展对图书馆的影响直接而深远，计算机技术、通信技术、网络技术、数字技术从根本上改变了图书馆的观念、思维、方法，它不仅意味着文献信息工作模式的变革以及服务方法的拓展，而且向图书馆系统的组织和管理活动提出了挑战，施加了新的压力。信息技术既打破了图书馆因物理位置所受的限制，通过网络把图书馆融入开放的全球信息资源体系中，又为用户/图书馆提供了包括印刷型、视听型、机读型、光盘型和网络型等各种文献类型在内的信息资源；既为用户/图书馆提供了获取和利用存放于世界各地的信息资源的渠道，增强了图书馆的信息保障能力，又为用户/图书馆开辟了通达学校课堂、科研机构、政府办公室乃至读者家庭的通道，拓展了图书馆的服务范围和服务能力。

3. 知识经济的发展

毫无疑问，我们已经步入知识经济时代。知识已不是经济增长的"外生变量"，而是经济增长内在的核心要素和基本要素，对经济增长的贡

献率越来越大。与知识相关的产业结构及消费结构所占的比重越来越高，技术密集型、智力密集型产业及服务业就业比重显著提升。知识经济一方面促进了知识的创新，使得知识信息量急剧增长，社会对知识信息的需求量明显增加，为我国图书馆事业的可持续发展提供了原动力；另一方面，也为图书馆事业的可持续发展奠定了雄厚的物质基础，提供了先进的技术手段，使图书馆成为知识经济时代的知识信息中心与学习中心。

4. 世界贸易组织（WTO）的影响

中国正式加入WTO后，中国的文化事业将和其他领域一样，逐步进入经济全球化的循环体系，图书馆服务自然而然地被纳入《服务贸易总协定》（GATS）所规定的自由贸易范畴。我国图书馆事业一方面面临着新的发展机遇——我国信息服务走向国际舞台，参与国际资源的优化配置，开展国际间的交流与合作，引进西方发达国家的先进管理理念和方法、资金与技术，实现我国图书馆信息服务的市场化、国际化和产业化，享受WTO成员国无条件的多边最惠国待遇，为我国图书馆信息产品、信息服务的出口及参与国际竞争创造了非常有利的外部环境；另一方面面临着一些挑战，竞争更加激烈。中国需要在几年内逐步开放文化产业市场，外国商业图书馆、信息咨询公司等同业机构凭借雄厚的资金、高素质的人员、高质量的信息产品和信息服务以及先进的营销手段，争夺国内市场、用户和业务，并有可能逐步形成对信息市场和产业的垄断，从而给我国图书馆事业发展造成不利影响。知识产权保护问题日益突出。

（二）数字图书馆可持续发展的内部环境

随着全球范围内信息量的激增、用户对知识信息的广泛需求以及信息技术的发展，图书馆本身发生了一系列变化，集中体现在以下两个方面。

1. 数字图书馆的范式演变

数字图书馆正处在这样一种范式演变的过程中：从书籍保管者到以服务为导向的信息提供者，从单一媒体到多媒体，从自身的馆藏到无边界的图书馆，从我们去图书馆到图书馆来到我们中间，从按时提供服务到及时提供服务，从自建到外包，从本地服务到国际服务。这种范式演变导致图书馆的工作重心从书本位向人本位转移，业务重心从第二线（事务性工作）向第一线（读者服务）转移，服务重心从一般服务向参考服务转移。这种范式演变最明显的标志是，数字图书馆建设已经从理论走向实践，推出了一系列研究与建设项目。图书馆建设面积与规模越来越大。图书馆原有的一些社会功能，如保存信息资源、传递适用信息、开展社会教育等得到延伸，一些新功能，如数字参考咨询、学科导航与门户建设、知识组织与知识管理等得到拓展。因此，现在的图书馆不再是传统意义上的图书馆，而是网络环境下的信息服务中心与信息素质教育中心，是一种复合型图书馆。

2. 图书馆改革浪潮

人们对图书馆管理体制改革的呼声由来已久，尽管我国图书馆管理体制改革要彻底完成还需要一段漫长的时间，但已经开始试点（如国家图书馆），个别图书馆（如上海生命科学图书馆）已经正式运作。对于图书馆管理机制改革，不管是公共图书馆、高等院校图书馆，还是专业图书馆，都推出了极具特色的改革方案，要点集中在人事制度、聘用制度、分配制度、组织机构、服务创新、管理方法等方面。这些初见成效的改革使国内图书馆发展走出了低谷，迎来了新一轮的快速发展时期。

三、加强数字图书馆可持续发展的战略管理

战略管理是指针对一个组织的未来发展方向制定决策并实施这些

决策。图书馆战略管理是图书馆管理者在对图书馆外部环境及内部资源条件进行分析和预测的基础上，制定战略意图和战略使命并付诸实施，从而保障图书馆生存和长期稳定发展的过程。在图书馆管理中导入战略管理具有以下重要意义：战略管理促使图书馆管理者密切关注外部环境变化，及时抓住图书馆发展的机遇，同时规避可能对图书馆构成的威胁。战略管理有利于图书馆内部资源的优化配置，均衡图书馆的眼前利益与长远利益。战略管理对图书馆内部各部门的高效运作起导向作用与协调作用，使图书馆有限的资源（包括人力、信息、设备与财务等）发挥最大的效用。战略管理可以直接影响图书馆的命运与前途，对图书馆员工产生激励作用。图书馆可持续发展是图书馆事业发展的长期目标，为实现这个目标，我们必须加强图书馆可持续发展的战略管理，主要包括战略规划、战略实施两部分内容。

（一）数字图书馆可持续发展的战略规划

战略规划，即系统地做出对于当前来说富有挑战性的决策，并明确地预知未来的一个连续性过程。它还包括系统地组织所需力量来实现规划，并通过反馈来评价其效果。今后图书馆朝什么方向发展，如何发展，是图书馆可持续发展战略规划必须解决的基本问题。为此，我们首先要确立发展目标。在审视图书馆内部组织结构、人员素质、服务能力、研究与开发能力、设备与财务状况、过去的目标和战略的基础上，通过分析图书馆所处的外部环境，特别是信息技术给图书馆带来的变革，设计出图书馆的长期目标与短期目标。其次要鉴别与选择战略方案。图书馆可以根据自身实际情况与发展目标的要求，选择稳定发展战略或跨越式发展战略。奉行稳定发展战略的图书馆具有如下特性：①满足于现有的效益与效率，并决定继续追求与现在基本相同或相似的目标；②每年所期望取得的成就，按一定的比率增长；③继续用基本相同或相似的服务和产品来满足用户的需求。奉行跨越式发展战略的图书馆不一定是国内领先的图书馆,但具有快速发展的条件与可能。它们不是去适应外部世界的变化,而是通过创新来使外部世界适应它们自身。奉行跨越式发展战略的图书馆经常开发新产品与新服务,能够在某方面或某项服务上做到后来者居上。

(二) 数字图书馆可持续发展的战略实施

战略实施是指为实现既定战略而必须进行的各项活动,包括建立组织结构,管理日常的图书馆活动,以及评价战略的有效性(战略控制)。建立组织结构就是要确定图书馆的部门设置、层级划分、分工与合作、职位与职权的设置以及部门之间的关系。管理日常的图书馆活动包括对人、财、物的管理与协调。战略控制是指在战略实施过程中,为保证战略计划的有效执行所进行的纠正偏差的行动。战略控制过程包括以下环节。①制定评价标准。评价标准可分为定性评价标准和定量评价标准。②评价工作成绩,即把实际成绩与评价标准进行比较。③反馈与纠正偏差。对控制过程中出现的问题,必须针对其产生的原因采取纠正措施,以便真正达到战略控制的目标。

四、建立数字图书馆可持续发展的管理体制

数字图书馆管理体制是图书馆事业在机构设置、领导隶属关系和管理权限划分等方面的体系、制度、方法、形式的总和。数字图书馆管理体制一般分为国家集中管理体制、国家各类型图书馆分属各自主管部门管理的分管体制,以及由国家委托有关机构起协调作用的民间协调管理体制。目前,我国采取的是分管体制,从宏观上来看,存在三个问题:①条块分割的多元化行政管理,由行政指令干预图书馆运行;②分级管

理的财政体制，造成图书馆建设上的"小而全"与"大而全"问题；③行业管理体制的分散性，造成了图书馆业务工作的非规范化与非标准化。从微观上来看，我国图书馆仍没有摆脱计划经济的束缚，大多数图书馆仍然沿袭传统的机构设置与规章制度，人事管理制度中存在权力过分集中、干部能上不能下的问题。这些问题严重阻碍了我国图书馆的可持续发展。为改变这种状况，我们需要从宏观与微观两个层面上建立适合我国国情的图书馆可持续发展管理体制。

在宏观层面上，应建立一个国家层面的管理与监督机构，如全国图书情报委员会或全国信息资源委员会。该机构拥有相应的职权，包括制定全国标准，如分类和主题标引的标准、图书情报计算机应用系统软硬件标准及通信标准等；制定文献资源配置方案和文献资源共享方案；负责全国性大型项目的组织、方案制定与实施；对以上工作的执行情况进行指导、监督和管理；负责与国际图书情报机构、组织的协调工作。这种机构可以从宏观上实现对国内所有图书情报机构的统一管理，有效避免资源重复建设，为图书馆的可持续发展提供保障。

在微观层面上，应建立与各种类型图书馆相适应的图书馆理事会。这些图书馆理事会拥有对图书馆进行管理与监督的权力，包括聘用图书馆馆长，评价与考核图书馆馆长，制定职工工资等级标准，制订图书馆中长期发展计划，拟定图书馆各项规章制度，评论与核算图书馆预算，等等。在建立图书馆理事会制度的过程中，我们必须改变过去图书馆馆长"一言堂"的做法，正确处理图书馆馆长与理事会之间的关系，使两者能相互配合而互不干涉其具体事务。在理事会章程中应该明确规定双方各自的职责。严把图书馆理事关，也就是说要科学、合理地甄选图书馆理事，既要考虑理事本人的知识水平、社会地位，又要考虑理事的组成是否具有广泛性，是否能够真正代表社会公众来管理图书馆。为此，要明确理事的人数、成分与个人素质条件；要加强理事的教育、发展与自我评价，包括为图书馆理事提供继续教育以及与其他理事分享经验的机会，建立委员会的休假制度及自我评价指标体系。

五、建立数字图书馆可持续发展的管理机制

机制是指事务构成要素之间相互联系、相互制约、相互作用的关系及其综合活动机能。图书馆管理机制是指推动图书馆事业发展的各种社会动力和约束力，包括运用何种社会动力，采用何种方法或手段，来推动各层次图书馆活动的进行以及协调它们之间的关系。图书馆管理机制主要包括原动力机制、决策机制、用人机制、竞争机制、合作机制、保障机制等，这些机制相互联系与作用，构成图书馆管理机制体系。为促进图书馆的可持续发展，我们必须做到以下几点。

（1）基于科学、合理的原则，构建图书馆可持续发展的决策机制。

决策机制就是根据图书馆事业发展的现状和趋势，对图书馆的发展目标、发展规划、发展步骤、实施方案、重要措施、政策策略以及管理过程中出现的各种情况做出决定和选择的方式与方法。决策水平必然影响图书馆的管理水平，决策不科学必然阻碍图书馆的可持续发展，因此，必须基于科学、合理的原则，构建图书馆可持续发展的决策机制。如何构建这种决策机制？图书馆应建立重大项目立项、重大资金运用、重要设备或文献采购的集体研究与表决制度，组织馆内外专家成立采访工作委员会、计算机管理委员会、数据库建设委员会、数字图书馆建设与研究委员会、服务改进与推广委员会等，由各委员会就图书馆发展的各项重大决策问题按照规定的决策程序和方法进行分析、论证与表决。决策程序一般包括发现和提出问题，确定决策目标，拟订决策方案，分析评价方案，方案择优，实施决策，反馈并修正决策。决策方法包括调查研究法、预测分析法、可行性分析法、系统分析法、决策树等。这种决策

机制能够以集体智慧和民主监督管理来保证图书馆实施科学决策，避免个别领导者在决策中因经验主义、教条主义、主观主义而造成决策失误或走弯路。

（2）基于用户信息需求和自身发展需求，构建图书馆可持续发展的原动力机制。

数字图书馆发展的原动力机制是指图书馆求生存、图发展的动力及其作用机能，是图书馆及其员工从维护自身利益出发，对图书馆内外部环境因素及其变化的反应方式，以及图书馆不同员工行为之间的相互依存、制约及彼此影响的方式。从宏观层面来说，图书馆的发展动力源于社会生产力的发展需求，以及社会成员对图书馆的信息需求。这种需求不仅决定了图书馆生存的根基，而且直接或间接地决定了图书馆的发展方向，构成了图书馆可持续发展的原动力。从微观层面来说，图书馆的发展动力源于图书馆的改革、图书馆馆员自身的职业责任感与个人发展需求，它们成为图书馆可持续发展的直接推动力量。因此，为了实现图书馆的可持续发展，我们必须基于用户信息需求和自身发展需求，构建图书馆可持续发展的原动力机制，其核心是用户信息需求分析机制、利益分配与激励机制。

数字图书馆之所以存在并得到发展，是因为它能为用户（包括社会机构、组织与个人）提供基本的信息需求。不管是阮冈纳赞提出的"书是为了用的"，还是迈克·戈尔曼（Mike Gorman）提出的"图书馆服务于人类文化素质"，都强调了一点，即需求决定发展。过去，图书馆很少主动去研究其用户信息需求，处于一种"闭关自守"的状态；在目前的网络环境下，由于信息技术给图书馆发展带来了巨大的变化与冲击，我们必须重新思考图书馆发展的诸多问题，如职能定位问题，发展方向问题，经济效益与社会效益问题，信息服务与知识服务问题，图书馆职业与图书馆员工发展问题，图书馆与社会、经济、自然协调发展问题，等等。对于这些问题的研究，根本出发点是从用户信息需求分析开始，既要面对现实，研究并提供目前用户急需的各种信息，又要面向未来，研究并预测今后用户信息需求的走向，为图书馆长远发展提供政策指导。为此，图书馆的用户信息需求分析应该包括对信息服务中用户研究的认识、信息用户研究方法、用户信息需求结构与类型、用户信息需求的内在机制、用户信息需求的存在形式、用户信息需求的影响因素、用户信息吸收与利用效果分析等内容。通过上述分析，可以发现满足用户信息需求的现实与潜在机会，挖掘图书馆可持续发展的生长点。

用户信息需求从外部对数字图书馆的可持续发展发生影响和作用，而利益分配与激励机制可以从内部促进数字图书馆的可持续发展。利益分配与激励机制可细分为分配机制和激励机制。数字图书馆能够参与利益分配的主要要素包括岗位要素、业绩要素、技术要素、管理要素、职称要素、职务要素、工龄要素等。其中，岗位要素、业绩要素、技术要素应该成为利益分配的最重要的参考因素，也就是说，要把员工的实际工作能力与成绩当作利益分配的核心指标。

激励是另一种动力。数字图书馆激励机制就是图书馆主要管理者对管理范围内的人员所采取的调动、激发其积极性、主动性和创造性的一种综合行为机制。其主要功能就是引导员工行为方式和价值观念，使之符合图书馆规定或倡导的行为方式和价值观念，增强图书馆目标的吸引力和凝聚力，调动员工的积极性和创造性，以高效地实现图书馆的目标。图书馆常用的几种激励方法包括目标激励、工作激励、参与激励、奖励激励（包括物质激励、精神激励、时间激励、知识激励）、惩罚激励、领导行为激励、榜样激励、自我激励等。在这些激励方法中，图书馆管理者应该充分利用目标激励、工作激励、参与激励、时间激励、知识激励、自我激励六种方法来实现图书馆的管理创新与可持续发展。这是因为根据美国著名心理学家和行为科学家马斯洛的需要层次论理论，人在满足基本的生理需要与安全需要的基础上，将进一步追求更高层次的社会需要、尊重需要、自我实现需要。目标激励可以激发图书馆馆员的工作热情；工作激励能使员工从工作中获得愉快的体验；参与激励可以让员工参与决策，采取集体讨论、集体决定的监督方法，有助于"自我实现"；时间激励能让员工获得一定的自由时间，获取"时间等于金钱"的收益；知识激励能激发与提高员工的求知欲、创造欲、工作热情与个人素质；自我激励有助于实现个人的理想和抱负，帮助其最大限度地发挥自身潜能并获得成就。

（3）基于公平开放、共建共享的原则，构建图书馆可持续发展的竞争与合作机制。

数字图书馆为获得可持续发展，应该基于公平开放、共建共享的原则，在图书馆内部和图书馆外部（图书馆与图书馆、图书馆与其他社会机构）之间建立有效的竞争与合作机制。图书馆竞争与合作机制可细分为竞争机制和合作机制。建立图书馆竞争机制的目的是激发图书馆馆员的想象力与创造力，发挥图书馆馆员的积极性、主动性，为图书馆馆员提供展示才华、提高个人素质、实现自我价值的机会；充分利用工作时间，提高图书馆的工作效率与质量；促进技术创新，实施科学管理；提高图书馆有序化程度，增强图书馆自身组织能力与功能，以保证图书馆的自身发展。合理的图书馆竞争机制是建立在公平原则、"双赢"原则、诚信原则、开放原则等基本原则之上的，通过公开与公平的行业竞争或个人竞争来谋求图书馆的长远与高效发展。

除参与竞争之外，建立图书馆合作机制也是图书馆谋求发展的一种手段。长期以来，我国图书馆人为的、行政性的条块分割严重，图书馆间缺乏高效的交流与合作，在一定程度上阻碍了我国图书馆的发展。今后，图书馆应通过网络与国内外其他图书馆或其他信息机构建立多种形式的联合和协作，形成优势互补、业务关联、互惠互利的虚拟联盟，开展合作馆藏建设、合作编目、馆际互借、文献传递服务、参考咨询、数字图书馆建设、馆员交流与学习、文化交流（如举办联合书展、文化专题介绍，出版电子出版物）等；也可以利用网络与大学进行合作教学、科研与服务。事实上，国内外某些图书情报机构已经在此方面取得了长足的发展，显示出巨大的发展潜力。

（4）基于组织结构创新，构建图书馆可持续发展的组织保障机制。

完善的图书馆保障机制包括法律保障、政策保障、制度保障、组织保障、领导保障、物质保障、技术保障与人才保障八个方面的内容。图书馆可持续发展自然也不能缺少法律、政策、制度、物质、技术、人才和领导方面的支持。图书馆组织结构具有特殊的作用与地位，它根据图书馆的目标和计划来设置不同层次的业务与行政部门，并规定各部门的隶属关系和相互关系、职能和职权的分工，以及人员编制、技能的配备与协调，从而使图书馆成为一个结构有序合理、功能完备的有机整体。网络信息技术的快速发展在改变传统图书馆服务方式与内容的同时，也对图书馆组织结构产生了冲击。传统的直线型、职能型、直线—职能型组织形式呈金字塔形，是层级制、垂直式的，它使得图书馆各部门之间壁垒森严，缺乏交流，限制了图书馆整体功能的发挥，已经不能适应图书馆自身发展的需要。那么，为促进图书馆的可持续发展，必须重组图书馆组织结构。尽管有人提出图书馆组织结构创新的多种模式，如矩阵形交叉管理模式、蛛网形项目管理模式、车轮形学科单元管理模式、星形虚拟管理模式及其组合模式，但是从图书馆目前的实际情况和长远发展来看，图书馆宜采用"知识型团队"组织结构模式。所谓知识型团队，是一种以知识的创建、传播与应用为基本出发点的由相互协作的个体所组成的知识群体。

资源建设团队负责各种信息资源的收集、整理、数字化转换、描述和加工等工作；信息服务团队主要负责图书馆服务项目的设计与创新，

为用户提供各种各样的信息服务与知识服务，如包括外借阅览、参考咨询、网络导航、用户培训等在内的信息服务，以及包括知识发现、知识挖掘、知识创新等在内的知识服务；技术支持与开发团队负责图书馆新理论、新技术、新工具、新标准的研究与开发，系统设备的更新与维护，数据处理系统的升级与维护，数据的长期保存与安全保护，等等；高层管理团队负责规划、组织和控制本馆发展与建设的目标、步骤及进度，构建图书馆知识管理平台，促进馆员之间的相互交流和学习，协调本馆各部门间、馆际间的相互关系，进行人事管理和财务管理，组织国内、国际的学术交流。所有团队通过局域网或互联网进行协调与沟通。这种知识型团队组织能够消除由于层层传递所造成的信息失真和延误，加强团队间的相互协作与交流，便于用户参与知识开发以及完善图书馆的各项服务，激发团队成员工作的积极性和创造性，改变领导与员工之间控制与被控制的关系并建立起新型伙伴关系，实现组织结构的扁平化及图书馆业务流程重组，从而为图书馆可持续发展提供组织保障。

（5）基于以人为本的原则，构建数字图书馆可持续发展的用人机制。

图书馆馆员既是图书馆管理的实施者，又是被管理的对象，是图书馆可持续发展的中坚力量。因此，我们必须基于以人为本的原则，构建图书馆可持续发展的用人机制。首先，要树立以人为本的管理理念，将图书馆馆员作为图书馆系统要素中最重要的资源加以开发与利用，包括员工的聘用、选拔、培训、激励、监督与约束等。以人为本要求从理念上尊重员工，从制度上关心员工，为员工创造良好的工作环境和生活条件，对员工的管理不再是以使用为中心，而是将人视为最有价值、最富竞争力的"资本"，以图书馆与员工的共同发展为中心。其次，要爱才、招才、惜才与用才。信息技术为图书馆提供了巨大的发展空间，在这个空间中，图书馆需要各种类型、各个层次的人才，特别是高科技人才。

目前我国图书馆界存在一种现象——图书馆招收不到高层次的专业人才，图书情报学、计算机技术等方面的人才大都不愿意去图书馆而更愿意去出版社等其他单位工作；而有些图书馆现有人才得不到重视与合理利用，导致人才严重流失。要改变这种现象，今后图书馆管理者应该在图书馆各项工作与事务中体现爱才之心、容才之量、举才之德、护才之魄、用才之道。最后，需要推行"能上能下"的管理制度，在图书馆内部形成"能者上、平者让、庸者下"的有效竞争机制，废除领导干部职务终身制和员工职称终身制，改管理干部的任命制为聘用制、员工用工制度的单向选择为双向选择。其方法是面向馆内外公开招聘，实行竞争上岗，通过自愿报名、公开演讲、面试答辩、组织考察等程序，确立最终的管理者或从业者。

第三节 基于分布式管理的数字图书馆管理创新

从古代图书馆、藏书楼到现代数字图书馆的发展历程中，图书馆管理历经封闭式管理、半封闭式管理、科学管理、定量管理、目标管理、系统管理及知识管理等管理模式。其间，无论是图书馆的管理模式、管理方法，还是这些管理模式、管理方法中所折射出的管理思想与管理理念，无不显现出鲜明的时代特征。图书馆管理是认识论和方法论在图书馆发展过程中具体的、历史的统一。21世纪，社会的信息化进程促进了人们思想观念的转变，开放、平等的观念深入人心，以信息、知识等

无形资产为代表的新财富观逐渐形成。在社会物质条件方面,现代信息技术不仅极大地缩短了信息传递的时空跨度,也带来了社会分工的细分化、专业化以及信息服务的个性化、专门化发展;市场经济环境日臻成熟,人员、技术、设备、资金等生产要素的流动更加规范、有序。就图书馆自身而言,步入了一个多元化的发展时期,需要面对更为激烈的市场竞争。上述诸多方面的变化,为图书馆新的管理思想和管理方式提供了滋生的土壤,推动了新时代背景下图书馆的管理创新。

一、数字图书馆分布式管理的含义

(一)分布式管理

分布式管理是计算机管理系统在网络环境下使用的一种管理方法,比较典型的是分布式数据库系统、分布式网络管理系统和分布式操作系统。分布式数据库系统采用"分散+集中"的设计理念,将分散在不同物理节点上的数据库通过计算机网络连接起来,集中进行统一的管理,既保证了数据库系统良好的局部访问性,又兼顾了系统的全局性。分布式网络管理系统则采用"集中+分散"的管理方式,将整个网络的管理任务分散到多个对等域当中,由每个域的管理者负责本域内的网络管理工作,并在需要时与对等域的管理者进行通信,既有助于降低通信上的开销,提高网络的性能,又保证了整个网络管理的可靠性。分布式操作系统是通过网络将多个 CPU 连接起来,共同分担和执行操作指令,以协作的方式完成管理任务。

(二)数字图书馆分布式管理

根据开放系统的相似性原则,将计算机分布式管理系统中所蕴含的管理思想和管理理念运用于图书馆的管理实践之中,构建全新的分布式图书馆管理体系。为了更清楚地说明问题，我们将图书馆分布式管理系统分成两个系统，即资源分布式管理系统和职能分布式管理系统，并分别加以阐释。

图书馆通过租用、聘用、合作、共享以及争取社会援助等多种方式，实现人员、技术、设备、资金、文献信息等社会资源向图书馆的"分散+集中"过程。图书馆通过出租、出借、转让、协作与共享等多种方式，实现人员、技术、设备、资金、文献信息等馆内资源向社会的"集中+分散"过程。图书馆对馆内资源实行直接管理，对社会资源以契约方式进行间接管理。通过两种管理方式的有机结合，实现对一切可用资源的有效管理。图书馆通过项目合作、有偿服务等方式，承接更多的社会工作，不断拓展职能范围，实现信息服务、文化教育等职能由社会向图书馆的"分散+集中"过程。图书馆通过业务外包、项目合作、后勤社会化等方式将原有的部分职能交由相应的社会机构去完成，实现部分职能和辅助职能由图书馆向社会的"集中+分散"过程。图书馆对馆内工作实行直接管理，对社会机构承担的职能以契约方式进行间接管理，通过两者的有机结合，在社会范围内实现图书馆职能的重组及优化控制。

图书馆与外部环境之间的"分散+集中""集中+分散"是一个双向的交流过程，而分布式管理的关键就在于对这一交流过程的集中统一控制。职能分布式管理和资源分布式管理相互融合、互为推动。资源管理以图书馆职能实现为目标，而职能的分布式管理必然会带动资源分布式管理的发展。

二、数字图书馆分布式管理的特征

（一）图书馆分布式管理是开放式的管理理念

图书馆是一个开放系统，同外界存在大量的物质和能量交换。虽然这一点已被大家所认同，但从现有的管理模式来看，大多将管理的侧重点放在系统内部要素的组织和管理上，系统的开放性并没有得到充分体现。21世纪的图书馆是更为开放的全球图书馆，它将真正摆脱地理环境的制约，成为世界性大图书馆不可分割的一部分。这就要求我们突破图书馆管理的思维定式，将管理的着眼点从图书馆的内部组织转向图书馆与环境的输入输出控制，对图书馆与外部环境进行一体化管理。因此，分布式管理较之以往的图书馆管理理念更具开放性和整体观，使我们能在更大范围内实现图书馆资源的合理配置，以及图书馆职能的优化组合。

只要稍微转变一下视角，我们就会发现，培养、引进固然重要，但借用、聘用也同样可行。通过援助、交流、兼职、聘用等方式来构建图书馆人才库，既能避免固定人员增加所带来的各种负担，又能根据建设目标的变化，随时对人员组成结构灵活、自由地进行调整。这就是分布式管理带给我们的新思路。因为就分布式人力资源管理而言，其管理对象不仅仅是本馆的员工，而是一切可以以协议或契约方式"为馆所用"的社会人员。

（二）数字图书馆分布式管理是专业化的管理理念

21世纪，图书馆的工作重心从日常的事务性工作逐步转向信息的集成化服务，成为社会信息产业链中不可或缺的重要环节。一方面，我们强调图书馆是社会服务的提供者，要为社会提供文化、教育、信息等方面的服务；另一方面，图书馆是社会服务的承接者，也需要充分利用其他机构所提供的社会化服务。因此，在社会分工更加细分化、专业化的背景下，图书馆有必要也有条件去改变以往事必躬亲的管理方式，重新考虑在其职能实现过程中同社会的合作关系和合作方式，大胆地将一些事务性工作和辅助性工作交由相应的社会机构去完成，探索一条全新的分布式管理思路。以职能管理为例。图书馆可以将一些非关键性业务，如卫生、水电、馆舍维护等行政后勤工作，交由家政公司或物业管理公司来完成；将一些标准化程度高、质量要求高的业务，如编目业务，交由提供此类服务的专业编目中心去做；将一些任务重、耗时长的业务，如馆藏文献的数字化加工业务，交由数字化图书公司去做；将一些难度较大、本馆人员难以胜任的业务，如系统开发等业务，交由专业的信息技术公司来完成。在国外，图书馆业务外包已涉及更高级的领域，如将读者宣传工作交给广告公司去做，有的图书馆甚至将全部管理工作交给专业的管理公司去完成。当然，在分布式管理体系中，职能的分散与集中是一个双向的过程。图书馆在将部分职能社会化的同时，也要充分发挥自身在信息资源和信息服务方面的优势，积极参与到本地区、本行业的经济建设中来，广泛地同社会各界开展多种形式的合作，承接更多的社会服务项目，以获取更多的社会认同。

（三）数字图书馆分布式管理是共享式的管理理念

在图书馆的信息资源共建共享中，获取和拥有是与资源共享最为相关的两个范畴，即"资源共享=获取+拥有"；但长期以来图书馆界对获取和拥有的理解大多局限于资源的具体物质形态，共享的对象也往往局限于文献信息资源的范围。随着信息时代人们新财富的形成，资源的使用权同资源的所有权发生了分离，使得图书馆能够超越资源的归属权限制，将管理的着眼点从"管理我有的东西"转向"管理我用的东西"，更多地从资源使用权的层面来考虑图书馆的资源共享。这种"形而上"

的分布式管理理念，极大地拓宽了图书馆资源获取和利用的途径。无论是人员、技术、设备、资金还是文献信息资源，也无论分布在哪个部门、哪个地区，只要能以某种方式为图书馆所用，都应被纳入图书馆的资源管理体系之中，成为图书馆分布式管理的对象。因此，数字图书馆分布式管理是对资源共享深层的诠释，是"形而上"的共享式管理理念。

（四）数字图书馆分布式管理是市场化的管理理念

数字图书馆是公益性的文化教育机构，其经费来源主要依靠国家的财政拨款。近年来，由于印刷型书刊资料的价格不断上涨，加之图书馆数字化建设的巨大投入，许多图书馆在经费上都感到捉襟见肘，"成本驱动"已成为图书馆管理中一个不得不考虑的重要因素。另外，信息的产业化发展以及市场经济体制改革的不断深入，为图书馆提供了一个日臻成熟的市场经济环境。置身其中，图书馆传统的纯粹利他主义行为正受到越来越多市场因素的影响和冲击。在与外界的交往过程中，现代图书馆的行为更多地表现为市场行为，而经济规律和市场经济的原则也逐渐成为图书馆必须遵循的行为准则。

数字图书馆分布式管理正是顺应了市场化的发展趋势，在资源分布式管理和职能分布式管理中，以成本效益分析为基本出发点，将投入产出比、成本效益比作为图书馆管理和决策的重要依据，表现出典型的市场化管理特征。例如，在图书馆数字化资源建设中，我们是立足于自建还是引进？在引进的资源中是以对等交流为主还是以外购为主？对外购部分是采用会员制，建立镜像站点，还是直接购买数据光盘？这些决策完全取决于市场情况及成本效益分析结果。

数字图书馆分布式管理作为一种管理模式或管理体系尚不成熟，有待进一步丰富和完善；但作为图书馆领域的一种全新的管理理念，数字图书馆分布式管理极大地扩展了数字图书馆管理的空间和时间范围。我们真诚地希望数字图书馆的分布式管理理念能为网络环境下数字图书馆的管理与发展提供一些启迪，带来哪怕是某一点上的突破；同时，也希望分布式管理能在更多的数字图书馆管理实践中得到验证和发展。

参考文献

[1] 江莹. 基于信息资源建设与读者服务的高校图书馆发展研究[M]. 长春：吉林大学出版社, 2020.

[2] 肖希明. 信息资源建设[M]. 2版. 武汉：武汉大学出版社, 2020.

[3] 乔红丽. 图书馆信息管理与多元化发展研究[M]. 长春：吉林大学出版社, 2020.

[4] 吴环伟. 图书馆文献资源建设与共享服务创新[M]. 长春：吉林出版集团股份有限公司, 2020.

[5] 容海萍, 赵丽, 刘斌. 图书馆信息资源建设[M]. 北京/西安：世界图书出版公司, 2019.

[6] 包华, 克非, 张璐. 高校图书馆信息资源建设[M]. 北京：中国商务出版社, 2019.

[7] 滕玉蓉, 刘皎. 图书馆信息资源建设与管理[M]. 昆明：云南科技出版社, 2019.

[8] 张荷立, 金叶. 互联网＋背景下图书馆信息资源建设和创新服务研究[M]. 北京：中国书籍出版社, 2019.

[9] 刘付霞. 大数据环境下图书馆文献信息资源建设与利用[M]. 长

春:吉林人民出版社,2019.

[10] 姜广强. 现代图书馆信息资源配置机制与评价[M]. 天津: 南开大学出版社,2018.

[11] 王印成,包华,孟文辉. 高校图书馆信息管理与资源建设[M]. 北京: 经济日报出版社,2018.

[12] 潘丽琼. 图书馆信息资源建设与服务创新研究[M]. 长春: 东北师范大学出版社,2017.

[13] 刘晓辉. 现代图书馆图像数据资源建设概论[M]. 北京: 中国戏剧出版社,2018.